Jenseits des Tweed

THEODOR FONTANE

Jenseits des Tweed, T. Fontane
Jazzybee Verlag Jürgen Beck
86450 Altenmünster, Loschberg 9
Deutschland

ISBN: 9783849692513

Druck: BOD GmbH, In de Tarpen 42, 22848 Norderstedt

www.jazzybee-verlag.de
www.facebook.com/jazzybeeverlag
admin@jazzybee-verlag.de

INHALT:

VORBEMERKUNG

Eine Reise an der Seite eines Freundes ist eine Freundschaftsprobe, wie die Ehe eine Liebesprobe ist. Wir haben sie bestanden. Wem anders könnt' ich dieses Buch zueignen, als Dir, dem besten, dem nachsichtigsten aller Reisegefährten. Freilich, je mehr ich empfunden habe, wie gut sich's mit Dir wandert, desto lebhafter ist auch die Rückerinnerung an einen alten Pakt in mir geworden, an ein gegenseitiges, halb verjährtes Versprechen, an das diese Zeilen Dich leise mahnen mögen.

Entsinnst Du Dich des Silvestertages 1846? Wie gestern stehen die Stunden vor meiner Seele, wo wir durch die winterstille, märkische Heide fuhren und endlich vor dem Gutshaus Deines Vaters hielten. Den alten Herrn fesselte damals schwere Krankheit auf dem fernen Rügen, Todesahnung hatte sein Herz beschlichen, und die Weisung war an Dich gekommen, in alten Schränken nach alten Familienpapieren zu suchen. Es galt ein Testament, die Bestellung seines Hauses; das führte uns hinaus. Wie ein verzaubertes Schloß im Märchen lag das alte, graue Steinhaus da, eine hohe Schneemauer um sich her und überragt von den halb dunklen, halb glitzernden Edeltannen des Gartens. Stille draußen und drinnen. Auf unser wiederholtes Klopfen und Klingeln erschien ein alter Diener, verwöhnt und mürrisch, wie alle alten Diener sind. Zögernd, mit sauersüßem Gesicht, fand er sich endlich in Deine Autorität. Wir öffneten die Fensterläden, schafften Luft und Licht in den halb spukhaft gewordenen Räumen und fanden endlich, was wir suchten – die Papiere. Inzwischen war es wohnlicher geworden in dem großen Gartensaal, ein Feuer prasselte im Kamin, statt des Staubes breitete sich ein Tischtuch über die Tafel, und das frugale Mahl, das angerichtet war, adelte sich selbst durch die Flasche alten Rheinweins, die auf dem Tische stand. Wir setzten uns, und plaudernd von diesem und jenem, lief mein Auge an den roten Samttapeten hin und musterte die Bilderschätze, die in langer Reihe daran hingen. Ich sah zum ersten Male den schönen Kopf von Beatrice Cenci und vor allem den Stolz Eures Hauses, das Wert- und Prachtstück der Sammlung – das Modell des Moses von Buonarottis eigener Hand. Meine Fragen drängten sich, und Deine Lippen – nicht Freunde sonst von vielem Reden – flossen über bei der Erinnerung an schöne, italienische Tage. Wir füllten die Gläser bis zum Rand und stießen an auf ein Reisebündnis und ein gemeinschaftliches »jenseits der Alpen«.

Der Wunsch jener Stunde ist uns bis heute versagt geblieben. Nicht Deine Hand hat mich den kapitolinischen Hügel hinauf- oder in die Campagna hinausgeführt, sondern umgekehrt, die meinige übernahm Führerdienste, wenn

1

wir in alten Douglas-Schlössern umherforschten oder die Stelle suchten, wo Fitzjames und Roderick Dhu miteinander gekämpft. Aber die alten Zusagen bleiben in Kraft, und während ich Dir dies Buch überreiche, das die Bilder zwischen dem Tweed und dem Moray-Busen noch einmal vor Dir entrollen soll, sprech' ich zugleich die Hoffnung aus, daß auch der Tag kommen möge, wo wir, wie auf Edinburgh-Castle, so auf Castell St. Elmo gemeinschaftlich stehen. Welche Wege aber auch die heiteren Reisegötter in Zukunft uns führen mögen, vor allem mög' uns gute Kameradschaft auf dem Lebenswege beschieden sein, den wir, seit zwanzig Jahren nun, in Leid und Freude zusammengehn.

Th. F.

VON LONDON BIS EDINBURGH

Geschlagen, gestoßen, gepreßt, gepufft,
Zehn Meilen die Stunde ging's durch die Luft.
Altes Lied (Die Hexen von Inverneß).

»Nach Schottland also!« Die Koffer waren gepackt, die Billetts gelöst, und als der Spätzug sich endlich in Bewegung setzte und majestätisch aus der Halle des Kings-Cross-Bahnhofs hinausglitt, überlief es mich ähnlich wie vierzehn Jahre früher, wo es zum ersten Male für mich hieß: »Nach England!«

Ähnlich sag' ich, denn vierzehn Jahre sind eine lange Zeit und nehmen uns viel von Begeisterung und Fähigkeit zur Freude. Wie steht jener Tag noch klar vor meiner Seele, der damals über meine Reise entschied. Ich war Soldat und auf Königswache. Der Offizier hatte seine liebe Not mit uns, denn wir waren zwanzig Freiwillige oder mehr, und jeder, der Soldat gewesen ist, weiß, was es mit solchen Volontärwachen auf sich hat. An Disziplin war Mangel, aber Überfluß an guter Laune, und während die einen über Tisch und Bänke sprangen, spielten die anderen Dreikart oder gaben sich durch Vortrag von Hauptmanns- und Kompagnieanekdoten ein möglichst martialisches Ansehen. Es war ein kostbarer Maitag; begierig nach frischer Luft, hatte ich eben draußen in der Säulenhalle Platz genommen und blickte, den ungewohnten Helm hin und her schiebend, auf den schönen, breiten Opernplatz, der sonnenbeschienen vor mir lag. Da weckte mich ein leiser Schlag auf die Schulter. Als ich aufblickte, stand ein Freund vor mir, sonnenverbrannt, in Reisekleidern, jener Glücklichen einer, an die sich das beatus ille des Dichters richtet. Er lachte über den »Grenadier«, der ihm noch neu an mir war, und fragte dann kurz: »Willst du mit nach England? Ich reise morgen abend.« »Aber Urlaub!« – »Das ist deine Sache.« Das Gespräch gedieh nicht weiter; der Posten draußen rief uns mit lauter Stimme an die Gewehre. Wir traten an. Ablösung vor. Fünf Minuten später schilderte ich schon vor dem Gouvernementsgebäude in der Wallstraße. Niemals wohl hat der alte Müffling eine Schildwacht vor seiner Tür gehabt, der das Herz so hoch geschlagen hätte wie mir an jenem Nachmittage.

Voll so hoch schlug mir das Herz jetzt nicht, aber es schlug doch freudig und dankbar zugleich, als mein diesmaliger Reisegefährte dem hinter uns verschwindenden London ein Lebewohl zuwinkte und mit Genugtuung die Worte wiederholte: »Nach Schottland also!«

Wir fuhren dritter Klasse, halb ersparungs-, halb beobachtungshalber, und hatten trotz einiger Unbequemlichkeiten nicht Ursach, unsere Wahl zu bereuen. Der bis auf den letzten Platz besetzte, durch keine Zwischenwände geschiedene Wagen glich einem Auswandrerschiff. Die Mittelbank, auf der wir saßen, zog genau die Grenzlinie zwischen zwei verschiedenen Elementen, aus denen unsere Reisegesellschaft bestand, zwischen armen Engländern und sparsamen Schotten. Denn der Engländer fährt nur dritter Klasse, wenn er *muß*, der Schotte, wenn er *kann*. Nachdem die ersten Tunnel und Überbrückungen passiert waren, schwand die gegenseitige Zurückhaltung rasch, und der Austausch jener kleinen Dienste und Bequemlichkeiten begann, wie er nicht auszubleiben pflegt, wo sich 40 oder 50 Menschen, wenn nicht zu gemeinsamer Gefahr, so doch zu gemeinsamer Strapaze zusammengepfercht finden. Dick zusammengefaltete Tücher wurden den Damen angeboten, um die Ecken und Kanten minder scharf, das Holz der Bänke minder hart zu machen, und über das Öffnen und Schließen der Fenster kamen die Erkältungsgeneigten mit den Ventilationsbedürftigen zu einem gefälligen Kompromiß. Vor uns saßen die Engländer. Da waren zunächst zwei arme Frauen mit ihren Kindern, vier oder fünf an der Zahl. Sie hatten die Doppelbank am äußersten Rande des Wagens inne und hausten darin wie in einer Privatkajüte. Milch wurde gewärmt, die Brust gegeben (mit jener Unbefangenheit, die den englischen Frauen der unteren Stände eigentümlich ist), und die Flaggen, die dann und wann zum Fenster hinauswehten, waren im Einklang mit all dem übrigen. Vor ihnen saßen zwei junge Leute, augenscheinlich aus guter Familie, Schüler, die eine Ferienreise nach Schottland machten und unter Lachen behilflich waren, wenn die Kinderstube in ihrem Rücken diese oder jene Dienstleistung wünschenswert machte. Neben ihnen eine alte Lady in Trauer. Freundlich, aber abgehärmt, schmucklos, aber sauber und in wahrem Rigorismus selbst die hölzerne Rückenlehne ihres Sitzes verschmähend, so saß sie da, ersichtlich die Frau eines Offiziers, der, an der Dschamna vielleicht oder im Pandschab gefallen, ihr einen geachteten Namen und nichts weiter hinterlassen hatte.

Heitrer, farbenreicher sah es in der zweiten Wagenhälfte aus, der wir den Rücken zukehrten. Das schottische Element bewährte sich in seinem pittoresken Reiz. Keine nacktbeinigen Kiltträger waren zugegen, aber die blauwollene schottische Mütze mit ihren lang herabhängenden Seidenbändern (eine Tracht, deren Karikatur wir nur in unseren deutschen Städten kennen) saß malerisch auf den Köpfen der jungen Männer; Plaids in allen Mustern und Farben dienten diesem als Mantel und jenem als Kissen, während grau- und weißkarierte Tücher sich überall hin ausspannten und dem Ganzen den Charakter eines romantischen Feldlagers gaben.

4

So ging es dahin. Die bekannten Bilder englischer Landschaft zogen an uns vorüber. Die Sonne war längst unter, auch das Abendrot schwand jetzt, und nur jenes zauberhafte, dunkle Blau lag noch in breiten Streifen am Himmel, das in diesem Lande so gern und so schön einen klaren Tag beschließt. Ohne Aufenthalt brausten wir durch ein halbes Dutzend Stationsplätze hindurch; erst in Peterborough (einer Kathedralenstadt, 15 deutsche Meilen von London) machten wir halt, um einen anderen Zug abzuwarten. Inzwischen war es Nacht geworden, und jeder schickte sich an, der Ruhe zu pflegen, so gut es die Wände und Bänke irgend erlaubten. Die Schüler lagen schnarchend auf harter Diele, die Kinder schliefen, die Flaggen waren eingezogen; nur die alte Lady saß noch immer aufrecht, fest entschlossen, stärker zu sein als Schlaf und Ermattung.

Die Geschwindigkeit, mit der wir fuhren, wuchs jetzt: 40 englische Meilen die Stunde. Man überantwortete sich seinem Gott und schlief ein. Dann und wann hielt der Zug, und unbekannte, wenigstens unverstandene Worte trafen das Ohr, endlich aber schüttelte das in Traum und Halbschlaf lang herbeigesehnte: »York, York, fifteen minutes« den Schlaf von aller Augen, und halb schiebend, halb geschoben, fanden wir uns endlich an einer langen Tafel wieder, auf der die Zugehörigkeiten eines englischen Frühstücks serviert waren. »Tea«, »Coffee«, »Soda-Water«, klang es hier fordernd durcheinander. 15 Minuten sind wenig Zeit für hundert Gäste und drei verschlafene Kellner. Meine Tasse Tee war erst halb geleert, als die Glocke draußen schon wieder lärmte. »Das war also York!« rief ich dem Freunde zu, mich neben ihm in die Ecke drückend. »So gehen uns die Wünsche unsrer Jugend in Erfüllung. Statt des Doms ein Bahnhof und statt des Platzes, drauf Percy starb, eine Restauration mit doppelten Preisen.«

Als wir Newcastle erreichten, dämmerte bereits der Morgen; zu unserer Linken lag die Stadt, schwarz und finster, wie aufgebaut aus Kohlenblöcken. Eine Stunde später waren wir an der schottischen Grenze. »Berwick, Berwick!« riefen die Schaffner und gönnten uns Zeit, einen Umblick zu halten. Der ganze Platz macht immer noch den Eindruck einer Grenzlokalität, auch jetzt noch, wo der alte, halb zerfallene Wartturm nichts mehr bedeutet als eine Mahnung an Zeiten, die nicht mehr sind. Der Tweed geht hier ins Meer, und sein Bett, das mehr einer weiten Felskluft als einer Flachlandrinne gleicht, unterstützt die Vorstellung, daß wir hier an einem *Grenzfluß* stehen.

Die Morgensonne lacht freundlich, während wir die schottische Landschaft durchfliegen. Die Felder, die Art der Bestellung, das Seltenerwerden der Hecken, alles weicht ab von dem in England Üblichen und ruft uns (wie vieles andere noch, auf das wir stoßen werden) die Bilder deutscher Heimat mehr und mehr ins Gedächtnis zurück. Bei Dunbar gesellt sich noch ein anderer

5

Gruß aus der Heimat hinzu, wir haben uns der Küste bis auf wenige tausend Schritt genähert, und das *deutsche* Meer liegt leise schäumend zu unserer Rechten. Hier wendet sich die Bahn, die bis dahin ununterbrochen nordwärts lief, plötzlich nach Westen und ungefähr die Linie innehaltend, die ihr der schöne Meerbusen des Forth vorschreibt, führt sie uns nach einer kurzen halben Stunde durch eine bald im Morgennebel, bald im Sonnenglanze daliegende Landschaft dem ersten Ziel unserer Reise entgegen. Villen und Parks, chaussierte Wege und Brücken, Häuser, Menschen und immer wachsender Verkehr verkünden uns, daß wir einer großen Stadt, einem Mittelpunkt weiter Bezirke uns nähern, und ehe wir noch Zeit gefunden haben, uns in dem immer bunter werdenden Bilde zurechtzufinden, läßt der Zug in seinem Fluge nach, und die 10 Stock hohen Steinhäuser Edinburghs tauchen grau und majestätisch vor uns auf.

JOHNSTONS HOTEL.
ERSTER GANG IN DIE STADT

»Waterloo Place, any hotel you like«, Waterloo-Platz, ins erste beste Hotel! Mit diesem Zuruf vertrauten wir uns der Führung unsres Cabkutschers an und harrten der Dinge, die da kommen würden. Ich lieb' es bei solchen und ähnlichen Gelegenheiten, mich dem blinden Zufall zu überlassen, und habe die Erfahrung für mich, daß man mindestens nicht schlechter dabei fährt, als wenn man unschlüssig hin und her schwankt und hinterher den Ärger hat, doch nicht das Rechte getroffen zu haben. Wer die Wahl hat, hat die Qual.

Unser Cab hielt nach fünf Minuten schon vor Johnstons Hotel, Waterloo-Place, und es wäre unbillig, dem Kutscher nachzureden, daß er seine diskretionäre Gewalt absonderlich mißbraucht hätte. Johnstons Hotel gehört zu jener Klasse von Gasthäusern, die unter dem Namen der »Commercial and Temperance Hotels« in allen Ländern, wo das angelsächsische Element herrscht, eine Art von Notorität erlangt haben. Der *Temperanzseite* dieser Etablissements leg' ich herzlich wenig Gewicht bei; es ist diese zur Schau gestellte Mäßigkeit derselben halb Lüge, halb Karikatur, und in bestem Falle Lockung und Aushängeschild; was aber diesen Gasthäusern in dem kostspieligen, aufgesteiften, selbstquälerischen England eine Bedeutung gibt, das ist der Umstand, daß sie in ihrer ausgesprochenen Einfachheit die Kehrseite jenes modernen Prachtbaus sein wollen, der unter dem Namen »Hotel« so viele erträumte Reize und so viele prosaische Wirklichkeiten umschließt. Es ist Affektation oder Selbsttäuschung, wenn wir auf Reisen plötzlich glauben, ohne Eleganz, ohne zehn Gänge und ohne gräfliche Nachbarschaft nicht leben zu können; was uns aber wirklich not tut, das ist ein unprätentiöses, freundliches Entgegenkommen und eine angemessene Bewirtung um unseres Geldes, nicht aber bloß - um Gottes willen. Der alte Satz mag fortbestehen, daß die großen Hotels die besten sind. Aber ein anderer Satz stellt sich ihm gleichberechtigt an die Seite, und zwar der, daß die vornehmen Gasthäuser nicht die angenehmsten sind.

In Johnstons Hotel hatten wir vollkommen das süße Gefühl der Hingehörigkeit statt des bloßen Geduldetseins; sonst fehlte freilich manches. – Die beblümten Teppiche auf Flur und Treppen hatten längst ihren Blumenfrühling hinter sich, und die altmodischen Bettstätten mit ihren verschossenen Quasten und Damastgardinen standen unheimlich da wie in alten Schlössern aufgekaufte Paradebetten, in denen Lords und Häuptlinge von Geschlecht zu Geschlecht das Zeitliche gesegnet hatten. Das sind nicht Bilder, die den Schlaf leicht und die Träume heiter machen, wenn wir sie auch im Einklang finden mit all den Lieblingsvorstellungen, die wir von Jugend auf an den Namen Schottland geknüpft haben. Aber jedenfalls rechten wir nicht darüber und erinnern uns gern der Wahrheit, daß man überall schläft, wenn man nur müde ist. Weniger freilich als der leise Schauer, der uns angesichts dieser blutroten Bettvorhänge überläuft, will uns der Fettbrodem gefallen, der, aus der Küche aufsteigend, alle Etagen des Hauses durchdringt, und nur widerwillig erinnern wir uns des korrespondierenden Satzes: man ißt überall, wenn man nur hungrig ist.

Aber wir sind wirklich hungrig, und nachdem wir die Übernächtigkeit aus den Augen gewaschen und in Eil' unsre Toilette gemacht haben, suchen wir das Frühstückszimmer auf, das sich hoch und breit und behaglich durch die halbe erste Etage zieht. Hier weht ein andrer Geist, die Ventilation ist trefflich, und kein gelegentlicher Zugwind plaudert vorschnell die Geheimnisse der Küche aus. Das schöne schottische Weizenbrot lacht uns an, und bald sitzen wir vor einer wohlbesetzten Tafel, auf der uns, neben den üblichen Erfordernissen eines englischen Frühstücks, Haferbrötchen und Dundee-Marmelade daran mahnen, daß wir auf schottischem Grund und Boden sind. Ein alter Kellner von viel über sechzig trippelt freundlich und geschäftig um uns herum, befriedigt seine Neugier durch Vorlegung eines Fremdenbuchs und erzählt uns plauderhaft von den Geschicken seines Lebens. Französische Säbel, unter die sein Hinterkopf während des spanischen Krieges geriet, haben seiner Laufbahn und seinem Verstand ein rasches und bescheidenes Ende gesetzt, aber was er bei Astorga an Hirn verloren hat, ist seinem Herzen zugute gekommen, und er spricht mit Vorliebe von den »Frenchmen«, unbekümmert darum, ob sie vor 40 Jahren ihm die Beförderungsleiter abgebrochen haben oder nicht. Nun aber treibt er uns zur Eil' und mahnt uns aufzubrechen, um die Stadt, auf die er stolz ist, in ihrer besten Beleuchtung, d. h. unter leis bewölktem Himmel zu sehn. Wir folgen seinem Rat und biegen nach rechts hin in die Neustadt ein.

Waterloo-Place und Princes-Street bilden eine einzige grade Linie, von der Edinburgh in ähnlicher Weise durchschnitten wird wie etwa Paris von der Rue Rivoli. Die große Mittelader der schottischen Hauptstadt sondert sich gleich auf den ersten Blick in drei Teile von ziemlich gleicher Größe, in zwei Flügel und ein Zentrum. Der eine Flügel heißt Waterloo-Place, der andere West-Princes-Street; die halb boulevard-, halb platzartige Erweiterung aber, die zwischen beiden liegt, führt den Namen der eigentlichen Princes-Street. Dieser platzartigen Erweiterung gehen wir jetzt entgegen und nehmen in der Mitte derselben unseren Stand, genau da, wo sich das im gotischen Stil ausgeführte, turmartige Monument Walter Scotts bis zu einer Höhe von 200 Fuß erhebt.

Hier halten wir Umschau. Hinter uns die Neustadt mit ihrer Fülle nobler und moderner Bauten, links die pittoresken Felspartien der Salisbury-Crags, rechts die langen Straßen der Stadt mit ihren Kirchen und Palästen. So nach allen Seiten hin in Anspruch genommen – wird unser Auge doch immer wieder nach vornhin gerichtet, wo sich, nur durch eine flußbettartige Vertiefung von uns getrennt, die berühmte High-Street der Altstadt Edinburgh samt ihren Ausläufern und Seitenstraßen erhebt. Parallellaufend mit Princes-Street, zeigt die gegenüberliegende Altstadtstraße doch dadurch einen völlig verschiedenen Charakter von jener, daß sie nicht flach und gradlinig sich hin erstreckt, sondern dem natürlichen Zuge und selbst den Kapricen des Hügels folgend, auf dem sie steht, einen malerischen und abwechslungsreichen Anblick gewährt. Der Hügel steigt langsam an, läuft dann, wie seine Kräfte sparend, in horizontaler Linie weiter, bis er plötzlich, zu einem letzten Sprunge sich zusammenraffend, kegelartig in die Höhe schießt und nun den Weg überschaut, den er eben zurückgelegt. Auf dem langsam ansteigenden Teile der Berglinie erhebt sich Canongate; unmittelbar vor uns von dem gradlinigen First des Hügels grüßt High-Street selbst zu uns herüber; zur Rechten aber, die Situation vom Felsen aus beherrschend, ragt Edinburgh-Castle mit seinen Wällen und Kanonen in die Luft.

Jeder ehrliche Schotte hält diesen Punkt für den schönsten in der Welt, eine Ansicht, worüber er sich mit den Bewohnern von Neapel und Palermo und noch mehr mit jenen auseinandersetzen mag, die, aus tristeren Gegenden nach dem Süden pilgernd, jene schönen Punkte unter dem Vorteil des Kontrastes und mit verklärendem, feiertäglichem Auge sehn. Der Freund an meiner Seite war jener Glücklichen einer; er enthielt sich aber weislich des Vergleichs und entwand sich dem Pressenden meiner Frage durch das bekannte: jedes in seiner Art.

Lassen wir also das Paralleleziehen und das ängstliche Forschen nach einem Mehr oder Weniger; freuen wir uns der Schönheit, die unbestritten vor uns liegt. Diese Schönheit beschreiben zu wollen, wäre eitles Unterfangen, aber die Frage läßt sich wenigstens beantworten, aus welchen Elementen sich diese Schönheit auferbaut. Es ist nicht die *Lage* allein, die diese Eindrücke schafft, es sind ebensosehr die Dinge, die sich diese Lage zunutze gemacht und sich, derselben entsprechend, auf ihr errichtet haben. Die Solidität des Materials wie des Baustils steht ebenso untereinander wie mit der ganzen Örtlichkeit im Einklang und gibt dem Ganzen jenen großstädtischen Charakter, den ich, mehr noch wie ihre Schönheit, als den eigentlichen und frappantesten Zug dieser Stadt hervorheben möchte. Auf grauen Felsen steigen graue, acht Stock hohe Felsenhäuser in die Luft, phantastisch schnörkelt sich, einer silbergrauen Brautkrone nicht unähnlich, der Turm von St. Giles über die Häuser empor,

9

und gemeinschaftlich über dem Ganzen liegt jener graue Nebelschleier, der den Zauber dieser nordischen Schönheitsstadt vollendet. Der Reiz der Farbe fehlt, aber man vermißt ihn nicht, ja erschrecken würd' es uns, den vollendeten Karton, der vor uns liegt, in einen Buntfarbendruck verwandelt zu sehen. Das Grau dieser Häuser entspricht jenem unbestimmten Farbenton, der uns inmitten alter Dome so oft entzückt und zur Andacht gestimmt hat.

Nicht die *Farbe* würde die Wirkung der vor uns liegenden Altstadt von Edinburgh erhöhn, aber was die Farbe nicht vermöchte, das vermag das Zauberspiel von *Schatten und Licht*. Allabendlich, wenn die Nebel sich dunkler zu färben beginnen und die grauschwarze Steinwand der Häuser mit den grauschwarzen Nebeln allmählich in eins zusammenfließt, blitzen plötzlich Lichter aus diesem Chaos heraus, und immer heller, zahlreicher werdend, durchleuchten sie endlich die aus Nacht und Nebel gewobene Hülle, die nun wieder von ihrem dunklen Hintergrunde sich loslösend, wie ein durchsichtiger Schleier um die immer schwärzer werdenden Häuser schwebt. Wenn dann vom Schloß herab durch die stillgewordene Nacht die Hornsignale in langen Tönen ziehn, beschleicht es uns, als ob das Ganze eine Zauberschöpfung sei, die ein Klang ins Dasein rief und die verschwinden muß, sobald der letzte Ton erstirbt.

HOLYROOD-PALACE

Dieser so berühmt gewordene Palast liegt unmittelbar vor der Stadt in einem weiten, mehrfach geöffneten Talkessel, der von verschiedenen Hügeln, vom Calton-Hill im Norden, von den Salisbury-Crags im Osten und Süden und von dem hochgelegenen Alt-Edinburgh im Westen, begrenzt und gebildet wird. Da, wo die letzten Häuser von Canongate (siehe das vorige Kapitel) ins Tal hinuntersteigen, erhebt sich, kaum durch die Breite eines Marktplatzes von ihnen getrennt und die vor ihm liegende Hügelstraße hinauf blickend, der Palast von Holyrood. Vom Mittelpunkt der Stadt aus ihn zu erreichen, lassen sich zwei Wege einschlagen, der eine durch die Altstadt (High-Street und Canongate), der andere parallel damit durch Princes-Street und Waterloo-Place an einer Reihe hübscher Gartenanlagen hin, die sich, bereits außerhalb der Stadt, am Fuße des Calton-Hill entlang ziehen. Da ich noch oft Gelegenheit haben werde, den Leser auf dem erstgenannten Wege durch High-Street und Canongate zu geleiten, so wählen wir heut den Weg am Fuß des Calton-Hill entlang, der uns, auf einem kleinen Umwege durch die Regent-Road, nach dem Palaste führt. Hübsche Landschaftsbilder breiten sich vor uns aus, sobald wir Waterloo-Place im Rücken haben; nichts Besonderes aber fesselt unsren Blick, mit Ausnahme eines seltsamen Steinackers unmittelbar zu unsrer Rechten, von dem wir nicht wissen, ob er mehr einen Friedhof oder einem Schutthaufen gleicht. Auf unsre Frage erhalten wir folgende Antwort. Als Terrain geschafft werden mußte für das schottische Eisenbahnnetz, das in Edinburgh seinen Zentralpunkt hat, entschied man sich begreiflicherweise für Ankauf jener flußbettartigen, die Altstadt von der Neustadt trennenden Vertiefung, die ich im vorigen Kapitel beschrieben habe. In dieser Vertiefung, feucht und ungesund wie sie war, stand eine alte Kirche mit ihrem Gottesacker drum herum. Die Schiene brauchte Platz, der schottische Unternehmungsgeist war stärker als die schottische Kirchlichkeit, und binnen kurzem war der alte Bau ein Trümmerhaufen. Man wußte nicht, was damit zu machen, oder konnte sich nicht einigen über den Verkauf, kurzum, die ehemalige Kirche samt ihren tausend Grabsteinen wurde wie Schutt vor die Stadt gefahren und dort auf einem nunmehr umzäunten Felde abgeladen. Da liegen nun hoch aufgeschichtet die Trümmer von Sockel und Kapitäl, von Kreuz und Leichenstein, das Ganze eine seltsame Ruhestatt, darauf man einen alt gewordenen Kirchhof begraben hat.

Unmittelbar hinter diesem Acker halten wir uns rechts und biegen in eine aus ärmlichen und zerstreuten Häusern bestehende Straße ein, die uns innerhalb weniger Minuten vor das Portal des Palastes führt. Ehe wir dasselbe erreichen, werden wir durch einen jungen Schotten, der uns begleitet, auf das Badehaus der Maria Stuart aufmerksam gemacht. Wiewohl sein Finger eine ganz bestimmte Richtung angibt, so fragen wir doch »wo?« Aber die halb erschrockene Frage ändert nichts, und die Fingerspitze deutet unverrückt auf ein kleines, halb backofenartiges Eckhaus, das wir eher für das Waschhaus einer armen Frau als für das Badehaus einer Königin halten würden. Es ist so niedrig, daß man die Hand auf die untersten Dachziegel legen kann, und ein etwas vorspringender klumphafter Giebel, der dem Ganzen das Ansehen gibt, als ob ein dicker Mann auf den Schultern eines dünnen säße, ist nicht angetan, der Erscheinung einen gesteigerten Reiz zu leihen. Kopfschüttelnd darüber, daß so viel Schönheit hinter solchen Mauern heimisch gewesen sein soll, schreiten wir weiter, erreichen nach kaum hundert Schritten eine platzartige Auffahrt, machen linksum und stehen in Front des Palastes.

Der Palast ist ein Viereck von mäßigen Proportionen, ziemlich niedrig, an den beiden hausartig vorspringenden Frontecken von je vier Spitztürmen flankiert; das Ganze ohne Stil, ohne Schönheit, ohne Stattlichkeit, aber doch nicht geradezu häßlich und unverkennbar mit jenen Zügen ausgestattet, die eine Physiognomie interessant machen. Dies ist Holyrood-Palace. Neben demselben, aber etwas zurückgelegen, so daß beide Baulichkeiten nur an einer einzigen Ecke statt mit ihren vollen Seiten zusammentreffen, erhebt sich eine Ruine: die *Royal Chapel von Holyrood*, das einzige Überbleibsel jener reichen und stolzen Abtei, die hier mit ihren Klosterhöfen, ihrer Kapelle und ihren Gärten weite Morgen Landes bedeckte. Lange bevor es einen Holyrood-Palace gab, gab es eine Holyrood-Abtei. David I. von Schottland, der fromme Gründer der Abteien von Melrose und Kelso, gründete auch diese Abtei von Holyrood (um 1150), und erst 350 Jahre später begannen *neben* derselben sich jene schlichten Mauern und Türmchen zu erheben, die in ihrer damaligen äußerst begrenzten Ausdehnung kaum den Namen eines Palastes beanspruchen konnten. Es war ein Schwalbennest, das sich, wie Schutz suchend, an die stattliche alte Abtei anklebte. Seitdem ist diese zu einer Ruine geworden, während der Palast ihr mit der Hälfte ihres Raumes zugleich das Ganze ihres Ruhmes genommen hat. Die *Abtei* hat längst aufgehört, eine Pilgerstätte zu sein, der *Palast* ist es geworden, und die wenigsten unter den Tausenden, die dieser Stätte zuströmen, haben eine Ahnung davon, daß Wand an Wand mit dem Palaste von Holyrood noch eine gleichnamige Abtei ihrer harrt.

Wir besuchen diese zunächst. Die uns zugekehrte Front, ein Turm und ein Portal, sind verhältnismäßig gut erhalten und geben am deutlichsten Zeugnis für die nicht gewöhnliche Schönheit des Kapellenbaues, der sich einstens hier erhob. Eintretend haben wir einen nach allen vier Seiten hin geschlossenen

Raum vor uns, das Dach ist eingestürzt, und der Fußboden gleicht einem Kirchhof: ein Rasenstück, aus dem sich zahlreiche Grabsteine erheben. Umschau haltend, wächst das Interesse, solange wir unsere Aufmerksamkeit auf die Fülle des Details richten, das entweder durch Alter und Eigentümlichkeit oder, bei Schöpfungen einer späteren Epoche, durch Schönheit imponiert. Von dem Augenblick an aber, wo wir Miene machen, uns in dem Ganzen zu orientieren, sind wir verloren und bezahlen unsere Wißbegier mit immer wachsender Unruhe. Wir fordern etwas, was uns die Dinge nicht mehr gewähren können. Vielfach zerstört und geschädigt, teilweise niedergerissen, um den Neubauten des *Palastes* Platz zu machen, schließlich (vor etwa 100 Jahren) unter die Hände eines pietät- und kenntnislosen Architekten geraten, gleicht das Ganze nur noch einem willkürlich zusammengesetzten Scherbenmosaik. Der Kitt hat alles tun müssen. Nicht die Frage »paßt es« hat den Architekten beschäftigt, sondern immer nur die Frage »klebt es«. Die Grabsteine ringsumher tragen manchen berühmten Namen, aber doch nicht berühmt genug, um einer besonderen Erwähnung wert zu sein. Nur einen Stein, am äußersten Ende der Kapelle, kündigt unser Führer mit gehobener Stimme an, den Stein, auf dem Maria Stuart und Darnley knieten, als der Bischof von Brechin ihre segenslose Ehe segnete. Man sagt, daß die Königin bei dieser Gelegenheit ein schwarzes Kleid trug, dasselbe, das sie am Begräbnistage ihres ersten Gemahls getragen hatte.

Die beiden Namen aber, die wir eben vernommen, mahnen uns daran, daß auch wir nicht nach der Kapelle von Holyrood, sondern nach dem *Palaste* gleichen Namens unsere Wallfahrt angetreten haben, und an der Flanke desselben hin denselben Weg zurücknehmend, auf dem wir in die Kapelle eintraten, werfen wir jetzt von der platzartigen Auffahrt her nochmals einen Blick auf den Palast, zumal auf die berühmt gewordenen Stockwerke und Türmchen an der Nordwestecke, und treten dann ein.

Das Portal, unter dem wir uns zunächst befinden, zeigt durchaus nichts Stattliches oder Schloßartiges, es ist ein gepflasterter Torweg, dessen Überbau von rohen Säulen getragen wird. Zur Linken befindet sich eine Pförtner-, zur Rechten eine Wachstube; Gewehre der Mannschaften hängen an den Wänden, und die Schmucklosigkeit des Ganzen erinnert an einen Kaserneneingang, der vierzehn Tage vorher auf Regimentsbefehl geweißt worden ist. Wir passieren diesen Torweg und haben jetzt den geräumigen, nach allen Seiten hin geschlossenen Hof des Palastes vor uns. Die Zimmer im rechten Flügel heißen die »Queen's Apartments«. Die Königin, um die es sich dabei handelt, ist nicht Queen Mary, sondern Queen Victoria. Alljährlich, wenn die Königin nach Balmoral geht, um die Sommermonate auf dieser reizenden Besitzung (zwischen Inverneß und Aberdeen) zu verbringen, pflegt sie auf der

Durchreise eine Nacht in Holyrood-Palace zu verbringen. Ich habe diese Queen's Apartments gewissenhaft in Augenschein genommen, führe aber meine Leser absichtlich nicht treppauf in den Flügeln des Gebäudes umher, sondern halte sie, um ihnen das Bild des Ganzen so wenig wie möglich zu verwirren, unter dem frischgeweißten Torweg fest und erzähl' ihnen lieber, was von jenen Apartments mit hohen Fenstern und herabgelassenen Rouleaux zu wissen not tut. Alle dahin gehörigen Zimmer sind modern, moderne Bilder, zum Teil kein Dutzend Jahre alt, hängen an den Wänden, geblümter Chintz zieht sich sorglich über Stühle und Ottomanen, und die nicht sonderlich interessante Inspektion schließt man mit der beruhigenden Gewißheit, daß kein Rizzio in diesen Räumen ermordet worden sei.

Um diesen ermordeten Rizzio handelt es sich nun aber mal; die ganze Berühmtheit dieses Ortes knüpft sich an jenen baufälligen alten Nordwestturm, der der Zeuge jener Ermordung war. Diesem Nordwestturm gilt jetzt unser Besuch; aus dem Torweg tretend, biegen wir links kurz um, schreiten an der Rückseite des Frontflügels entlang und treten da, wo der linke Flügel auf den Frontflügel stößt, durch eine Ecktür ein. Die Räumlichkeiten dieses Turmes liegen in drei Etagen: Hochparterre die Zimmer Darnleys und eine Gemäldegalerie; eine Treppe hoch die Zimmer Maria Stuarts; zwei Treppen hoch niedrige Zimmerchen, in denen einige Damen vom Haushalt der Königin (vielleicht die sogenannten »vier Marien«) gewohnt haben mögen.

Über diese vier Marien möchte ich hier ein paar Worte einschalten. Sie waren die Töchter aus vornehmen schottischen Familien, standen im selben Alter wie die Königin, hatten schon in Frankreich die nächste Umgebung derselben ausgemacht und waren mit ihr nach Schottland zurückgekehrt. Ihre Namen waren Mary Fleming, Mary Beaton, Mary Livingstone und Mary Seaton. Die Letztere stand ihr besonders nah und war ihre einzige Gesellschafterin während ihrer Gefangenschaft in Schloß Lochleven. Die Idee, eine Königin Maria mit vier Marien zu umgeben, wie man einen Edelstein mit vier ihm verwandten Steinen umgibt, scheint schon zu Lebzeiten Marias die Poeten des Landes vielfach angeregt zu haben, und so existieren mehrere alte Balladen, in denen diese vier Marien eine Rolle spielen. Die vier oben angeführten *Familiennamen* werden dabei nicht immer festgehalten, und so führt z. B. die schönste und ergreifendste der Marien-Balladen die Überschrift: »Maria Hamilton«.

Wir kehren nach dieser Abschweifung zu unserm Nordwestturme zurück. Das erste, was wir in Augenschein nehmen, ist die Gemäldegalerie. Diese ist ein Unikum, und insofern ganz an ihrem Platze hier, als sie ein heiteres Gegengewicht gegen die Schrecknisse dieses Ortes bildet. Sie enthält hundertundzehn Porträts der schottischen Könige von Fergus I. (330 vor

Christo) bis auf Karl Stuart. Der Künstler, der sie schuf, hieß Jakob de Witt, ein Vlamänder. Der Kontrakt, durch den er sich zur Herstellung dieser Porträts verpflichtete, existiert noch; er ist aus dem Jahre 1684 und lautet dahin: »Jakob de Witt verpflichtet sich zur Lieferung von 110 Porträts in zwei Jahren, sowie auch zur Beschaffung der dazu nötigen Farben und Leinwand; das Gouvernement andererseits zahlt besagtem de Witt jährlich 120 Lstr. und macht sich verbindlich, ihm die nötigen *Originale* zu liefern.« Sehr komisch ist die Kostüm- und Familienähnlichkeit aller, so daß es niemandem auffallen würde, wenn man die Nummern durcheinander werfen und die Namen hinterher durch Los bestimmen wollte! Englische Dragoner zerhieben während des Stuart-Aufstandes (1745) ein Dutzend dieser Porträts, wogegen nicht viel zu sagen ist; das aber muß überraschen, daß man sich hinterher die Mühe gegeben hat, diese zersäbelten Kunstschätze wieder zu restaurieren. Der Saal, in dem sich diese Porträtgalerie befindet, ist dadurch interessant, daß der Prätendent oder »Prinz Charlie«, wie ihn die Schotten zu nennen pflegen, während seiner kurzen Residenz in Holyrood einen prächtigen Ball in demselben gab. Hier tanzten jene Gestalten, die W. Scott in seinem »Waverley« auf viele Jahrhunderte hin der Vergessenheit entrissen hat: Fergus und Flora Mac-Ivor, der alte Bradwardine und seine reizende Tochter.

In gleicher Höhe mit der Gemäldegalerie befinden sich die Zimmer Lord Darnleys. Alte Bilder und Tapeten hängen an den Wänden, aber nichts, was unsere Aufmerksamkeit in Anspruch nehmen könnte; nur das Schlafzimmer wird dadurch interessant, daß es an einen halbversteckten Treppenturm grenzt, dessen spiralförmige Steintreppe damals eine geheime Verbindung nach unten und nach oben unterhielt. Nach oben führte diese Vertraulichkeitstreppe in die Gemächer der Königin, nach unten auf die Straße. Personen, die im Palast nicht gesehen werden sollten, machten mit Hilfe dieser Treppe ihren Besuch bei Lord Darnley; auch die Verschwörer gegen Rizzio stiegen am Abend des 9. März hier hinauf. Nachdem sie einig geworden, sammelten sie sich draußen auf den obersten Stufen der einen und den untersten Stufen der andern Treppe (der Raum ist so eng, daß an Flur und Treppenabsatz gar nicht zu denken ist), um nun Mann hinter Mann, nicht unähnlich wie man eine Sturmleiter erklimmt, in die Zimmer der Königin vorzudringen. Wir hatten vor, denselben Weg zu machen und wanden uns die Spirale hinauf, auf der an jenem Märzabend Darnley und seine Freunde hinangestiegen waren. Es ward uns ein wenig unheimlich dabei, und dies Gefühl wuchs noch, als wir plötzlich vor einer kleinen, kaum mannsbreiten Tür standen und vergeblich auf die rostige Klinke drückten, um zu öffnen. Lord Ruthven und seine Leute würden durch einen kräftigen Fußtritt das unerwartete Hindernis rasch aus dem Wege

15

geräumt haben, wir aber fanden uns veranlaßt, kehrtzumachen und auf dem eigentlichen Treppenaufgang nunmehr unser Glück zu versuchen.

Die sogenannten »Queen Mary's Apartments«, also die Zimmer der Königin Maria, befinden sich unmittelbar über den Zimmern Lord Darnleys und umfassen vier Räume von verschiedener Größe. Wir treten zuerst in das Audienzzimmer, dem es seinerzeit an Eleganz und Farbenfrische nicht gefehlt haben mag; Gobelintapeten, Holzgetäfel an Wand und Decke und in der Mitte des Zimmers eine Art Staatsbett, in dem Karl I. bei seinem letzten Besuche in Schottland geschlafen haben soll. Hundert Jahre später ruhte Prinz Charlie (nach dem Siege von Prestonpans) auf diesen Kissen aus, schwerlich träumend, daß er sieben Monate später schon ein gehetzter Flüchtling sein und sein Besieger (der Herzog von Cumberland) auf ebenjenen Kissen schlafen werde. Vielleicht, daß das Bett vor hundert Jahren einladender war als jetzt; wie es da vor mir stand, weckte es nur die Empfindung, daß ich mir ein angenehmeres Lager gesucht und selbst ein Biwak auf schottischer Heide vorgezogen haben würde. Was diesem Audienzzimmer eine größere Bedeutung leiht als die Gardinen und die historischen Erinnerungen dieses Betts, ist der Umstand, daß die vielfachen Begegnungen zwischen *John Knox und der Königin* an dieser Stelle stattfanden. Hier war es, wo sie unter Zorn und Tränen ausrief: »Was kümmert Euch meine Heirat? Wer gibt Euch das Recht zu dieser Sprache? Wer und was seid Ihr in diesem Lande?« Und wo der Mann im Genfer Käppchen, ungeblendet durch Schönheit und unerschüttert durch Macht, standhaft erwiderte: »Ich bin ein Untertan dieses Landes, geboren darin; und ob ich auch kein Graf oder Herr bin, doch bin ich ein nützliches Glied dieser Gemeinschaft.«

Aus dem Audienzzimmer treten wir in das Schlafzimmer, dasselbe, an dessen wurmstichiger Tür wir von außen gepocht hatten. Das Zimmer ist ein Quadrat, aber durch Fenster, Türen, Kamin und Nischen so vielfach unterbrochen, daß es mehr den Eindruck eines Vielecks als eines Vierecks macht. Die Einrichtung ist so ziemlich dieselbe wie die des Audienzzimmers, aber hundert Kleinigkeiten, die durch die Hand der schönen Frau gingen, ihr dienten oder sie erfreuten, finden sich hier zusammen und machen dies Zimmer zu dem interessantesten, das man vielleicht irgendwo betreten kann. Das Bett mit seinen Scharlachbehängen, seinen Schnüren und Quasten ist wohlerhalten, und auf den Polstern und Decken liegt der zwei Hand breite Rest von einer jener wollnen Decken, die nach englisch-französischer Sitte schon damals statt des Federbetts dienten. Es ist bekannt, wie leicht solche Dinge ins Lächerliche umschlagen, aber die ganze Umgebung ist der Art, daß Frivolität nicht aufkommen kann und sich bescheidet, anderen Gedanken das Feld zu räumen. Die Gobelins, die an den Wänden hängen, stellen den Fall des

16

Phaeton dar; man kann darin nicht gut, wie einige gewollt haben, ein sinniges Spiel des Zufalls erkennen, da der Fall der schönen Königin sicherlich keine Vergleichungspunkte mit dem des Phaeton bietet. Sie strebte nie zu hoch, im allgemeinen nicht hoch genug; als sie dem Bothwell die Hand reichte, entschlug sie sich ihrer Würde als Königin und als Frau, *das* stürzte sie. - Unter den Kleinigkeiten, deren das Zimmer so viele besitzt, sind Stickereien von der Hand der Königin Elisabeth, die diese der Maria Stuart für deren eben geborenen Sohn, den späteren Jakob VI., zum Geschenk machte; daneben Handarbeiten Maria Stuarts selbst, Körbchen, Kästchen, Necessaires usw.

Von diesem Schlafzimmer aus führen zwei Türen nach rechts und links hin in zwei angrenzende kleine Räume, von denen der eine den Namen eines Ankleidezimmers (dressing-room), der andere den eines Eßzimmers (supping-room) führt. Der dressing-room hat kein Blatt in der Geschichte; desto mehr Blätter gehören dem supping-room. Wir werfen noch einen Blick auf die mehrerwähnte wurmstichige kleine Tür, die wir jetzt kaum fußbreit zur Rechten haben, und treten nunmehr in den unmittelbar daneben gelegenen supping-room ein. Wir sehen darin allerhand Rüstungsstücke (Brustharnisch, Schwert, Sporen), die dem Lord Darnley gehört haben sollen; an anderer Stelle befindet sich ein Marmorblock und ein auf Stein gemaltes kleines Altarbild. Dinge, die einstens der Hauskapelle der Königin zugehörten und nun wie in einem Kuriositätenladen, in diesem »supping-room« eine Stelle gefunden haben. So unpassend wie möglich. Dies Zimmer müßte kahl und leer sein, nackte, graue Wände, nichts weiter. Hier empfing Rizzio die ersten Dolchstiche. Was den Eintretenden mit ganz besonderem Schauder erfaßt, das ist die überraschende Kleinheit und Enge dieses Gemachs. Es ist nur 10 Fuß lang und 9 Fuß breit. Man war hier auf Dolche angewiesen. In diesem Zimmer befanden sich am Abend des 9. März 1565 sieben Personen: Maria Stuart; ihr Halbbruder Lord Robert Stuart; Arthur Erskine, Hauptmann von der Garde; ein Kammerherr; eine Hofdame; die Gräfin von Argyle und Rizzio. Rechnet man den Tisch hinzu, an dem sie saßen, so muß das Zimmer gefüllt gewesen sein. Aber die draußen Stehenden waren entschlossen, Platz zu schaffen. Zuerst erschien Darnley, setzte sich neben die Königin und schlang seinen Arm um ihren Leib, um sie nach Möglichkeit auf ihrem Sitze festzuhalten. Dann trat Lord Ruthven ein, hager, blaß, todkrank, das Haupt unbedeckt, aber sein Leib in Eisen gekleidet; mit ihm kamen Kerr von Falkonside und George Douglas; Bewaffnete und Fackelträger schlossen den Ausgang. *»Es gilt nicht Euch, hohe Frau«*, rief Ruthven, *»nur jenem Schuft da.«* Rizzio sprang auf und barg sich hinter der Königin. Es war jetzt unmöglich, ihn zu treffen; der enge Raum des Zimmers war abgesperrt, eine lebendige Hecke, dahinter der Sänger. »Gebt ihn heraus!« schrie Kerr von Falkonside und legte sein Pistol auf die Königin an. Die geängstigte, aber entschlossene Frau folgte ihm mit den Augen. Diesen Moment benutzte Douglas; über die Schulter der Königin hinweg traf er jetzt den dahinter geborgenen Sänger. Rizzio sank zusammen; man zog ihn hervor, zerrte ihn durch das Schlaf- und Audienzzimmer; draußen an der Treppenstufe ließ man ihn liegen. Sechsundfünfzig Dolchstiche hatten ihr Werk getan. Lord Ruthven schritt in das Zimmer der Königin zurück und forderte einen Becher Wein. Er war so matt, daß er sich mühsam aufrecht hielt; eine Woche später war er nicht mehr. Der Tod schien nur gewartet zu haben, um nicht zwischen ihn und diesen Mord zu treten.

All das stand vor unsrer Seele, als wir uns in dem elenden Zimmerchen umsahen. Wir verließen es wieder, ohne ein Wort zu sprechen. Als wir bis an die Treppe gekommen waren, rief uns einer der Aufseher nach: »Wait a moment, Gentlemen, you didn't see the blood yet.« (Warten Sie einen Augenblick, meine Herren, Sie haben das Blut noch nicht gesehen.) In der Tat standen wir auf dem Punkt, an dem Blute Rizzios ohne weitere Teilnahme vorbeizugehen. Wir hielten an und sahen nun den großen braungrauen Fleck, das sichtbare Zeichen der Schrecknisse jenes Abends. Zu sagen, daß wir viel dabei empfunden hätten, wäre Lüge. Diese Dinge dürfen einem nicht in Substanz auf den Leib rücken. Die roten Flecke, die das Gewissen der Lady Macbeth sieht, wo sie nicht sind, werden ewig ihr Grauen für uns behalten; aber es ist vorbei damit, wenn man uns das Blut tischbreit auf die Diele malt. Auch die Vorstellung kann nicht retten, daß es vielleicht das echte sei.

VON HOLYROOD BIS EDINBURGH-CASTLE

Aus Holyrood-Palace heraustretend und den mehrerwähnten Platz passierend, der unmittelbar vor dem Palaste liegt, treten wir jetzt in den untern Teil jener hügelansteigenden, malerisch gelegenen Straße ein, deren Profillinien ich im zweiten Kapitel bereits beschrieben habe. Der untere Teil der Straße, am Hügelabhang gelegen, heißt Canongate; der obere Teil, den Rücken des Hügels einnehmend, ist High-Street.

Canongate, so geheißen, weil die Chorherren (Canons) von Holyrood die ersten Häuser hier aufführten, war vor drei Jahrhunderten der Lieblingssitz der Reichen und Vornehmen des Landes. Die unmittelbare Nähe des Palastes machte es, daß man diesem Faubourg (denn das war Canongate damals) selbst den Vorzug vor der stattlicheren High-Street gab. Lange Zeit hindurch blieben diese Dinge unverändert, und noch in der Mitte des vorigen Jahrhunderts hatten Herzöge, Grafen und Lords ihre Paläste hier. Wenn man sich *jetzt* in dieser Straße umsieht, so kann man freilich ein gewisses Staunen nicht unterdrücken, daß z. B. noch um 1750 herum fünfundzwanzig Grafen (der Lords und Barone zu geschweigen) ihre Paläste hier gehabt haben sollen. Unscheinbare Häuser zu beiden Seiten der Straße führen noch jetzt den Namen alter und berühmter Geschlechter und beweisen im innigsten Zusammenhange mit den Taten, die hier geschahen, welch Zustand verhältnismäßiger Roheit und Unkultur hier noch herrschte, als das übrige Westeuropa bereits unter dem Einfluß der wiedererwachten Künste war. Geschmack und Komfort fanden hier sehr spät eine Stätte. Als Schottland während des 16. Jahrhunderts in die nächste politische Beziehung zu Frankreich trat, waren die Zustände des Landes noch so arm und hoffnungslos, um in der Bevölkerung desselben nicht einmal den Gedanken an Mitbewerbung oder Nacheiferung aufkommen zu lassen. Den Rest tat der Puritanismus; was noch von Schätzen und Vorbildern guten Geschmacks übrig war, das brannte er nieder oder entkleidete es seiner Schönheit. Abgeschiedenheit, Armut und das ausschließlich aufs Innerliche gerichtete religiöse Leben des schottischen Volks vereinigten sich dahin, der Kunst und ihrem nie fehlenden Gefolge, dem Komfort und dem Luxus, die Niederlassung, das Bürgerrecht in diesem Lande zu erschweren. Das Haus blieb hier ein bloßer Steinbau mit kleinen Türen und dürftigen Fenstern, eine Schutzwehr gegen Wind und Wetter, ein Kastell, fest, eng, warm, aber schmucklos.

Wer geneigt sein könnte, einen Zweifel hiergegen zu erheben, der sehe sich um in Canongate. Kein englischer Fisch- und Gemüsehändler würde jetzt Raum, geschweige Komfort genug in einem jener grauen Steinhäuser finden, drin noch vor 100 Jahren die Träger berühmter Namen sich's wohl sein ließen.

Nur einige Häuser zeichnen sich auch jetzt noch durch ihre Geräumigkeit oder durch jene Apartheiten in der Bauart aus, die uns sofort mutmaßen lassen, daß es nicht alltägliche Dinge gewesen sein können, die sich darin zugetragen haben. Da haben wir zunächst zur Linken »Queensberry-House«. Die ehemalige Wohnung der Herzöge gleichen Namens ist seit 50 Jahren und mehr zu einem Hospital und Armenhaus geworden, eine Umwandlung, der man es lassen muß, daß sie im Einklang steht mit dem spukhaften Mauerwerk und der finstren Geschichte, die sich daran knüpft. Diese Geschichte ist folgende. Es war am 1. Mai 1707, an demselben Tage, an dem die Union zwischen England und Schottland, die bis dahin nur als Personalunion bestanden hatte, durch Abgeordnete beider Länder zum Abschluß gebracht wurde. Die glückliche Beendigung der dahin abzielenden Schritte war das Werk und Verdienst des schottischen Herzogs von Queensberry. Der Herzog verließ früh das Haus, um beim Abschluß der Verhandlungen zu präsidieren. Ganz Edinburgh war auf den Straßen. Auch die Dienerschaft von Queensberry-House hatte das herzogliche Palais verlassen; niemand war im Hause zurückgeblieben als des Herzogs ältester Sohn, wahnsinnig in seiner Zelle, und ein Küchenjunge hinterm Herd. Gegen Mittag waren die Verhandlungen geschlossen, Kanonenschüsse vom alten Schloß her rollten über die Stadt hin. Alles strömte heim, auch die Dienerschaft von Queensberry-House. Was fanden sie vor? Die Eisenstäbe der Zelle waren zerbrochen; in der Küche stand der Wahnsinnige und drehte den Spieß; an dem Spieß steckte der Küchenjunge. Das Grausige dieser Geschichte wächst noch durch den leisen Beisatz von Komischem, der unser Gefühl in einen gewissen Zwiespalt und uns vor uns selber fast unter die Anklage der Frivolität bringt.

Hundert Schritte aufwärts von Queensberry-House haben wir Moray-House an derselben Seite der Straße. Die blanken Fenster und die geputzten Messinggriffe sagen uns hier, daß noch Bewohner hinter diesen sauber gehaltenen Wänden leben, die, wenn nicht an Rang und Reichtum, so doch an Sitte und vornehmer Gewöhnung jenen königlichen Morays verwandt sein müssen, die vor zwei Jahrhunderten hier heimisch waren und dem Hause seinen Namen gaben. Im Vorübergehen gewahren wir an den Fenstern des ersten Stocks einen schmucklosen eisernen Balkon. Die Geschichte, die sich daran knüpft, erzähl' ich in einem späteren Kapitel.

Zwischen Queensberry-House und Moray-House, an der andern Seite der Straße, liegt die alte Kirche von Canongate. Die Kirche ist häßlich und interesselos, und selbst die Grabsteine, die nach allen vier Seiten hin sie umlagern, weisen keinen einzigen Namen von Bedeutung auf. Um den Namen Adam Smiths scheint diese Begräbnisstätte durch einen Zufall oder eine Laune gekommen zu sein. Das Grab des Schöpfers der Nationalökonomie befindet sich seitab in einiger Entfernung vom Kirchhof. Kirchlicher Rigorismus kann dabei nicht maßgebend gewesen sein, da Adam Smith auch in kirchlichen Dingen durchaus jene Harmlosigkeit zeigte, die ihm in allen Lebensbeziehungen eigen war. Von dieser Harmlosigkeit sei es mir gestattet, hier einen anekdotischen Zug als Probe einzuschalten. Der Verfasser des »Reichtums der Nationen«, der, beiläufig bemerkt, wie fast alle Nationalökonomen in der Verwaltung seiner eigenen Angelegenheiten hinter den bescheidensten Anforderungen zurückblieb, war unverheiratet, stand aber statt dessen unter der strengen Herrschaft einer Anverwandten, die ihm die Wirtschaft führte. Er hatte wenig Neigungen und Bedürfnisse, nur ein Stückchen Zucker liebte er dann und wann aus der Schale zu naschen. Diese Neigung zu befriedigen war aber nicht immer leicht, da die Zuckerschale unter der besonderen Aufsicht der Dame des Hauses stand. Er pflegte zu diesem Zwecke im Zimmer auf und ab zu gehen, die Anverwandte in ein Gespräch zu verwickeln und dabei abzuwarten, bis sie endlich der Schale den Rücken zukehrte; diesen Moment benutzte er dann, um seinen Überfall mit Mut und Geschicklichkeit auszuführen.

Unmittelbar neben der alten Kirche liegt das Gefängnis von Canongate, ein wenigstens um etwas bemerkenswerterer Bau, wenn auch nur seiner lateinischen Inschrift halber. Dieselbe lautet: »Sic itur ad astra«, als ob der Weg durch das Canongate-Gefängnis eine besondere Anwartschaft auf den Himmel böte. Niemand in Edinburgh hat mir diesen Widersinn erklären können. Vielleicht, daß das Gebäude in alten Zeiten einem völlig verschiedenen Zwecke gedient hat.

Wir haben jetzt Canongate passiert, d. h. haben den am Hügelabhang liegenden Teil der großen Verbindungsstraße zwischen Holyrood-Palace und Edinburgh-Castle hinter uns und treten jetzt da, wo die Straße den Hügelrücken erreicht hat und in horizontaler Linie sich fortzusetzen beginnt, in High-Street ein. An dieser Stelle nimmt die eigentliche Altstadt Edinburgh ihren Anfang. Hier befand sich in früheren Jahren, wenn ich nicht irre, ein Tor, das die eigentliche Stadt von der Vorstadt schied, ähnlich wie sich Temple-Bar noch jetzt zwischen City und Westminster, oder die Porte St. Martin zwischen der Stadt und dem Faubourg erhebt. Gleich das erste Haus, das wir zur Rechten haben, wo Canongate sich plötzlich in die breitere High-Street erweitert und dadurch eine Art Eckhaus bildet, ist ein Gebäude von hohem Interesse. In diesem Hause lebte John Knox. »Und dies dieselbe High-Street«, so sagten wir uns, »die der mutige Mann so oft und so freudig entlang schritt, um in der alten St.-Giles-Kirche den Zorn Gottes auf die 'Gottlosen' herabzurufen!« - »Und dies dasselbe Canongate«, so setzten wir hinzu, »das er zögernd hinabstieg, wenn es andern Tags galt, die Drohworte von St. Giles vor der Königin in Holyrood-Palace zu entschuldigen oder – zu wiederholen!« Das Gebäude, wie es da ist, läßt an altem Ansehn nichts zu wünschen übrig, dennoch ist es, soviel ich weiß, eine Art Kunstprodukt, zu dessen Herstellung man im Lauf der letzten zehn Jahre geschritten ist. Man kam zu einer Art Kompromiß und behing sozusagen einen neu hergestellten Leib mit den alten Kleidern. Wie man von baufälligen Kirchen eine Reihe von Freskobildern loszulösen und diese Bilder dann neuaufgerichteten Wänden wieder anzufügen versteht, so hat man auch das alte Haus des John Knox einem unerläßlich gewordenen Umbau zu unterwerfen gewußt, ohne dadurch die Formen und Verhältnisse des Hauses zu zerstören oder gar gewisse Apartheiten und Ornamente desselben zu beseitigen. Die Weise, in der dabei von seiten der Bauverständigen verfahren wird, entgeht zwar niemals den Angriffen der antiquarischen Enthusiasten, aber wer könnte ihnen genügen? Hier in London hab' ich vor kurzem den Beauchamp-Turm (im Tower) nach einem ähnlichen Prinzip, wie oben beschrieben, restaurieren sehen. Die von außen wahrnehmbaren Sehenswürdigkeiten des John Knoxschen Hauses bestehen aus drei Dingen: erstens aus dem kleinen Eckfenster im ersten Stock, von wo herab der Reformator häufig zu dem unten versammelten Volk gesprochen haben soll; zweitens aus einer Inschrift, die da lautet: »Love God above all and your neighbour as yourself« (Liebe Gott über alles und deinen Nächsten wie dich selbst), und drittens aus einer bunt bemalten kleinen Holzpuppe, die sich unmittelbar neben jenem Eckfenster befindet und den Reformator selber, wie er zum Volke predigt, darstellen soll. Diese Puppe, wahrscheinlich nicht älter als 50 Jahre, ist das Produkt guten Willens und wenig Geschmacks. Sie hat nur das Gute, daß sie das Haus in unverkennbarer Weise markiert und dem Fremden ein Führer oder Fingerzeig wird, ohne dessen Hilfe das ziemlich unscheinbare Haus unter einer Masse ähnlicher Baulichkeiten verschwinden würde.

High-Street weiter hinaufgehend, haben wir jetzt, zumal wenn wir uns auf der rechten Seite der Straße halten, einen Überblick über die drei Kirchen, die den Weg von Canongate bis Edinburgh-Castle in drei fast gleiche Teile teilen und, ohne selber besonders schön zu sein, nicht wenig zu dem malerischen Effekt der ganzen Stadt beitragen. Vom Monumente Walter Scotts aus (siehe das zweite Kapitel), wo High-Street und Canongate im Profile vor uns liegen und eine Seiten-Vue gestatten, ist dieser Effekt freilich am größten, aber auch en face die Straße hinansteigend, so bald wir nur die eine Linie vermeiden, auf der die erste Kirche (Tron-Church) die beiden andren deckt, genießen wir eines prächtigen Anblicks.

Wir befinden uns jetzt in gleicher Höhe mit Tron-Church, haben diese alte, nichts Besonderes bietende Kirche unmittelbar zu unserer Linken und blicken nun, die Strecke bis zur St.-Giles-Kirche hinüberschauend, in den schönsten und historisch berühmtesten Teil von High-Street hinein. Die Dinge unterscheiden sich hier wesentlich von dem, was wir in Canongate gesehen. Die Häuser, die sich zu beiden Seiten der Straße erheben, sind ebenso alt oder noch älter als dort; die Leute, die drin leben, haben ebenso wenig oder noch weniger irgend etwas gemein mit jener Aristokratie, die hier wie dort einst ihre Paläste hatte; Schmutz, Armut und Hökerkram haben hier wie dort ihre Wohnung aufgeschlagen. Aber was den Unterschied macht, das ist das Massenhafte der Bauart, der wir hier begegnen. Die grauen Quaderhäuser mit breiten, vielfenstrigen Fronten steigen sechs und sieben Stock hoch in die Luft und geben der ganzen Straße das Ansehn einer Reihe von Palästen. Daß diese Paläste räuchrig und schmucklos, zum Teil schmutzig und halb verfallen sind, reicht nicht aus, der Straße diesen ihren Charakter zu nehmen. Die Häuser von Canongate gleichen vernachlässigten Sommerresidenzen, in denen der Adel früherer Jahrhunderte seinen temporären Aufenthalt nahm, hier auf dem Rücken des Hügels aber haben wir wirkliche Schlösser; hoch, fest, imposant. Diesen Charakter des Schloßartigen hat die Straße in so hohe Maße, daß die stattlichen Neubauten (Bank, Börse, Rathaus, Parlament) , die man hier und dort zu beiden Seiten der Straße aufgeführt hat, nicht imstande gewesen sind, den imponierenden Eindruck des Ganzen zu steigern – gegenteils. Ich komme später auf diesen Punkt zurück.

Die einzelnen Häuser, selbst die besten, zu beschreiben, ist nicht möglich. Was über sie zu sagen ist, das ist gesagt. Eines gleicht dem andern. Grau, steinern, schmucklos steigen sie in die Luft, unmalerisch einzeln, aber pittoresk als Ganzes und immer wirksam durch Masse und Proportion. Was ihnen bei genauerem Einblick einen aparten Zug verleiht, das sind die sogenannten »Engen«, jene wunderlichen Kreuzungsprodukte von Hof, Mauergang und Sackgasse, die unter dem Namen der »Closes von Edinburgh« in ganz England eine Art von Notorität erlangt haben. Diese »Closes«, wie schon aus meiner obigen Umschreibung hervorgeht, sind nicht geradezu etwas Neues und Besondres. Neben jenem Mischlingscharakter, der sie allerdings eigentümlicher erscheinen läßt als sie sind, verdanken sie ihren Ruf wohl zumeist dem Umstande, daß es in ganz England wenig alte Städte gibt, d. h. Städte, die sich noch in ihrem ehemaligen alten Aufzuge der Welt präsentieren. In unseren alten deutschen Städten ist an solchen Closes kein Mangel; unsre »Höfe« in Wien, Augsburg, Leipzig, Danzig, sind im wesentlichen dasselbe. Noch ähnlicher sind ihnen die »Courts« in den alten Stadtteilen Londons: besonders am Strand, um Drury-Lane herum und in Fleet-Street. Die letztere Straße ist so reich daran, daß man sie der High-Street von Edinburgh fast an die Seite setzen könnte. Aber was diesen Closes, weit über ihren eigentlichen Anspruch hinaus, wenigstens den Schein von etwas Besonderem leiht, das ist ihre ganz aparte Enge. Man passiert zuerst einen schmalen, überwölbten, leider oft als Rinnstein dienenden Gang, der sich durch die ganze Tiefe des Hauses zieht, etwa wie ein Festungstor durch die ganze Tiefe der Mauer läuft. Hat man, nach vorsorglicher Applizierung eines Taschentuches, diesen im Dunkeln fließenden Schleichbach hinter sich, so steht man auf einem mal stein-, mal fliesenbedeckten Hofe, der bei der Höhe der Häuser, die ihn dicht umschließen, mehr einem Rauchfang als einem Hofe gleicht. Treppen münden hier aus, unbeschreiblicher Schutt und Hausrat liegt in den Winkeln umher, und durch alle Etagen hindurch hängt Wäsche an Stöcken und Stangen zum Fenster hinaus. Wieviel Tage die letztere braucht, um hier ohne Luft und Licht zu trocknen, hätt' ich gern erfahren. Das sind die Closes von Edinburgh. Sie zu betreten ist mißlich; aber von der Straße aus durch den dunklen schmalen Gang hindurch in den Hof und sein Getreibe hineinzublicken, verlohnt sich doch der Mühe. Neben manchem bloß Pikanten bietet sich auch Malerisches und durch Reiz und Schönheit Fesselndes dar. Ich entsinne mich einzelner Häuser, in denen der schmale Gang des Vorderhauses sich über den Hof fort noch durch die ganze Tiefe des Hinterhauses zog. In einem anderen Falle lief neben dem letzteren eine offene, als Garten benutzte Passage her. Dieser Gartenstreifen, kaum vier Fuß breit, hatte nach vorn hin eine Gittertür; ein dahinterstehender Rosenstrauch reichte seine Rosen durch die Eisenstäbe hindurch in den Hof hinein, über Gitter und Strauch aber schwebte ein Stück Himmel, auf dessen blauem Hintergrunde sich das bunte Leben von Princes-Street wie ein Camera-obscura-Bild auf und ab bewegte. Auf dem Wege von Tron-Church bis St. Giles haben wir das eigentliche High-Street-Leben um uns her. Wenig Fuhrwerk auf dem Straßendamme, aber desto mehr Verkehr auf dem Trottoir und dem Bürgersteige. In den Mittagsstunden und beim Dunkelwerden, wenn »Feierabend« begonnen hat, gesellt sich zu diesem Tages- und Geschäftsverkehr noch eine andere Art von öffentlichem Leben, das, soweit ich es kenne, in dem nördlichen Europa nichts Gleiches hat und durchaus an das Treiben italienischer Städte erinnert. Die Buntheit, die Heiterkeit des Südens fehlt, aber das Stehen und Schwatzen vor den Türen ist allgemein und geht rasch in jenes stille, behagliche Auf und Ab, in jene mußevolle Bewegung über, die kein Ziel verfolgt und sich selber Zweck ist.

Die armen Leute von Edinburgh gehen allabendlich auf ihrer High-Street spazieren. Das klingt nicht viel, ist aber eine große Sache und gibt jedenfalls der ganzen Straße einen Charakter, der uns durch seine Neuheit völlig frappiert. Unsre nordischen Straßen haben aufgehört, Versammlungsplätze zu sein, sie dienen ausschließlich dem Verkehr und gleichen abgesteckten Rennbahnen, auf denen nur *gelaufen* wird.

Aber selbst die Buntheit des Südens sollten wir nicht lange vermissen, als wir High-Street entlangschritten. An allen Ecken standen Hochlandssöhne mit Kilt und Plaid, nicht genau in die Farben ihrer Clans gekleidet, aber immer noch bunt genug, um das Bild zu beleben. Es waren Werbeunteroffiziere von den Highlanders, »Kameraden von der hohen Nummer«, was in England einen stolzen Klang hat, wo die Nummern 72. und 93. auf den Hochlandsschultern zweier berühmter Regimenter stehen. Vieles ist gegen die Hochlandtracht im allgemeinen gesagt und geschrieben worden, und gewiß mit Recht, aber malerisch ist und bleibt sie. Selbst das Zwitterkostüm der Hochlands-*Regimenter*, die oben den abgeschnittenen roten Frack der Engländer adoptiert, nach unten hin aber den Kilt und die Nacktbeinigkeit in aller Integrität bewahrt haben, ist immer noch eine Schöpfung von relativer Geschmacksfülle. Unter allen Umständen fehlt – die Hose, dieser Triumph des Praktischen über die Schönheit. Kurz vorher, eh' wir nach Schottland aufbrachen, hatten wir in London die Straßen und Plätze besucht, auf denen der englische Werbeunteroffizier sein Wesen treibt. Es war uns somit eine vortreffliche Gelegenheit zum Vergleich gegeben. Der Vergleich fiel sehr zugunsten Schottlands aus. In beiden Fällen, hier wie dort, war das Bierhaus Station und Sammelplatz; aber der echte Hochländer, der, wie das Sprichwort sagt, sich schon die Muttermilch mit Whisky verdünnt, scheint dem Werbegeschäft besser gewachsen zu sein. Er bleibt nüchtern. Breakfast und Lunch (zweites Frühstück) waren längst vorüber, doch unangefochten, fest, gradlinig, gravitätisch schritten ein paar Sergeanten vom Sutherland-Regimente auf und ab, uns musternd und dann grüßend, als wir an ihnen vorübergingen. Sie hatten in meinem Gefährten den »alten Offizier« herauserkannt. Dasselbe passierte uns in Stirling ein paar Tage später. Das Ganze gab ein schönes Bild; auf dem dunklen Hintergrunde hoben sich die bunten Trachten trefflich ab, gegenüber stiegen die grauen Häuser turmartig in die Luft, und aus der Ferne, nur leise von Nebel umhüllt, grüßte Edinburgh-Castle.

Dieser Gruß mahnt uns zur Eile. Zunächst erreichen wir die Börse, die sogenannten Exchange-Buildings. Vor derselben, den Rücken gegen das Gebäude, machen wir halt, um Umschau zu halten. Wir blicken zunächst gegenüber auf die linke Seite der Straße. High-Street buchtet sich hier, nach Süden hin, platzartig aus; die St.-Giles-Kirche indes, die sich inmitten dieser

Ausbuchtung (Parlaments-Square geheißen) erhebt und mit einer ihrer Seitenfronten bis in High-Street vorspringt, stellt dadurch die unterbrochene Straßenlinie wieder her. Wir befinden uns angesichts dieses Platzes im Mittelpunkte von High-Street und in mehr als einer Beziehung am wichtigsten Punkte Edinburghs überhaupt. Den ehrwürdigen Bau, in dem Knox predigte, unmittelbar vor uns, übersehen wir zu gleicher Zeit die Mehrzahl der Gebäude, die sich hakenförmig um diese Kirche herum gruppieren: das Rathaus, das Parlamentsgebäude und die Gerichtshöfe. Alle diese Häuser, einschließlich des Börsengebäudes, an das wir lehnen, sind entweder neu oder doch neuerlichst so gründlich repariert, daß sie den Eindruck von Neubauten machen. Es soll damit kein Tadel ausgesprochen sein, um so weniger, als die Änderungen, die vorgenommen wurden, aus Verkehrs- und Gesundheitsrücksichten dringend geboten erschienen. Auch wär' es unbillig, in Abrede zu stellen, daß der Platz, wie er da ist, immer noch den Eindruck des Stattlichen, des Großstädtischen macht. Das alles sei zugegeben. Aber andrerseits freilich trägt dieses Rathaus, das z. B. den athenischen Tempel des Erechtheus kopiert, ein völlig fremdes Element in die alte High-Street von Edinburgh hinein und erzeugt notwendig den Wunsch in uns, daß es auf eine kurze halbe Stunde wieder so sein möchte wie vordem. Da war alles aus einem Guß; eckig, winklig, verbaut, aber malerisch. Links vor uns an der Nordostecke der Kirche erhob sich das Wahrzeichen der Stadt, das »City-Kreuz«, während rechts an der Nordwestecke das alte Tolbooth-Gefängnis mit seinen Erkern und Türmen aufwuchs und die High-Street beinah absperrte. Nichts von Säulen und Pilastern zog sich damals an den Steinfassaden der alten Gerichts- und Parlamentsgebäude entlang, und statt der ängstlichen Sauberkeit des frisch abgeputzten St. Giles, präsentierte sich der alte Bau im Schmuck seiner Buden und Kramläden, die sich eng und niedrig unter die gotischen Fenster gekauert oder in voller Breite zwischen den Strebepfeilern etabliert hatten. Das Mittelalter hatte doch recht, und unsere Purifikation, wo immer sie sich breit macht, hat oft herzlich wenig von dem guten Geschmack an sich, den sie in großen Buchstaben auf ihre Fahne schreibt. Die alten Kirchen wuchsen wie aus dem Leben des Volks hervor, und deutungsreich war es, wenn Bürger und Händler am Mauerwerk ihrer Kirche ihr Nest zu bauen liebten. Es war eine Verwachsenheit da, die jetzt fehlt. Kalt, sauber, sonntäglich erheben sich unsere Kirchen neben uns, und wir sehen uns in ein festtägliches Verhältnis zu jenen Plätzen gebracht, wo sonst der Umgang, die Liebe, die Vertraulichkeit, auch wohl die Ungeniertheit des alltäglichen Lebens war.

Mit der St.-Giles-Kirche und ihrer Umgebung haben wir den Höhepunkt des Interesses erreicht, das uns die High-Street gewähren kann. Weiter hinauf werden die Häuser wieder baufälliger und kümmerlicher, und die paar

Ausnahmen, die uns begegnen, bieten nicht Stoff genug, um bei ihnen zu verweilen. Wir befinden uns jetzt in gleicher Höhe mit der dritten und letzten der High-Street-Kirchen (der sogenannten Assembly-Hall, in der alljährlich die General-Synode sich zu versammeln pflegt), biegen aber, anstatt den kahlen Wänden einer neugebauten schottischen Kirche einen bloßen Anstandsbesuch zu machen, lieber in die gegenüberliegende Gasse und ein dicht daran anstoßendes Gärtchen ein, um der Poetenwohnung Allan Ramsays, dieses nordischen Hans Sachs, einen Blick zu gönnen. Aber auch nur einen Blick; die Stille, die Abgeschlossenheit, die Lieblichkeit des Orts, die uns zu einer andern Zeit gewiß auf längere Minuten gefesselt hätte, hält uns heute nicht, denn immer näher hören wir militärische Musik die Wege und Windungen des Hügels heraufkommen. Die Neugier treibt uns zu sehen, was es gibt. In demselben Augenblick, wo wir den Platz erreichen (Esplanade genannt), der vor dem Mauer- und Festungswerk von Edinburgh-Castle sich ausdehnt, erscheinen auch, Musik voraus, die ersten Sektionen eines englischen Regiments zu unsrer Rechten und marschieren, den Platz in seiner Breite überschreitend, dem geöffneten Festungstore zu. Es sind dies die Sussex-Milizen unter Führung ihres Obersten, des Herzogs von Richmond. Bis vor wenig Tagen in Dover garnisoniert, hat eine vielleicht unerwünschte Ordre sie aus dem Süden Englands plötzlich nach Edinburgh geführt. Edinburgh-Castle tritt an die Stelle von Dover-Castle, Scharen von Volk, jung und alt, Weiber und Kinder, folgen ihnen nach, um an den »Southrons« (d. h. die Südlichen) ihren Witz und ihre Malice zu üben. Auch wir schließen uns dem Zuge an, und während das »Britische Grenadiere« lustig weiter klingt und die Schloßwache ins Gewehr tritt, ziehen wir durch allerhand Tor- und Gitterwerk lachend mit ein in *Schloß Edinburgh*.

EDINBURGH-CASTLE

Wer kennt nicht das Edwin Landseersche Bild »Der Frieden«? Grasbewachsene Dünenhügel ziehen sich am Strand hin; glatt wie ein Spiegel dehnt sich die Meeresfläche; Kinder spielen, Schafe weiden umher; eines der Schafe aber naht sich der Öffnung einer rostigen, halb im Grase verstecken Kanone und nagt die Halme ab, die ihm friedlich daraus entgegen blühn. An dieses Bild mußt' ich denken, als ich oben auf Edinburgh-Castle stand. Alles ringsum atmete Frieden; selbst die Halbmondbatterie, die ein Dutzend Geschütze oder mehr aus dem Wall- und Mauerwerk hervorstreckt, erschien mir so friedlich wie jene rostige Kanone im Grase. Die ganze Burg, mit ihren kriegerischen Prätentionen, ein gutherziger Polterer und nichts mehr! Mit einer Art Staunen hört' ich, daß im Jahre 1570 noch eine wirkliche Belagerung dieser Felsenfestung stattgefunden hat. Philipp le Grange, ein Anhänger Maria Stuarts, hielt sich hier 33 Tage lang gegen die vereinigten Anstrengungen einer englisch-schottischen Belagerungsarmee. Dreiunddreißig Minuten würden jetzt ausreichen, sämtliches Mauerwerk dieser Festung in einen Schutthaufen zu verwandeln. Daß im Jahre 1745 Prince Charlie keinen Angriff auf Edinburgh-Castle unternahm und die Burg in den Händen der englischen Besatzung ließ, während die Stadt in seinen Händen war, darf auf keinen Fall als ein Beweis für die Festigkeit des Platzes gedeutet werden. Die Sache war, daß die nacktbeinigen Hochländer viel Mut, aber keine Kanonen hatten und daß es nutzlos gewesen wäre, mit dem Kopf gegen die Wand zu laufen. Edinburgh-Castle, so scheinbar gebieterisch seine Lage ist, hat nichts mehr zu gebieten, seitdem eine Höhe von 300 Fuß aufgehört hat, eine Unerreichbarkeit für Kugel und Wurfgeschoß zu sein. Daher fallen alle historischen Erinnerungen, die sich an die Verteidigung oder Eroberung dieser Felsenfestung knüpfen, in das 14. und 15. Jahrhundert, Zeiten, in denen man jenseits des Tweed noch keine Geschütze kannte. Die interessanteste dieser Erzählungen ist eine Überrumpelung der Festung durch Randolph, Grafen von Murray, die 1313, also kurze Zeit vor der Schlacht von Bannockburn, stattfand. Sie wurde nach dem Erfahrungssatz ausgeführt, daß man da angreifen muß, wo sich der Feind am sichersten fühlt. Murray und 30 auserlesene Leute kletterten in einer Nebelnacht die senkrechte, für unersteiglich gehaltene Südwand des Felsens empor. Ihr Führer bei diesem Wagstück war ein alter Soldat, der auf dem Schloß geboren und großgezogen, in jungen Jahren die Wachsamkeit seines strengen Vaters oftmals getäuscht und die Südwand des Felsens hinab- und hinaufkletternd, die Nächte bei seiner unten in der Stadt wohnenden Geliebten zugebracht hatte. Ich nahm Gelegenheit, mir auf diese Erzählung hin ein paar Tage später die ganze Felsenlokalität von unten her anzusehn. Wenn nicht die Liebe dem Glauben darin gleichkäme, daß sie Berge versetzen, also am Ende auch erklettern kann, so würde man billigerweise die Wahrheit der ganzen Geschichte bezweifeln müssen. Es geht wirklich senkrecht in die Höh', an manchen Stellen mehr denn senkrecht. Der vielbesungene Schwimmer zwischen Sestos und Abydos erscheint im Vergleich mit diesem Schotten wie ein Usurpator, der Kränze trägt, die ihm nicht gebühren.

Schottland besitzt laut der Unionsakte 4 Festungen: Edinburgh-Castle, Stirling-Castle, Blackneß und Durnbarton. Sie gleichen sich wie Brüder untereinander und sind alle, um sie durch ein einziges Wort zu bezeichnen, verkleinerte, niedrig gelegene, mehr burg- als festungsartige Königsteins. Für den, der in London war, vergleich' ich sie in mancher Beziehung noch besser mit dem Tower. Edinburgh-Castle insbesondere rechtfertigt diesen Vergleich. Beiden gemeinschaftlich ist unter anderm der Umstand, daß sie als Aufbewahrungsplätze für die sogenannten »Regalien« (Kronjuwelen) dienen. Wir ließen uns in das Zimmer führen, wo der schottische Königsschmuck gezeigt wird, empfanden aber angesichts desselben womöglich noch weniger als beim Anblick der verschiedenen Kronen und Zepter, die im Tower zu London gezeigt werden. Pflichtschuldigst sieht man sich solche Dinge an, hört mit halbem Ohr die hergeleierten Erklärungsworte, bezahlt den üblichen Sixpence und ist froh, wenn man aus dem Zimmer mit seinem großen sechseckigen Glaskasten wieder heraus ist. Ich legte mir die Frage vor: »Woher diese Indifferenz?« Der Hauptgrund scheint mir der zu sein, daß diese Dinge in ihrer Allgemeinverwendetheit den Reiz des Besonderen, sozusagen des Persönlichen verlieren. Alles Reliquienwesen müssen wir auf eine ganz bestimmte Person zurückführen können. »Dies ist das Gebetbuch Jane Greys, dies der Eisenhut des Großen Kurfürsten, dies die Tabaksdose des Alten Fritz«, das hat ein Interesse; die Person selbst steht wie aus dem Grabe auf, trägt wieder die Sache oder stellt sich hinter dieselbe und gibt ihr dadurch ihren Reiz und Wert. Was soll aber vor unser geistiges Auge treten, wenn wir hören, »das ist das Reichsschwert von Schottland!« Nichts. Alle die sieben Jakobs, die sich herzudrängen, selbst wenn wir was von ihnen wissen, verwirren uns nur, und wir sind schließlich froh, diesem wirren Getriebe entkommen zu können.

Die meisten Gebäude, die sich auf Edinburgh-Castle vorfinden, sind, wie beim Londoner Tower, von modernem Datum. Während der Tower indes neben seinen Baracken, Speichern und Munitionshäusern noch ein Dutzend wirkliche Sehenswürdigkeiten: Traitors-Gate, den Bell-Tower, den Beauchamp-Turm, den Blutturm, die Kapelle St. Peter ad Vincula und vor allem den erinnerungsreichen, teilweise intakt erhaltenen White Tower aufweist, reduzieren sich die historisch interessanten Baulichkeiten von Edinburgh-Castle eigentlich auf zwei Punkte: auf eine kleine, schmucklose, bis in die Pikten-Zeit zurückreichende Kapelle, in der jetzt die zur englischen Episkopalkirche gehörigen Soldaten der Besatzung ihre Kinder taufen lassen, und auf ein anderes an der Südostecke des Hügels gelegenes, unscheinbares Wohnhaus, in dem Maria Stuart, drei Monate nach der Ermordung Rizzios, den späteren König Jakob VI. gebar. Zwei Zimmer sind es, die in diesem Wohnhaus gezeigt werden: eine Art Vorsaal oder Wachtstube, mit langen Tischen und Bänken darin, und daran anstoßend das Klosett der Königin selbst. In jenem Vorsaal befinden sich zwei Bildnisse, das eine davon Maria Stuart darstellend. Wiewohl eine Kopie en miniature nach diesem Ölfarbenbildnis (Bruststück) existiert, die erweislich schon über 150 Jahre alt ist, so glaub' ich dennoch nicht an die Echtheit dieses Porträts. Weder ist es den beiden, unzweifelhaft beglaubigten Bildnissen der Königin irgendwie ähnlich, noch deutet die Technik auf irgendeinen Maler des 16. Jahrhunderts, von dem es bekannt geworden wäre, daß er damals in England oder gar in Schottland gelebt hätte.

Es ist vielleicht am Ort, hier einiges über die ziemlich zahlreich vorhandenen Porträts der Königin einzuschalten. Die Kunstausstellung in Manchester enthielt deren sieben, meist Miniaturen nach den verschiedensten Ölbildern, nach vorgeblichen Originalen, die zum Teil gar nicht mehr vorhanden sind. Sind diese Porträts wirklich alle echt, d. h. bei Lebzeiten der Königin und angesichts derselben gemacht, so muß man es aufgeben, sich eine Vorstellung davon zu machen, wie sie denn eigentlich ausgesehen habe. Im großen und ganzen herrscht kaum irgend eine Ähnlichkeit zwischen all den Porträtköpfen, Miniatur- wie Ölbild, die ich von ihr kenne. – Von Ölbildern habe ich fünf gesehen: eines im Schlosse zu Hampton-Court, eines dem Grafen von Morton gehörig, eines in Windsor-Castle, eines in Edinburgh-Castle und eines in Abbotsford; das letztere, bloß das abgeschlagene Haupt der Königin darstellend, zeigt in einer Ecke den Namen eines italienischen Malers, in der anderen die Ortsangabe »Fotheringhay«; trotz alledem bezweifle ich aufs entschiedenste, daß das Ganze etwas anderes sei als eine Schöpfung freier Phantasie. – Das Porträt in Edinburgh-Castle ist sehr wahrscheinlich das Bildnis einer ganz anderen Person, und nur die drei erstgenannten Bilder, das in Hampton-Court, das in Windsor-Castle und das dem Grafen Morton zugehörige, sind echt und, soviel ich weiß, ziemlich unangefochten in ihrer Echtheit. Auf dem ersteren Bilde ist sie in der Schwesterntracht jenes französischen Klosters, in dem sie bekanntlich erzogen wurde abgebildet; auf dem anderen Bilde (dem Graf Mortonschen) als Königin, reich geschmückt, mit jener Haube und zumal mit jener aufrechtstehenden hohen Halskrause, die jeder unter dem Namen »Maria-Stuart-Kragen« kennt. Zwischen beiden Bildern herrscht eine gewisse Ähnlichkeit, nicht gerade in den Zügen, aber darin, daß beide Leben und Wahrheit verraten und nichts haben von jener Puppenkopfmanier, der es genügt, einem erfundenen Schönheitsideal einen möglichst schönen Teint gegeben zu haben.

Wir kehren jetzt in die Zimmer zurück, die die einzigen in Schloß Edinburgh sind, die noch an die Königin Maria erinnern. Aus dem Vorsaal oder der Wachtstube treten wir in das Klosett der Königin. Dies Zimmerchen mit seinem braunen Wandgetäfel macht noch jetzt den Eindruck einer gewissen Eleganz, wenigstens des Niedlichen und Wohnlichen, wobei man freilich von der fast erdrückenden Kleinheit des Raumes absehen muß. Es gleicht durchaus einer braungetäfelten, altmodischen Schiffskajüte. Besonders wert gehalten scheint der Raum nicht zu werden. An der Stelle, wo das Bett der Königin stand, befindet sich jetzt ein kleiner Tisch, auf dem Beschreibungen und Ansichten von Schloß Edinburgh feilgeboten werden. Wie sich von selbst versteht, hat ein Zimmerchen von dieser Ausdehnung nur ein Fenster. Aus diesem Fenster wurde Jakob VI., den die Gegner Marias schon damals in ihre Gewalt zu bekommen trachteten, wenige Tage nach seiner Geburt in einem Korbe herabgelassen und unten am Fuße des Berges von Anhängern der Königin in Empfang genommen. Der Felsen ist hier vollkommen steil. Schwindelnd sah ich aus dem Fenster in die Tiefe hinunter. Die Königin muß starke Nerven gehabt haben, daß sie nicht vor dem Gedanken erschrak, ihr Kind diese grauenhafte Luftreise machen zu lassen. Daß der junge Prinz sie glücklich machte und wohlbehalten unten ankam, mag nachträglich wie ein Zeichen gedeutet werden, daß er, im Gegensatz zu den Geschicken seiner Familie, in der von jeher ein früher und unnatürlicher Tod die Regel war, *bestimmt war, zu leben.*

Ich habe Edinburgh-Castle mehrfach mit dem Tower verglichen und es gegen den letzteren zurückgestellt. Gewiß mit Recht. Aber eines hat es voraus, das ist die Schönheit seiner Lage. Auch vom Tower, zumal von den kleinen Ecktürmchen des White Towers aus, genießt man einer reizenden Aussicht auf die City, das Themsetreiben und die gegenüberliegenden Surrey-Ufer, aber auch der eingefleischteste »Cockney« – und wäre er aus dem vorschriftsmäßigen Bezirk, innerhalb dessen man die Glocken von Bow-Church hört – würde schwerlich den Mut haben, die Toweraussicht mit jenem Panorama zu vergleichen, daß man von Edinburgh-Castle aus vor Augen hat. Zur Rechten stehen der Calton-Hill und die Salisbury-Crags wie ein paar Wächter unmittelbar vor den Toren der Stadt, linkshin dehnt sich eine lachende Landschaft aus; unten, den Fuß des Hügels mit einer Kurve fast umschreibend, ziehen sich die Linien der Glasgow-Eisenbahn, vor uns aber steigt die Neustadt mit ihren Plätzen und Palästen, mit ihren Kirchen und Statuen auf, bis endlich die dünner werdenden Linien sich in Villen und Gärten und freies Feld verlieren. An klaren Tagen wächst der Zauber dieses Bildes mit der Ausdehnung und dem Reichtum der Landschaft. Dann sehen wir jenseits der Gärten und Felder den blauen Wasserstreifen des Firth of Forth, die kleinen Felseninseln darin und blicken selbst über das blaue Band hinfort bis weit in die fruchtbaren und erinnerungsreichen Täler der Grafschaft Fife hinein.

Wir standen auf der Halbmondbatterie und freuten uns des herrlichen Anblicks; Freund B., wie gewöhnlich, nahm sein Skizzenbuch aus der Tasche, um, seinem Gedächtnis bescheiden mißtrauend, das schöne Bild in Linien und Strichen festzuhalten. Neben uns, auf dem Wallrand, stand ein schottischer Matrose, ein altes Inventarstück des Schlosses, der an Königin-Geburtstag etc. die Salutschüsse abzufeuern hat, und sah von Zeit zu Zeit neugierig in das Skizzenbuch, drin allmählich ein niedliches Bildchen entstand. Als die Sache halb getan war, marschierte vom andern Ende der Bastion her eine Schildwacht auf uns zu, um uns, nachdem sie vorher mit andern Milizsoldaten, die harmlos umherlungerten, ein Gespräch gehabt hatte, das Zeichnen zu untersagen. »Dergleichen sei verboten«. Der Unverstand lag klar zutage; gewöhnt aber, gegen Schildwachtsermahnungen keine lange Opposition zu machen, klappte Freund B. sein Buch zu und schickte sich an, den Platz zu räumen. Nur der alte Matrose war indigniert. Nonsense! diese »young hands« (etwa soviel wie unser »diese Gelbschnäbel«) sind kaum zwei Stunden hier und wollen Ordres geben; Unsinn, wissen nichts vom Dienst etc. Das Komische war, daß sein schottischer Patriotismus diese Southrons wie Eindringlinge, wie Feinde behandelte, als ob ein Königreich *Großbritannien* gar nicht existiere und das siegreiche England nur wieder mal erschienen sei, um eine Besatzung in die eroberte schottische Hauptstadt zu legen. Diesem Gefühl eines Gegensatzes zwischen Sieger und Besiegten bin ich auf meinen Wanderungen durch Schottland außerordentlich oft begegnet. Die Engländer kennen diesen Spezialpatriotismus ihres nördlichen Nachbarn sehr wohl und lachen darüber; die Schotten aber, anstatt einzustimmen in die Heiterkeit, werden durch die gute Laune der Southrons (in die sich allerdings ein gut Teil Überlegenheit mischt) nur noch gereizter in ihrem Gefühl.

Unsrem Matrosen indes war ein völliger Triumph über die »young hands« vorbehalten. Gleich nachdem wir die Bastion verlassen hatten, wandten wir uns an den wachthabenden Offizier, der eben von Posten zu Posten ging, um den ziemlich verlegen dreinschauenden Milizen die »Instruktion für Edinburgh-Castle« vorzulesen. Das war just unser Mann. Auf unsre Beschwerde antwortete er mit vieler Artigkeit, daß er selber nicht wisse, was

32

erlaubt und verboten sei, daß er indes höheren Orts anfragen und uns den Bescheid in wenigen Minuten zugehen lassen werde. Er kam dann selbst, um uns sein Bedauern auszusprechen, daß wir unter dem mißverstandenen Diensteifer der Schildwacht zu leiden gehabt hätten. Das Regiment käme von Dover, wo sie bis jetzt in Garnison gewesen wären; die Schildwacht habe ohne Not die strengen Instruktionen von *Dover*-Castle auf *Edinburgh*-Castle übertragen. Dieser kleine Vorfall interessierte uns nach mehr denn einer Seite hin, besonders auch deshalb, weil also, den Worten des Offiziers nach zu schließen, in betreff der Kanal-Befestigungen »strengere Instruktionen« vorzuliegen scheinen als mit Rücksicht auf den minder exponierten Norden. Daß es übrigens hinsichtlich der Festungen an *beiden* Seiten des Kanals noch irgend etwas zu verraten geben sollte, darf billig bezweifelt werden. Ich glaube, man kennt Dover-Castle in Paris so gut wie in London.

Wir nahmen jetzt unseren Stand auf der Halbmondbatterie wieder ein; die arme Schildwacht schlich verlegen um uns her, bis wir sie durch einige Gemütlichkeitsfragen von unsrer versöhnlichen Gesinnung überzeugt hatten. Die Skizze war längst beendet, als wir noch immer an der Brüstung standen und, hinausschauend, das zauberhafte Bild vor uns in seiner stets wechselnden Beleuchtung auf uns wirken ließen. Endlich rollten die Abendnebel langsam vom Meere aus auf die Stadt zu; immer dichter legten sich die Schleier über Land und Stadt, bis diese endlich, schwarz in grau, wie ein Schatten im Schatten verschwand.

HIGH-STREET UND CANONGATE

Ich habe in einem früheren Kapitel bereits den Leser durch Canongate und High-Street geführt, vor allem in der Absicht, die Erscheinung und das Treiben der alten Straße als ein Totalbild auf ihn wirken zu lassen. Wir sind dabei, um unsern Gang von Holyrood-Palace bis Edinburgh-Castle nicht allzu oft zu unterbrechen, an verschiedenen Plätzen von historischem Interesse vorübergegangen und wollen deshalb in diesem Kapitel eine Art Nachlese halten. Wir beginnen mit

1. Moray-House

Auf der langen Linie von Holyrood-Palace bis Edinburgh-Castle ist kein Haus besser erhalten und wohnlicher in seiner Erscheinung als Moray-House. Höhere und auch jetzt noch imponierendere Gebäude ziehen sich in Menge zu beiden Seiten der High-Street entlang, aber sie gleichen einer meistbietend verkauften alten Wanduhr, deren Gehäuse jetzt als Wandschrank für arme Leute dient, während Moray-House, um im Vergleich zu bleiben, der Rokokopendüle im Zimmer des Sammlers entspricht.

Moray-House ist ungefähr 200 Jahre alt; es besteht aus einem Hause und einem Nebengebäude, jenes für die Herrschaft, dieses für die Dienstleute. Beide liegen in gleicher Linie, haben beide den Blick auf Canongate hinaus, aber keinen Ausgang auf die Straße. Die Türen befinden sich seitwärts und münden auf den gemeinschaftlichen hofartigen Zwischenraum, der zwischen den beiden Häusern liegt. Dieser hofartige Zwischenraum hat nach vornhin eine Feldsteinmauer und in der Mitte derselben eine torartige Einfahrt. Es ist vorzugsweise diese Einfahrt, die dem ganzen Hause einen besonderen Charakter leiht; sie besteht nämlich aus ziemlich niedrigen, nur wenig über die Mauer erhobenen Steinpfeilern, auf denen sich unverhältnismäßig hohe Obelisken erheben, in ihrer völligen Zuspitzung unseren alten schindelgedeckten Kirchturmspitzen, wie wir ihnen so oft in den Dörfern der Mark begegnen, nicht unähnlich. Über die Mauer hinweg hat man einen teilweisen Einblick in die kostbaren Gärten, die sich hinter dem Hause ausdehnen, Anlagen, die jetzt freilich durch größere Schöpfungen der Art vielfach übertroffen sind, früher aber eine Sehenswürdigkeit von Edinburgh bildeten.

Was indessen dem alten Moray-House seine eigentliche Bedeutung gibt, knüpft sich weder an seine Gärten noch an seine Obelisken, sondern an den eisernen Balkon, der sich an den vier Fenstern der Beletage entlang zieht. Die Geschichte, die sich hier zutrug, ist folgende.

Die puritanische Sache hatte triumphiert, die Königlichen unter Montrose waren geschlagen. Auf denselben Heiden, auf denen wenige Jahre zuvor der siegreiche Montrose den puritanischen Grafen von Argyle gejagt hatte, jagten jetzt die Leute Argyles den umherirrenden Montrose. Argyle selbst war in Edinburgh, jeder Tag konnte die Nachricht bringen vom Tode oder von der Gefangennahme seines Gegners; der Sieg war da, und Freude und Hochzeit sollte diesen Sieg beschließen. Die Häuser Moray und Argyle, seit langer Zeit befreundet und derselben Sache dienend, kamen überein, die alten Bande durch ein neues, engeres Band zu befestigen.

Es war am 11. Mai 1650, als Archibald, ältester Sohn des Grafen von Argyle, mit seiner Braut, der Tochter des Grafen von Moray, zum Altare trat. Die Hochzeit wurde in Moray-House gefeiert; Festlichkeit folgte auf Festlichkeit; die ganze Stadt nahm teil an der Freude beider Häuser. Die Festlichkeiten waren eben auf ihrer Höhe, als die Nachricht durch die Stadt lief, Montrose sei gefangen und werde eingebracht. Fast gleichzeitig mit der Nachricht kam er selbst. Man hatte ihn in Leith auf eine abgetriebene alte Mähre gesetzt, um ihn in diesem erniedrigenden Aufzuge durch die Straßen Edinburghs zu führen. Er hielt jetzt am Eingange von Canongate. Dem Haß des Pöbels aber genügte dieser Aufzug nicht, und eine Art Schlitten wurde herbeigeschafft, um ihn auf demselben durch die Stadt zu schleifen. Unter Hohn und Jubel ging es Canongate hinauf. Als der Zug sich Moray-House näherte, das noch in hochzeitlichem Schmucke stand, erschienen die Morays und die Argyles auf den Baikonen ihrer Fenster, um sich am Unglück des gefallenen Feindes zu weiden. Argyle murmelte Verwünschungen. Ruhig, beinahe heiter blickte Montrose zu den dichtbesetzten Balkonen auf; dem alten Argyle starb die Verwünschung auf der Lippe, seine Lady aber bog sich weit hinaus über die Brüstung und spie hinunter nach dem verhaßten Feind.

Das war 1650. Fünfunddreißig Jahre später kam wieder ein Zug die alte Straße von Edinburgh hinauf und nahm seinen Weg am Moray-House vorbei. Die Royalisten hatten darauf bestanden, daß dieser Weg gewählt werde und kein anderer. An der Spitze des Zuges, neben sich den Mann mit dem Beil, schritt Archibald Graf von Argyle, derselbe, dessen Hochzeitstag (ohne sein Verschulden) in einen Tag der Rache verkehrt worden war. Sein Vater hatte längst vor ihm das Haupt auf den Block gelegt. Die alte Kirche von St. Giles umschließt die Leiber von Freund und Feind; Moray-House aber steht da wie eine Mahnung gegen den Übermut der Partei und als ein Erinnerungszeichen an den Wechsel ihrer Siege.

2. City-Cross und Old-Tolbooth

City-Cross und Old-Tolbooth, in einem früheren Kapitel bereits flüchtig genannt, befanden sich mitten in High-Street und erhoben sich rechts und links an den beiden Ecken der Nordfront von St. Giles. Old-Tolbooth war zu gleicher Zeit der nächste Nachbar des Parlamentsgebäudes, das sich, wenn auch verändert, noch diesen Augenblick im Rücken der alten, oftgenannten Kirche (St. Giles) erhebt. Zwischen diesen vier Plätzen: Parlament, Old-Tolbooth, City-Kreuz und St. Giles, herrschte ein innerlicher Zusammenhang, der dieselben in der Vorstellung des Volks fast noch näher brachte, als es durch ihre äußere Lage ohnedies geschah. Sie waren in den politischen Kämpfen des Landes die rasch aufeinander folgenden Stufen einer Leiter, der Leiter vom Leben zum Tod. Das Parlament sprach und verurteilte, die alten Mauern der Tolbooth nahmen den Verurteilten auf, und am Fuß des City-Kreuzes fiel wenig Wochen später sein Haupt, um in den Familiengewölben von St. Giles die letzte Ruhestatt und nach hundert Jahren vielleicht ein Marmorbild über dem Grabe zu finden. Ich spreche zuerst vom City-Croß.

Er bestand aus einem Postament, das eine zwanzig Fuß hohe Säule trug, die letztere wiederum mit einer Steinfigur geschmückt, die das »schottische Einhorn« darstellen sollte. Die Säule existiert noch (auf einem Landgut in der Nähe Edinburghs), Einhorn und Postament aber sind zerstört. Das letztere galt seinerzeit als eine Kuriosität und glich mehr einem hausartigen Unterbau als einem bloßen Sockel. Es war in der Tat ein achteckiger, abgestutzter, mit einer etwas vorspringenden Brüstung gekrönter Turm, der nur dadurch wieder seinen Turmcharakter verlor, daß sein Durchmesser seiner Höhe gleichkam oder sie noch übertraf. Dieser weite Durchmesser schuf um die Stelle herum, wo die Säule in den Unterbau eingelassen war, eine geräumige Plattform, die zu den mannigfachsten Zwecken benutzt wurde. Es war eine Art Schaubühne, auf der sich vor versammeltem Volk das öffentliche Leben der Stadt und bei mehr als einer Gelegenheit das des ganzen Landes abspielte. Hier erschienen die City-Herolde, um unter Trompetenschall öffentliche Erlasse und Anrufe zu verkünden, hier verlasen die puritanischen Lords ihren Protest gegen die schwächlichen Proklamationen König Karls, hier fielen die Häupter Montroses und der beiden Argyles, und hier endlich, unter dem Schwerterkreuzen seiner Hochländer, erschien Prinz Charlie an der Brüstung, um von der Edinburgher Bevölkerung tausendstimmig begrüßt und zum Herrn des Landes ausgerufen zu werden. Auch Geister, echt oder unecht, bedienten sich dieser Plattform, um, versteht sich zu üblicher Geisterstunde, von hier aus warnend oder ermutigend zum Volke zu sprechen. Als Jakob VI. (ich spreche in einem späteren Kapitel ausführlich darüber) im Jahre 1513 zu seinem stolzen, aber unüberlegten Kriegszuge gegen England sich anschickte, sprach, während der König in Holyrood sein letztes Nachtlager nahm, eine Geisterstimme von dieser Plattform aus in die Nacht hinein, warnte und nannte zugleich die Namen aller derer, die fallen würden, wenn seine Stimme ungehört verhallen sollte. Der erste Name war der des Königs selbst.

Aber nicht immer ging es hier gespenstisch her, und nicht immer hingen so böse Tage über Schottland wie damals, als das Blut der Argyles das Blut des beschimpften Montrose sühnen mußte; auch zu Lust und Heiterkeit, zu Gasterei und Trinkgelagen versammelten sich hier die guten Bürger von Edinburgh, und die Chronik der Stadt erzählt von manchem Festmahl, das die Würdenträger der Stadt hier ihren Gästen und - sich selber gaben. Auch politische Zwecke gab es damals schon. Die Loyalität der nordischen Hauptstadt schien während der ersten Hälfte des vorigen Jahrhunderts in London gerechten Bedenken zu unterliegen, und das schlechte Gewissen des Edinburgher Magistrats trieb diesen dazu, die Geburtstage der beiden ersten George mit ganz besondrem Pomp zu feiern. Eine Loyalität von gestern überschlägt sich immer in ihren Schaustellungen. Eins dieser ostensiblen Gastmähler, das wie gewöhnlich auf der Plattform des City-Kreuzes stattfand, wurde durch einen heftigen Gewitterschauer unterbrochen. Alles floh und suchte Schutz. Als die halbdurchnäßten Magistrate zu ihren Plätzen zurückkehrten, fanden sie natürlich Wasser statt Wein in ihren Gläsern. Das war zu gut, als daß der Witz der Jakobiten nicht hätte davon profitieren sollen. Eine Stuartsche Dame ließ am andern Tage folgende Verse zirkulieren:

> Einstens zu Kana, als bei Tisch
> Sich's um den fehlenden Wein gehandelt,
> Hat der König des Himmels frisch
> Alles Wasser in Wein verwandelt.
> Gestern, als zu Braunschweigs Ehr'
> Zechten unsre City-Prasser,
> Sprach der Himmel: »Nimmermehr!«
> Wandelnd ihren Wein in Wasser.

Walter Scott, der in seiner epischen Dichtung »Marmion« eine Beschreibung des City-Kreuzes gegeben und das alte Wahrzeichen dadurch für immer der Vergessenheit entrissen hat, hat einen ähnlichen und noch größeren Dienst dem alten Bau geleistet, der sich an der Südwestecke von St. Giles erhebt. Einen seiner berühmtesten Romane hat er nach dem alten Tolbooth-Gefängnis benannt, dem er dabei seine populäre Bezeichnung ließ: *Das Herz von Midlothian*. Woher dieser Name stammt, vermag ich nicht zu sagen. Die

Grafschaft, in der Edinburgh liegt, heißt bekanntlich »Midlothian«, das alte Tolbooth-Gefängnis ist aber keineswegs der Mittelpunkt oder das Herz derselben. Vielleicht mahnt der Ausdruck an Zeiten, wo Kerker und Schafott noch Haushaltsworte und nur allzuoft die Achse, das Herz waren, um das sich das Leben drehte. Dieser alte Bau, von dem jetzt, wie vom City-Croß, keine Spur mehr existiert, stand bis zum Jahre 1817 mitten in High-Street und erschwerte, die ganze Breite der Straße beinah einnehmend, die Kommunikation aufs äußerste. Dies führte endlich zu seiner Abtragung. Die Kommunikation, der man heutzutage so leicht geneigt ist, noch größere Opfer zu bringen, hat dadurch gewonnen, das Malerische des Platzes aber außerordentlich verloren. Als City-Croß und The Heart of Midlothian

Tolbooth noch standen, allerhand Buden sich an die Pfeiler von St. Giles und allerhand Kramläden an die Mauern des alten Gefängnisses lehnten, wird es hier sehr eng, sehr verworren, vielleicht auch sehr schmutzig gewesen sein, das Ganze aber muß einen fesselnderen Anblick gewährt haben als die jetzt breite Straße, an der, so hübsch sie ist, doch ihre Erinnerungen unbedingt das Hübscheste sind. Old-Tolbooth verdiente sein Beiwort »old« mit Fug und Recht. Schon zu Zeiten Maria Stuarts war es ein alter Bau. Seine früheste Bestimmung war wahrscheinlich die einer städtischen Burg, um, in den Zeiten schottischen Raubrittertums, die damals aus einer einzigen Straße bestehende Stadt gegen Überfälle der Hochländer von Norden und der Moßtrooper und Borderer (Grenzer) von Süden her zu schützen. 1561 erweitert und umgebaut, diente es von da ab bis zum Jahre 1640, wo das alte, in veränderter Gestalt noch jetzt existierende Parlamentshaus gebaut wurde, als Sessionsgebäude für die Sitzungen des Parlaments und der Gerichtshöfe. Von 1640 an sank es zu einem bloßen Gefängnis herab. Sein Äußeres muß etwas Unheimliches und durchaus die Miene von Gefangenwärter und Nachrichter gehabt haben. Alle Beschreibungen stimmen darin überein. Sein einziger Schmuck waren die Buden und Kramläden (»Krames« genannt), die zerfallen und bettelhaft, aber doch heiter und farbenbunt den alten Griesegram umlagerten. Er selber stand inmitten derselben da, grau und verräuchert, aus kleinen vergitterten Fenstern trübselig in die Welt blickend. An jeder Seite erhoben sich ein paar Treppentürme, die das zwingerhafte Aussehen des Hauses noch unterstützten, ohne seiner Schönheit irgendwie Vorschub zu leisten. Das gegenwärtig lebende Geschlecht scheint wenig oder nichts mehr von den Äußerlichkeiten des alten Baus zu wissen; man muß zu alten Bildern seine Zuflucht nehmen, wenn man sich orientieren will. Aber wenn sich auch niemand mehr kümmert um die Stelle, wo er stand, oder um die Zahl und Form seiner Türme, so lebt doch sein Name und seine Geschichte im Gedächtnis der Edinburgher fort. Diese Geschichte, wie sich von selbst versteht, ist mit Blut geschrieben, aber sie hat doch auch heitere Blätter, und bei diesen wollen wir einen Augenblick verweilen.

Old-Tolbooth war immer berühmt durch die Leichtigkeit, mit der man ihm entwischen konnte. In Zeiten, wo man das Blutgeschäft im großen treibt, ist man nicht ängstlich mit Rücksicht auf den einzelnen. Findet er sich nicht selber wieder, so findet sich doch ein anderer. Der Laxheit im Verurteilen entspricht die Leichtigkeit im Entkommen. Graf Schlabrendorff (um aus moderner Blutzeit ein Beispiel zu geben) entging der Guillotine, weil seine Stiefel nicht gewichst waren. Was unsern »Kerker von Edinburgh« angeht, so hatte jeder, der List und guten Willen genug besaß, mindestens eine Chance, trotz Schloß und Riegel, trotz Ketten und Gitterfenster, ihm glücklich zu entkommen. War der Gefangene aber gar reich oder vornehm, so steigerte sich diese Chance bis zur Wahrscheinlichkeit. Wenn trotzdem einzelne Grafen und Herren von Old-Tolbooth aus aufs Schafott geführt wurden, so hatte das seinen Grund darin, daß ihre ganze Sache darniederlag, daß die Freunde tot, die Anhänger zersprengt waren und daß sie, als die Führer einer geschlagenen Partei, dem Tod wie ihrem Schicksal oft wie ihrer Erlösung entgegengingen. Dies letztere gilt zumal vom Herzoge von Argyle, der hier ruhig seinen Tod erwartete.

Die Geschichten dieser Befreiungen lesen sich gut, doch paßt im ganzen auf dieselben, was von den Lustspielmotiven aller Länder und Literaturen gilt: es sind immer dieselben. Was in einem Fall die Horcher an der Tür, die Wandschränke, die Briefverwechselungen sind, das sind im andern Fall die betrunken gemachten Schließer, die Frauenkleider, die ausgestopften Puppen und vor allem die Särge, die Waschkörbe und Bücherkisten, in denen der Held der Geschichte, womöglich von seinen eignen Schergen, hinausgetragen wird. Nur eines scheint mir eine wirkliche Eigentümlichkeit des Platzes gewesen zu sein, der Schutz nämlich, den er zu verschiedenen Zeiten politisch Verfolgten gewährt hat. Old-Tolbooth wurde wider Wissen und Willen zu einem Sanktuarium. Personen, die, wenn sie unfreiwillig die Schwelle dieses Gefängnisses passiert hätten, aus demselben gewiß nur wieder geschritten wären, um straßenabwärts neben oder auf dem Postament des City-Kreuzes das Schafott zu besteigen, lebten hier unerkannt und ungestört, weil sie den Mut gehabt hatten, sich im Rachen des Löwen einzuquartieren. Robert Ferguson, bekannt durch seine hervorragende Teilnahme am Rye-House-Komplott (gegen Karl II.), lebte hier wochenlang in der Zelle eines befreundeten Schuldgefangenen, und im Einklange damit fanden hier 1746 mehrere Anhänger des Prätendenten Schutz und endliche Rettung, während englische Soldaten die Spur der in die Acht Erklärten bis weit ins Hochland hinein verfolgten. Daß solche Dinge möglich waren, zeigt am besten, wie es damals mit der Rechtspflege und vor allem mit der Gefängnisverwaltung stand. Old-Tolbooth war wie ein Hospital nach der Schlacht, wo man auch Freund und Feind ohne Auswahl durcheinander wirft, davon ausgehend, daß jeder traurig genug daran ist, dem das Los zufällt, an solchem Orte leben oder sterben zu müssen. Ein Eindringling wird nicht vermutet.

1817 wurde Old-Tolbooth niedergerissen. Edinburgh verlor damit eine seiner vorzüglichsten Sehenswürdigkeiten. Wenig oder nichts mehr existiert von dem alten Bau; selbst die Stelle, wo er stand, ist bei den großen Veränderungen, die die Straße erlitten hat, nicht mehr mit vollster Genauigkeit anzugeben. Nur das alte Portal mit Tür und Vorlegeschloß ist noch vorhanden. Es wurde beim Abtragen des Gebäudes von Seiten der Stadt an Walter Scott geschenkt, der nicht zögerte, seiner romantischen Musterkarte, gemeinhin Abbotsford geheißen, auch diese Probe steinerner Romantik einzuverleiben. Dort hab' ich es später gesehen. Es macht indes in dieser Verpflanzung nur den Eindruck, den ein einzelner probeweis aufgestellter Spitzbogen in den »gotischen Höfen« des Kristallpalastes macht. Auch solche Dinge haben ein Leben; aus ihrem feuchten alten Boden gerissen, vertrocknen sie wie die zwischen Papier gelegte Pflanze.

3. »Straßenfegen« oder hie Douglas, hie Hamilton

Unmittelbar im Rücken von High-Street und Canongate, und zwar parallel mit beiden, läuft eine andere alte Straße Edinburghs, »Cowgate« geheißen. Durch eine Menge schmaler kleiner Gassen hängt sie vielfach mit jener Hauptverkehrsader der Altstadt zusammen. Wenn schon High-Street und Canongate von ihrem ehemaligen Glänze nichts weiter zeigen als jene vielstöckigen Steinhäuser, die in der Nähe ebenso unelegant und wenig einladend sind als malerisch aus der Ferne, so gilt das doppelt und dreifach von Cowgate. Es ist eine alte, enge, schmutzige Straße und nichts weiter. Und doch erhoben sich auch hier Paläste und Herrensitze, als Edinburgh noch nicht daran dachte, eine schöne Stadt sein zu wollen, und seine Häuser hinbaute, wo Platz war oder wo Höhe oder Tiefe, je nach Bedürfnis, den Bauherrn dazu einlud. Unter den Herrensitzen in Cowgate waren zwei von besonderem Belang, der eine den Erzbischöfen von Glasgow, der andere den Bischöfen von Dunkeld gehörig. Beide Häuser lagen ziemlich einander gegenüber, die Straße war schmal, und an hellen Tagen konnte man sich in die Fenster sehen.

Der 12. April 1520 war ein solcher heller Tag; man sah sich in die Fenster, aber man hätte sich lieber in die Herzen gesehen. Im erzbischöflichen Palast war seit gestern der Graf von Arran abgetreten, das Haupt der Hamiltons. Es handelte sich bei der Minderjährigkeit des Königs (Jakob V.) um die Einsetzung einer Regentschaft, und die Frage mußte heute noch entschieden werden, wer statt seiner regieren solle. Der Graf von Arran und der Erzbischof von Glasgow waren übereingekommen, sich in die Regierung zu teilen. Sie hatten zu dem Zweck ihren Anhang in die Stadt gezogen, und aller Ecken und Enden standen die Hamiltons und reizten und erschreckten durch ihre waffenklirrende Anmaßung die guten Bürger von Edinburgh.

Graf Angus, das Haupt der Douglas, war nicht gewillt, die Partie ohne Gegenzug verloren zu geben. Er war ein Douglas, das hieß: die Vormundschaft gebührte ihm. Alles, wozu er sein Herz bestimmen konnte, war das: dem Beschluß der großen Ratsversammlung Gehorsam zu leisten, aber dieser Beschluß sollte ein freier sein, nicht zustande gebracht unter den gleisnerischen Worten des Erzbischofs oder unter der drohenden Haltung der stündlich in den Straßen wachsenden Zahl der Hamiltons. Die Gefahr wuchs mit jeder Stunde; Graf Angus wollte sich vergewissern, was die Hamiltons vorhätten, ob Beratung oder Gewalt, und von wenigen Anhängern gefolgt, kam er jetzt eine der schmalen Gassen herab, die von High-Street bergab nach Cowgate führen, hielt sich links und trat in das Haus des Bischofs von Dunkeld. Der damalige Bischof von Dunkeld war Gawain Douglas, ein Onkel und Parteigenosse des Angus. Sie halten ein kurzes Gespräch miteinander, worin Angus dem Bischof seine Befürchtungen mitteilte, dann trat dieser aus seinem Hause, schritt dem gegenüber gelegenen Palaste seines Kirchenfürsten zu und fragte den an langer Tafel sitzenden Erzbischof: »Erzbischof Beaton, was habt Ihr vor?« »Auf mein Gewissen«, erwiderte dieser, »ich weiß von nichts.« Dabei schlug er mit der Hand an die Brust, um seine Aussage zu bekräftigen. Unter dem priesterlichen Kleide aber trug er einen Harnisch, den er Kampfes wegen bereits angelegt hatte. Gawain Douglas hörte und verstand den Klang und antwortete kurz: »Euer Gewissen klingt hohl.« Er kehrte über die Straße zurück, wo Graf Angus seiner wartete. Nachdem er erzählt hatte, was ihm begegnet war, setzte er hinzu: »Du siehst, Angus, es gilt Kampf; raffe zusammen, was du an Leuten hast, und vor allem sei rasch.« Diese letzte Mahnung war nicht in den Wind gesprochen. In weniger als einer halben Stunde standen die Douglas, fest gegliedert, eine kompakte Masse, auf der High-Street von Edinburgh zusammen und begannen in voller Breite die Straße zu fegen. Die Hamiltons, die truppweis' und ohne Führer an den Straßenecken umherstanden, wurden leicht beiseite gedrückt und flohen, rechts hin, links hin, zumeist nach Cowgate hinein, wo Graf Arran und der Erzbischof eben den Haupttrupp der Hamiltons ordneten, um nun ihrerseits zum Angriff überzugehen. Wer High-Street hatte, war Sieger. Die Hamiltons waren noch immer die stärkeren, aber das Terrain war gegen sie. Die Straße, um deren Besitz es sich handelte, war nicht anders zu erreichen als die krummen engen Gassen hinauf, die stark bergan von Cowgate bis High-Street liefen. Bald hier, bald dort drangen die Hamiltons aus diesen Gassen vor, aber immer nur eine dünne Linie bildend, glichen sie einem vorgestreckten Arm, der von den Douglas Mal für Mal ohne Mühe abgehauen wurde. Endlich hatte man hügelabwärts eine unbesetzte Straße gefunden, und diese rasch benutzend, glückte es jetzt, in High-Street einzuschwenken und nun ebenfalls mit ganzer Kraft zu einem kompakten Frontangriff überzugehen. Der Kampf schwankte geraume Zeit, und wer weiß, wem der Preis des Tages zugefallen wäre, wenn nicht schließlich die guten Bürger von Edinburgh den Ausschlag gegeben hätten. So alt wie in Schottland die Gegnerschaft zwischen dem Norden und Süden ist, so alt auch ist der Gegensatz zwischen dem Osten und Westen. Die ganze Westküste (nördlich vom Clyde) ist noch diesen Augenblick eine unkultivierte Fläche, damals galt sie als ein unbestrittener Sitz der Barbarei. Edinburgh und das Haus Douglas gehörten dem Osten an, und diese Gemeinschaft entschied jetzt den Kampf. Als die Edinburgher sahen, wie hart die Hamiltons andrängten, reichten sie aus den Fenstern des Erdgeschosses lange Speere zu den unten kämpfenden Douglas-Leuten hinab. Lauter Jubel war Antwort und Dank. Die neuen Waffen gingen rasch von Hand zu Hand, bis endlich die ersten Glieder ganz mit Speeren bewaffnet waren. Dagegen war kein Halten mehr. Die Douglas ihrerseits drangen jetzt vor und warfen mit leichter Mühe die Hamiltons vor sich nieder. Graf Arran und sein Sohn, Sir James Hamilton, retteten sich durch die Flucht; Sir Patrick Hamilton, ein Bruder des Grafen, wurde erschlagen, mit ihm ein Sohn Lord Montgomerys und noch viele andere Herren »von der Westküste«. Erzbischof Beaton suchte Zuflucht in der Blackfriars Abtei, würde aber am Altar ermordet worden sein, wenn nicht Gawain Douglas rechtzeitig erschienen wäre und seinen Kirchenfürsten gerettet hätte. Das war am 12. April 1520. Von dem Tage an war die erschütterte und fast gebrochene Macht des Hauses Douglas aufs neue gefestigt. Die Erinnerung an diesen Kampf aber hatte sich in Edinburgh lebendig erhalten bis auf diesen Tag, und jeder erzählt gern vom »Cleanse the Causeway« oder dem *Straßenfegern der Douglas*.

4. Archibald Bell-the-Cat

In einer der Gassen, die von Cowgate nach High-Street hinaufführen, stand auch das Haus von Archibald Douglas, genannt Bell-the-Cat. Ich habe vor, von ihm zu erzählen. Seinem Rang und Titel nach war er Graf von Angus, aber sein Zuname verdrängte bald jede andere Bezeichnung, und jedes Kind im Lande hieß ihn »Archibald Bell-the-Cat«. Diesen Zunamen erhielt er bei folgender Gelegenheit.

König Jakob III. zog allerhand Günstlinge an seinen Hof, zum Teil Leute aus niederem Stande; eine Mignon-Wirtschaft, wie sie 150 Jahre später am Hofe Ludwigs XIII. herrschte, war in Schottland während der Regierungszeit jenes Stuarts bereits im vollsten Schwünge. Der Adel des Landes war endlich entschlossen, dieser Sache ein Ende zu machen und die Mignons wohl oder übel zu beseitigen. Der König sammelte grade damals ein Heer zum Zuge gegen England und beschied seine Barone in die Nähe von Melrose. Die mißgestimmten Lords fanden sich ein, weniger aber um dem Kriegsrufe des Königs Folge zu geben, als vielmehr um ihre eigenen, langgehegten Pläne auszuführen. Sie hielten zu dem Zweck eine letzte Versammlung in der Kirche zu *Lauder*, einem alten Burgflecken nahe am Tweed, und sprachen hier, da man in der Hauptstadt längst einig war, nur die Mittel und Wege durch, wie gegen die Günstlinge am besten vorzuschreiten sei. Ihr Haß richtete sich besonders gegen Cochrane, Grafen von Mar. Allerhand Vorschläge wurden gemacht, rasch, blutig, rücksichtslos, aber man kam zu keinem Beschlusse, vielleicht weil die Furcht einiger noch größer war als ihr Haß. Da bat Lord Gray ums Wort, bog sich lächelnd über den Tisch und erzählte die alte Fabel von der Katze und den Mäusen. »Die Mäuse«, so sprach er, »waren unzufrieden mit der Katze; sie sahen sich oft überrascht und noch öfter bedroht. Sie beschlossen endlich, um sicher zu gehen, der Katze eine Glocke um den Hals zu hängen (to tie a bell round the neck of the cat); nur schade«, so schloß er, »es fand sich keine Maus, die das Wagstück unternommen hätte.« In diesem Augenblick erhob sich Graf Angus von seinem Platz und rief über den Tisch hin: »I will bell the cat!« Er war der Mann zu halten, was er gesagt hatte. Nach kurzer Zeit schon erschien Cochrane und sein Gefolge am Tor der Kirche, begehrte Einlaß und trat unter die Versammlung. Er war prächtig gekleidet und trug eine schwere goldne Kette als Zeichen königlicher Huld. Angus schritt auf ihn zu, musterte spöttisch den kostbaren Anzug und riß ihm dann die Kette mit den Worten ab: »Dahin gehört ein Strick!« Cochrane begriff noch immer nicht, was um ihn her vorging, und erniedrigte sich vollends durch die feige Frage, ob das Scherz sei oder Ernst? Der nächste Tag brachte die Antwort darauf. Der König hatte sich umsonst gemüht, seinen Günstling zu retten. Ein halbes Dutzend Galgen war über Nacht errichtet worden, an dem höchsten hing Cochrane, Graf von Mar. Archibald Douglas aber hieß von dem Tage an: *Archibald Bell-the-Cat.*

Jakob III. selbst war endlich dem Zorn seiner Barone unterlegen; sein eigener Sohn hatte sich den Aufständischen zugesellt, und der Tag von Sauchieburn hatte dem »Fiedlerkönig«, wie man ihn hieß, Thron und Leben gekostet. Jakob IV. herrschte jetzt, Ritterlichkeit stand wieder im Preise, der beste Ritter im Lande aber hieß – Bell-the-Cat. Er war nicht jung mehr, nah an fünfzig, als sich folgendes zutrug.

Einer der tapfersten Männer an Jakobs Hofe war Spens von Kilspindie. Der König gab eine Festlichkeit in Stirling-Castle; beim Weine flogen die Worte hin und her. Man sprach auch von Bell-the-Cat, der zufällig oder absichtlich nicht zugegen war, da die wachsende Macht des Hauses Douglas allerhand Furcht und Neid erzeugt hatte, selbst im Herzen des Königs. Man sprach von der Kraft und dem Mut des Abwesenden; der König selbst fügte hinzu: »Kein besserer Mann denn Angus.« Spens von Kilspindie lächelte und sagte dann laut: »Wenn alles, was lang ist, auch tapfer ist, dann ist er der Tapferste.« Das wurde von guten Freunden dem Angus hinterbracht. Monate waren vorüber; die Sache schien vergessen. Eines Tages, als Angus auf die Jagd ritt, nur von einem einzigen Diener begleitet, begegnete er dem Spens nahe am Walde von Borthwick und rief ihm zu: »Du bis just so lang wie ich selber, Spens, laß uns sehen, wie es mit Deinem Mute steht.« Spens antwortete: »Wenn es sein muß, so muß es sein.« Sie stiegen von den Pferden und drangen aufeinander ein; nachdem sie eine Zeitlang gekämpft, traf Angus den Spens in die Weiche. Der Hieb war tödlich; dem Diener Kilspindies aber rief er zu: »Sag' meinem Vetter, dem König, daß alles ehrlich zugegangen sei.« Dann ritt er seines Weges, aber nicht westlich auf die Falkenjagd, sondern südlich nach seinem Schlosse Tantallon, das für uneinnehmbar galt.

Bell-the-Cat wurde alt, aber seine alten Tage sollten ihm Gram bringen. Er war gegen Siebzig oder drüber, als König Jakob seinen Unheilszug gegen England beschloß. Angus war unter denen, die den König beschworen, von diesem Zuge abzustehn. Mit wie wenig Erfolg lehrt der Tag von Floddenfield. Noch am Abend vor der Schlacht trat Angus in das Zelt des Königs, um seine Befürchtungen und seine Ratschläge zu wiederholen. Der König wurde des Zuhörens endlich müde und rief dem alten Manne voll Bitterkeit zu: »Geh heim Angus, wenn du dich fürchtest.« Bei diesen Worten brach der Alte in Tränen aus. Er erklärte den Undank dieses Königs nicht länger tragen zu können und verließ das Schlachtfeld, nachdem er seine Lehnsleute unter den Oberbefehl seiner Söhne gestellt hatte. Seine Befürchtungen waren nur allzu gerecht gewesen; am Abend des andern Tages lagen zweihundert Douglas auf dem Felde von Flodden, darunter die beiden Söhne Bell-the-Cats. Der alte Mann überlebte die Nachricht nur um wenige Monate; er starb in einem jetzt vergessenen Kloster, wohin er sich zurückgezogen hatte.

Archibald Bell-the-Cat lebt nur in Lied und Sage noch, selbst die Stelle, wo man ihn zur Ruhe gebracht, ist unbekannt, aber das alte Douglas-Schwert, das in seinen Händen zu neuem Ruhme kam, sei's im Kampfe gegen die Feinde seines Landes, sei's gegen die Kilspindies, die seiner eignen Ehre zu nahe traten, – dies alte Schwert ist noch vorhanden. Dasselbe war nahe daran, sechzig oder siebzig Jahre später in einem andern Zweikampf gebraucht zu werden, der, wenn er stattgefunden hätte, die Begegnung zwischen Bell-the-Cat und Kilspindie vergessen gemacht haben würde. Am Tage von Carberry-Hill nämlich, als Lord Lindsay gegen Bothwell auftrat und den Gemahl der Königin als »den Mörder Darnleys« zum Zweikampf herausforderte, wurde dies alte Douglasschwert, damals in Händen des Grafen Morton, von letzterem an Lord Lindsay überreicht, um »mit der Klinge Bell-the-Cats« die Sache auszufechten. Der Zweikampf selbst unterblieb bekanntlich.

Die Klinge Bell-the-Cats, die man mit Recht als das Erbschwert der berühmtesten Familie Schottlands ansehen kann, befindet sich seit Jahrhunderten im Besitz des jedesmaligen Hauptes der Familie. Eine kurze Beschreibung dieses Schwertes mag gestattet sein. Es zeigt auf seiner Klinge unter allerhand Arabeskengeschnörkel zwei Hände, deren Zeigefinger von rechts und links auf ein in der Mitte befindliches Herz deuten. Darunter die Jahreszahl 1329. Die Inschrift besteht aus vier Reimpaaren, die sich ungefähr dahin übersetzen lassen:

Unter allen Lords in meinem Reich
War keiner doch dem Douglas gleich.
Drum trag du, wenn ich gestorben bin,
Mein Herz zum heiligen Grabe hin.
Dort mag es liegen tief und still,
Bis mein Erlöser es wecken will.
Ein bess'rer Ritter bis diese Stund
An keines Königs Seite stund.

1745, nach Ausbruch der Stuart-Insurrektion, stand die Familie in Gefahr, diese Reliquie durch ruchlose Hand einzubüßen. Einer der Anhänger des Prätendenten, vielleicht aus einem eifersüchtigen Gefühl überhaupt, entführte dies wertvolle Kuriosum aus der Rüstkammer von Douglas-Castle, und es bedurfte langer Nachforschungen im Lager, bevor das alte Schwert seinem rechtmäßigen Eigentümer wieder zugestellt werden konnte. Es ist jetzt selbstverständlich im Besitz von Lord Douglas.

WESTBOW, GRASSMARKET,
EIN PAAR KAPITEL AUS DER LYNCHJUSTIZ

Wir kommen von Canongate, steigen High-Street hinan und haben Edinburgh-Castle in nächster Nähe vor uns. Die letzte Querstraße, die sich, wenige hundert Schritt von Edinburgh-Castle entfernt, nach links hin abschwenkt, heißt Westbow. Sie war früher länger und hatte fast die Form eines lateinischen S. Neubauten aber haben ihr Kopf und Füße genommen und nur ein gebogenes Mittelstück übrig gelassen. Das gegenwärtige Westbow besteht kaum aus einem Dutzend Häuser an jeder Seite; wer aber Alt-Edinburgh studieren will, der ist hier am rechten Platze. Die Häuser stammen noch aus einer Zeit, wo man das Holz als Baumaterial nicht verschmähte und die vier Steinwände mit Erkern und Giebeln, mit Treppen und Korridoren, wie mit allerhand phantastischem Schnitzwerk umhing. Diese Erker und Giebelchen, die auf den Dächern sitzen, die oft wunderlichen hölzernen Vorbauten, die weit in die Straße hineinragen, mögen diesen Häusern mal ein buntes, heitres und belebtes Ansehen gegeben haben; jetzt aber, wo die Giebelchen nicht mehr wie Grenadiermützen auf einer glatten Stirn, sondern nur noch wie Schlafmützen auf dem Kopf eines eingenickten Alten sitzen, ist es mit aller Stattlichkeit längst vorbei, und nur wer Lust und Zeit hat, sich um die baulichen Details zu kümmern, mag hier und dort einem eleganten Zug, einem grotesken Schnitzwerk oder ein paar kecken Linien begegnen, die Anspruch haben auf seine Aufmerksamkeit.

Westbow, dessen hochgelegener Teil nach High-Street hinausmündet, biegt hügelabwärts in den sogenannten Graßmarket ein, den man auch als eine bloße, beinah sackartige Erweiterung von Westbow ansehn kann. Er hat an mehreren Stellen kleine Ausgänge; sie sind aber äußerst schmal, und nur einer, gegenüber der Stelle, wo Westbow einmündet, gleicht einer wirklichen Straße. Diese Straße führt den Namen *Westport*, weil sie unmittelbar am ehemaligen Westtor gelegen war, und hat eine traurige Zelebrität erlangt als Schauplatz jener langen Reihe von Verbrechen, die sich an die Namen Hare und Burke knüpfen.

Die Lokalität ist allerdings wie geschaffen für allerhand lichtscheue Untat, und wenn irgendwo in der Welt die »Pechkappe« ihre Rolle spielen konnte, so war es hier. Es war an einem Sonntag nachmittag, als ich diese unheimlichen Gassen passierte, ein paar kleine Kapellenglocken durchrissen die Luft, einzelne Leute huschten in die Kirche; in den seitabwärts gelegenen Höfen und Winkeln aber war alles still; ein bißchen Sonnenschein, spärlich zugemessen wie ein Sonntagsgericht, fiel in die Gassen hinein, weniger um sie zu verschönen, als vielmehr um ihre Häßlichkeit zu zeigen. Ich guckte in einige dieser Winkelgassen hinein, der Wochenschmutz war in irgendeinen Winkel zusammengekehrt, nicht weggenommen. So kam mir das ganze Leben dieses Platzes vor: alles beiseite gekehrt auf ein paar Stunden, aber doch immer da und immer bereit, sich wieder als sich selbst zu bewähren.

Alle diese Gassen, die unmittelbar am Südabhang des Hügels, also im Rücken desselben und versteckt vor den Blicken gang und geber Edinburgh-Besucher liegen, sind durchweg von niedrigem und abstoßendem Charakter und zählen mit zu dem Schlimmsten, was ich der Art gesehen habe. Die verrufensten Quartiere Londons sind, im Vergleich damit, wohnliche und einladende Plätze, was seinen Grund vorwiegend darin hat, daß diese Edinburgher Häuser alt und baufällig, die Londoner Armenquartiere hingegen verhältnismäßig neu, die Straßen breit und mit Abzugskanälen versehen sind. Man kann freilich nicht leugnen, daß auch selbst diesem Teile Alt-Edinburghs noch ein gewisser malerischer Reiz anhaftet und daß es nicht ohne Interesse ist, vom Graßmarket aus in Cowgate oder Westport hineinzublicken; aber das bunte Bild, das man hat, wird so sehr auf Kosten der andern Sinne erkauft, daß es einem nicht schwer fällt, von den Bildern dieses Guckkastens wieder hinwegzutreten. Der einzige Ort, wo wir noch einen Augenblick zu verweilen haben, ist der Graßmarket selbst. Die Häuser sind hier besser, geräumiger, saubrer, erinnern an die soliden Bauten in High-Street und mögen vor zwei-, dreihundert Jahren eine Zierde Alt-Edinburghs gewesen sein. Das »Castle« überragt nach Norden hin diesen Platz, blickt dominierend auf denselben herab. Ziemlich in der Mitte des Platzes befindet sich ein mit weißen Steinen ausgelegtes Kreuz, um die Stelle zu bezeichnen, wo in »guten alten Zeiten« der Galgen stand. Er hatte eine Zeitlang eine gefährliche Konkurrenz mit dem »City-Croß« zu bestehen, wo, wie ich an andrer Stelle erzählt habe, die Häupter Montroses, Huntlys und der beiden Argyles fielen, aber vielleicht gerade der Umstand, daß in verhältnismäßig kurzer Zeit so viel edles Blut auf die Steine von High-Street floß, brachte zwischen den beiden Rivalen ein für allemal einen Kompromiß zustande, und während das City-Croß für die Parteihäupter des Adels blieb, fiel der Rest des Publikums dem Graßmarket zu. Es war eine aristokratische Teilung zwischen Schwert und Strick.

Der Graßmarket und das Steinkreuz in der Mitte wissen viel zu erzählen, ich greife indes aus der Fülle ihrer Überlieferungen nur eine heraus, die im Gedächtnis der Edinburgher fortlebt bis auf diesen Tag, vielleicht weil man stolz ist auf den ganzen Vorgang und auf den Mut, die Independenz und das starre Rechtsgefühl, das sich darin ausspricht. Man hört die Geschichte mit einer Miene vorgetragen, als sollte einem gesagt werden: »So waren wir und so würden wir nötigenfalls wieder sein.« Hauptmann Porteous, der Sohn eines Edinburgher Schneiders, hatte sich zu einer Art von Beherrscher und Tyrannen seiner Mitbürger gemacht. Das Polizeiwesen war ihm anvertraut worden, und die Edinburgher Milizen, ein halb verlachtes, halb gefürchtetes Invalidenkorps, standen unter seinem Befehl. Er brachte etwas Zug in die Truppe und etwas Ordnung in die ganze Stadt, verfuhr dabei aber mit einer Strenge und Rücksichtslosigkeit, die ihn zum Gegenstand allgemeinen Hasses machte. Eine Hinrichtung sollte stattfinden, und Hauptmann Porteous mit seinen Stadtsoldaten hatte Ordre, auf dem Graßmarket zu erscheinen. Der Hinzurichtende war ein junger Bursche, der sich durch seine Bravheit und Herzhaftigkeit die Zuneigung des gemeinen Mannes in hohem Grade erworben hatte. Das machte Vorkehrungen nötig. Er hieß Wilson und hatte die Flucht seines Mitschuldigen dadurch möglich gemacht, daß er, als man ihn und seinen Komplizen aus der Gerichtssitzung, unter Bedeckung von vier Stadtsoldaten, ins Gefängnis zurückführen wollte, die beiden neben ihm gehenden Invaliden mit den Armen, einen dritten aber mit den Zähnen gepackt hatte. Die Selbstaufopferung, die in dem Ganzen lag, hatte das Volk aufs höchste für Wilson eingenommen, und man war unzufrieden, daß er nichtsdestoweniger nach der Strenge des Gesetzes hingerichtet werden sollte. Der Tag kam. Wilson erschien, hielt sich tapfer, wurde aufgeknüpft und alles schien vorüber. In diesem Augenblick aber sprang einer aus dem Volk aufs Schafott, schnitt den bereits Entseelten ab und machte Miene, den Leichnam unter dem Jubel des Volks fortzutragen. Das war zu viel für Porteous. Er sprang dem Übeltäter nach, erschoß ihn auf der Stelle und kommandierte »Feuer«, als er das wütend werdende Volk auf sich eindringen sah. Ein halbes Dutzend wurde getötet, viele waren verwundet; man stob auseinander. Der Vorfall machte ein ungeheures Aufsehen; Hauptmann Porteous wurde eingezogen und endlich, angeklagt auf Mord und schnöden Mißbrauch dienstlicher Gewalt, vom Gerichtshofe einstimmig zum Tode verurteilt. Der Tag der Hinrichtung wurde festgesetzt; das Volk jubelte; der Graßmarket hatte sich mit Tausenden gefüllt. Man wartete und wartete, die Stunde war längst vorüber, der Verurteilte erschien nicht, endlich hieß es, man habe ihn in London begnadigt. So war es in der Tat. Das Volk hörte die Nachricht scheinbar ruhig an und verlief sich dann.

Das war in der Mittagsstunde. Um Mitternacht hörte man dumpfen Trommelschlag in High-Street, und wo immer das Wirbeln gehört wurde, aus allen Höfen und Gassen, kam das Volk herbei; in einer halben Stunde waren mehrere Tausende beisammen; immer mehr schlossen sich dem gespenstigen Tambour an, kein Wort wurde laut, jeder wußte, um was es sich handelte. Die Tore wurden geschlossen, die Stadtsoldaten entwaffnet und einige hundert

Mann vor dem Eingang zu Edinburgh-Castle aufgestellt, um jede Kommunikation mit der englischen Garnison des Schlosses unmöglich zu machen. Dann rückte man vor »Old-Tolbooth«, in dem, wie man wußte, Kapitän Porteous gefangen saß. Die schweren Türen leisteten Widerstand, man brannte sie nieder und drang ein: welcher Anblick, als man in das Zimmer des Unglücklichen trat. Halbniedergebrannte Lichter, leere und volle Weinflaschen, Speisen aller Art – man sah, der Unglückliche hatte ein Gastmahl gegeben, um seine Rettung zu feiern. Zu früh. Man zog ihn aus dem Kamin hervor, darin er sich versteckt hatte, und schleppte ihn durch High-Street und Westbow auf den Graßmarket hinaus, wo man ihn am Vormittag desselben Tages vergebens erwartet hatte. Eins fehlte – der Strick. Man brach einen benachbarten Seilerladen auf, nahm, was man brauchte, und warf ein Goldstück auf den Tisch. Zehn Minuten später hatte Hauptmann Porteous aufgehört zu sein. – Es fehlt der Geschichte sicherlich nicht an lehrreichen Momenten; die Begnadigung par distance, wo der Begnadigende die Stimmung und, ich möchte sagen, die öffentliche Moral nicht kennt, die über dem Verurteilten zu Gerichte gesessen hat, haben schon öfters ähnliche Stürme des Unwillens heraufbeschworen. Das Volk glaubte sich in diesem Fall berechtigt, das ursprüngliche Urteil wieder herzustellen. Vor allem aber spielte das politische Element in diesem Vorgange eine Rolle. Es war in der Tat mehr ein Aufstand als ein Krawall. England, sein hannoverscher Hof und König, alles stand dem schottischen Volke fremd gegenüber, und diese Begnadigung erschien ihm wie ein Eingriff in die Rechte seiner Nationalität. So dachte hoch und niedrig, und was zu Anfang eine bloße Angelegenheit des Pöbels gewesen war, das erhob sich schließlich zu einer Volks- und Nationalsache. Vornehme Leute, Häupter der Stuartschen Partei, hatten die Hand mit im Spiel, und das Goldstück, das auf den Tisch des armen Seilers geworfen wurde, kam sicherlich nicht aus der Tasche eines Tagelöhners oder Handwerkers.

Einige Jahre später hatte Edinburgh einen andren Diktator; seine Herrschaft ruhte aber auf minder gefährdetem Fundament, indem er sich's zur Aufgabe machte, der Volksmeinung zu dienen, statt sich ihr zu widersetzen. Dieser Mann war Joseph Smith, ein Schuhflicker aus Canongate, der je nach der Laune seiner Verehrer (und ihrer waren viele) General Smith oder vertraulicher »der lahme Joseph« genannt wurde. Er war ein kleiner, unansehnlicher Mann, in seiner Erscheinung bloß den Spott herausfordernd, aber mutig genug, jede gute Sache durchzufechten, und klug genug, nur eine gute und gerechte Sache zur seinigen zu machen. Seine Klugheit, wenn ich so sagen darf, sein politischer Takt, war es, was ihn mehr denn ein Menschenalter hindurch eine Art Herrschaft üben ließ, indem er abwechselnd die Behörden unterstützte oder bekämpfte, je nachdem er das hausbackene Recht auf Seiten derselben sah oder nicht. Er verfuhr dabei jahrelang mit so großem Geschick, daß die Stadtautoritäten ihn endlich wie ein unvermeidliches Schicksal hinnahmen, mit dem es gut sei, sich zu stellen, statt machtlos gegen dasselbe anzukämpfen. Wurden Maßregeln vorbereitet, so zog man zuvor das Gutachten von General Joseph Smith ein und ließ die Sache fallen, wenn er die Achseln zuckte und zu verstehen gab, daß er wahrscheinlich gezwungen sein würde, seine Trommel zu rühren. War er umgekehrt *persönlich* mit Maßregeln einverstanden, von denen er wußte, daß sie Anstoß erregen und Widerstand beim *Volke* finden würden, so begann nunmehr seine wichtige Tätigkeit als Unterhändler und Friedensstifter. Sein Verfahren dabei war immer dasselbe; er erschien auf einer Rampe, neben sich ein Oxhoft Edinburgher Bier (Ale), das der Magistrat liefern und zur Stelle schaffen mußte. Dann hielt er seine Rede, lud jeden ein zu trinken und schloß seine Ansprache mit den Worten: »Nun macht, daß ihr nach Hause kommt.« Am gefürchtetsten war er, wenn es Bürger gegen Bürger galt. Bäcker und Schlächter hielt er in heilsamer Furcht. Aussaugungen, Bereicherungen (zumal in Zeiten der Not) auf Kosten des armen Volkes duldete er nicht, und einem Bäcker, der durch hohes Gewicht Kunden angelockt hatte, bis sich herausstellte, daß er mit falschen Stücken gewogen hatte, wurde ohne weiteres das Haus gestürmt. Nicht besser erging es einem Hauswirt, der seinen Mieter mitleidlos auf die Straße geworfen und dadurch den Selbstmord des armen Mannes verschuldet hatte. Lahm-Joseph rührte die Trommel, das Haus des Wirts wurde gestürmt, jeder bewegliche Gegenstand weggeschleppt und auf offenem Markt verbrannt. An ein Einschreiten der Behörden in solchem Falle war gar nicht zu denken. Einen entrüsteten Volkshaufen, dem man nicht das Recht überhaupt, sondern nur das Recht, sich Recht zu nehmen, bestreiten kann, läßt man allerorten am besten gewähren. Das Gefühl, zu Gericht zu sitzen, sichert vor Extravaganzen. Wenigstens scheinen die Edinburgher Magistrate von diesem oder einem ähnlichen Satze ausgegangen zu sein. Lahm-Josephs letzte Verhandlung mit den Stadtbehörden fand statt, als ein bourbonischer Prinz der Stadt seinen Besuch zugesagt und gerade den Tag im langen Jahre dafür festgesetzt hatte, an dem die unteren Volksklassen seit vielen, vielen Jahren daran gewöhnt waren, sich durch »Verbrennen des Papstes« einen heiteren Abend zu machen. Der Magistrat ließ Lahm-Joseph kommen, stellte ihm die Sache vor, »von wegen des katholischen Prinzen«, schob ihm ein Goldstück hin und appellierte an General Smiths Gefühl für Anstand und gute Sitte. Joseph steckte das Goldstück ein, gab dem Stadtschreiber recht und empfahl sich dann mit den Worten: »Aber brennen muß er doch.« Bald nachher segnete der Schuhflicker aus Canongate das Zeitliche, und die Diktatur über Edinburgh ist seitdem ein unbesetzter Posten geblieben.

50

Ziemlich in dieselbe Zeit, in der die Herrschaft Lahm-Josephs blühte, fällt auch die Geschichte der Lady Grange.

Lord und Lady Grange waren zwanzig Jahre verheiratet, als der Lord (bekannter unter dem Namen Mr. Erskine) seiner Gemahlin überdrüssig wurde und die Trennung von ihr durchsetzte. Wer der schuldige Teil war, ist zweifelhaft und ändert wenig in der Sache. Lady Grange lebte nunmehr wenige Häuser von ihrem Gatten entfernt und fiel diesem durch ein Benehmen lästig, das in der Tat unerträglicher Natur gewesen zu sein scheint. Zudem war sie in die politischen Geheimnisse ihres Gemahls eingeweiht und drohte vielfach, ihn als einen der gefährlichsten Jakobiten in London zu verraten. So standen die Dinge, als eines Abends zwanzig Hochländer, vom Clan der Frazers, deren Haupt der berüchtigte Lord Lovat war, in der Wohnung der Lady Grange erschienen, sie knebelten, in einen Tragstuhl setzten und vor das Westtor trugen. Daselbst fand man Pferde. Nun begann eine Reise in Nachtmärschen; bei Tage in Gewahrsam, bei Nacht im Sattel. So ging es eine Woche lang, bis man über Stirling und Perth hinaus die Grafschaft Inverneß erreicht hatte, wo Verfolgung nicht länger zu befürchten war. Man hielt sich nordwestlich und kam endlich ans Meer. Ein Boot lag schon bereit, Lady Grange wurde hineingetragen, und die Fahrt nach einem der kleinsten und unwirtbarsten Eilande begann. Man erreichte dasselbe und ließ die Lady in einem Steinhäuschen zurück; nur fünf Menschen lebten auf der Insel, eine einzige arme Fischerfamilie. Für Nahrungsmittel wurde von der Küste aus gesorgt. Als sie einmal an den Hochländer, der ihr wie ein Gefangenwärter beigegeben war, die Frage richtete, ob er sich des Dienstes nicht schäme, zu dem er mißbraucht würde, antwortete dieser im echten Clan-Geist: »Ich würde mich schämen; aber Lord Lovat will, daß ich tue, was ich tue, drum schäm' ich mich nicht.« Auf dieser Insel lebte die Lady 13 Jahre, verwilderte zuletzt und starb, ohne das Festland von Schottland, geschweige Edinburgh wiedergesehen zu haben. Ihr Verschwinden hatte zu allerhand Gerüchten Veranlassung gegeben; die Gerüchte gewannen endlich Konsistenz, und die Sache war so gut wie bewiesen, aber niemand schritt ein, und Lord Grange handhabte nach wie vor in Würde und Strenge das Gesetz, das nicht den Mut hatte, seine Spitze auch gegen ihn selbst zu kehren. Ein oberster Richter war zur Selbsthilfe geschritten, hatte das Einschreiten von 20 Hochländern dem Einschreiten der Gesetze vorgezogen; welche Furcht, welches Sichbeugen vor dem Gesetz war von denen zu erwarten, die dort lebten, wohin man die Lady Grange als zu einem unerreichbaren Punkt geschleppt hatte!

SPUKHÄUSER

Alt-Edinburgh wäre nicht, was es ist, wenn es nicht auch seine Spukhäuser hätte. Jeder, der einmal High-Street hinauf geschritten ist und geschwankt hat, ob er den über den Häusern hängenden Nebel wie eine verflüchtigte Stadt oder die graue Stadt wie einen soliden Niederschlag aus dem Nebel betrachten solle, muß ein Gefühl davon gehabt haben, daß dies eine Festung sei, in der die Gespensterarmee mutmaßlich noch einen letzten Widerstand versuchen würde, wenn der Rest der Welt auch längst den Entschluß gefaßt haben sollte, mit Hexen und Elfen, Brownies und Wichtelmännchen, Puck, Klopfgeist und Klabautermann ein für allemal zu brechen. Was von dem ganzen Lande gilt, gilt auch von seiner Hauptstadt; neben Puritanismus und Dampfmaschine ist der alte nationale Aberglauben in Kraft geblieben. Man begegnet ihm auf Schritt und Tritt. Natürlich ist man auch in Schottland vornehm genug geworden, um in Büchern und Zeitungsspalten über die Schnurren und Finsternisse des Mittelalters fort zu sein, aber man braucht nicht lange sich umzusehen, um wahrzunehmen, wie dünn die Decke ist, unter der die alten Lieblingsgestalten schlafen. Die Gespenster scheinen hier eine Art Landesprodukt zu sein. Und in der Tat, ich möchte *den* sehen, der nachts, an Scone und Dunsinan vorbei, das große Blach- und Steinfeld der Grafschaft Inverneß durchreiten kann, *ohne* Gespenstern begegnet zu sein. Meilenweit kein Baum, kein Strauch; die Grampians rechts, ein Gebirgsbach links; nichts hörbar als das Rauschen des Wassers und der Hufschlag des eigenen Pferdes; über den Weg fallen wechselnd die Bergesschatten, und ein Schneehuhn fliegt auf. Wer solchen Ritt machen kann, ohne die Hexen Macbeths um eine Bergwand biegen zu sehen, der hat sich selbst sein Urteil gesprochen. Die Geisterwelt ist ihm verschlossen. Alle schottischen Dichter haben an dem Aberglauben ihres Volkes von ganzem Herzen teilgenommen. Burns, so könnte man einwenden, habe im »Tam O'Shanter« die Gespensterfurcht des Volks mit überlegnem Witze persifliert. Aber man weiß, was man von solchem Witze zu halten hat; er hält nur aus bei hellem Tage. Bei Nacht gleicht er dem Pfeifen und Singen auf einsamem Waldeswege. Walter Scott hatte eine Passion für Gespenstergeschichten und besaß neben der Lust daran auch ein besonderes Geschick, sie vorzutragen.

Die Neustadt Edinburgh hat nicht das Vorrecht, Spukhäuser zu besitzen, sie hat nur Bildsäulen von Pitt, Lord Melville und Georg IV. und daneben Paläste, die noch zu jung sind, um Geisterherbergen sein zu können; aber Alt-

Edinburgh, wie eingangs bereits gesagt, hat deren, und wir wollen einen Augenblick bei ihnen verweilen.

Es ist wahr, wir machen bei Aufzählung ihrer Insassen keine absolut neue Bekanntschaft; die nordischen Völker scheinen sich die Gestalten ihres Schreckens nach einem verwandten Bedürfnis und unter ähnlichen Eindrücken zurecht gemacht zu haben, aber wir finden doch bei vielem Gleichen mancherlei Nuancen und Abweichungen. Das Pferd mit der Feuermähne, der unsichtbare Kutschwagen, der lärmend auf die Rampe fährt, selbst der blasse Mann, der dann und wann seinen Kopf abnimmt, sollen uns nicht weiter beschäftigen; auch bei der großen Hand, die brennende Lichter auf den Tisch stellt oder bei dem Seitenstück derselben, den drei Paar Füße, die schottisch tanzen und mit den Hacken zusammenschlagen, wollen wir uns nicht länger verweilen. Aber ein Haus in unmittelbarer Nähe von High-Street, das bis auf diesen Tag verfallen und öde dasteht, hat doch Anspruch darauf, hier seine Geschichte erzählt zu sehn. Auf mich hat sie Eindruck gemacht, weil so wenig Apparat darin sichtbar ist. Das Haus, das ich meine, steht auf einem Platze, der Lawn-Market heißt. Die Bewohner, schlichte Leute, hatten sich Gäste geladen, ein paar Freunde und Verwandte. Es war am hellen, lichten Tag, die Wanduhr setzte eben ein, um zwölf zu schlagen, der Tisch war gedeckt, und im Kamin knisterte das Feuer. Jeder nahm seinen Sitz, und der Hausherr begann das Gebet zu sprechen. Als er bis an die Worte gekommen war: »Führe uns nicht in Versuchung«, öffnete sich eine Stelle in der Wand, wo niemand zuvor eine Tür gesehen hatte, und eine Frauengestalt trat daraus hervor. Sie schüttelte den Kopf, wies auf eine Stelle am Boden und schritt halb abgewandt, wie im Bewußtsein ihrer Schuld, der Stelle zu, auf die sie zuvor gezeigt hatte. Alle Anwesenden, Gäste und Bewohner, flohen entsetzt aus dem Hause. Hundert Jahre und mehr sind seit jenem gestörten Mittagsmahle vergangen, ebensolange steht das Haus verschlossen und leer. Niemand bis jetzt hat sich gefunden, der Lust gehabt hätte, den Schlüssel im rostigen Schloß zu drehen und nachzusehen, ob der Tisch dort oben noch gedeckt sei oder nicht.

Eine andere Geschichte ist die vom Major Weir. Sie hat mehr historisches Fundament, mehr bestimmte Namen, mehr Lokalton; das mag der Grund sein, daß sie unter allen ähnlichen Geschichten die populärste geworden ist. Major Weir hatte bei Dunbar gefochten, er galt für tapfer, aber seine Tapferkeit war nichts im Vergleich zu seiner Frömmigkeit. Das puritanische Edinburgh verehrte ihn wie einen Heiligen. Er war unverheiratet und bewohnte ein Haus in Westbow. Mit ihm war seine Schwester Griseldis, gewöhnlich »die alte Grissel« genannt. Er kleidete sich schwarz, predigte in Versammlungen und beherrschte die Stadt durch seinen Einfluß. Nur eins fiel auf: er pflegte einen langen schwarzen Stab zu tragen; solang er diesen in Händen hielt, war er feurig, beredt, hinreißend, sowie er ihn hinwegtat, erschien er alt und hinfällig. Von diesem Stabe gingen Wundergeschichten um. Eines Tages erschien Major Weir vor dem obersten Richter und erhob Anklage gegen sich selbst. Die Richter wollten nicht glauben und wiesen ihn ab. Er beharrte bei seiner Aussage und gab solche Details, daß man zu seiner Verhaftung schreiten mußte. Der Prozeß ward eingeleitet, unerhörte Dinge kamen ans Licht; Betrug, Mord, Unzucht und jede Form nächtlicher Orgien. Bei einer späteren Revision der Prozeßakten hat man alles ins Gebiet des Wahnsinns, der Fiktion und Übertreibung verweisen wollen. Das ist immer das bequemste. Die Zeitgenossen aber glaubten an die volle Wirklichkeit der Dinge und drängten sich mitleidslos um den Holzstoß herum, auf dem das Geschwisterpaar verbrannt werden sollte. Grissel Weir riß sich die Kleider vom Leibe, um, wie sie schrie, »in aller Schande zu sterben«. Ihr Bruder stand stumm und regungslos am Pfahl; nur als ihm die Worte des letzten Gebetes vorgesprochen wurden, schüttelte er den Kopf und murmelte: »Wozu?« Die Flammen schlugen auf; erst als der schwarze Stab verbrannt war, der ihm zu Füßen lag, konnten sie an ihn. Das Haus in Westbow aber hat niemand mehr bewohnt. Vor 10 oder 15 Jahren wurde es niedergerissen. Solange es stand, lebte im Volk der Glaube an ein gespenstisches Treiben innerhalb seiner Mauern; Lichtschein flimmerte nachts aus den Fenstern der ersten Etage, gedämpfte Musik und wildes Tanzen, Gläserklingen und Lachen und Lebehoch. Dazwischen hörte man deutlich das Surren eines Spinnrads; denn Grissel Weir war eine berühmte Spinnerin gewesen, aber das Linnen brach, das aus ihrem Garn gewoben wurde.

Das dritte und letzte Spukhaus, von dem ich zu sprechen habe, steht in Canongate. Das alte Haus ist längst zerstört, aber der genius loci scheint geblieben. Die Geschichte, die sich an dies Haus knüpft, ist folgende. Gegen Mitternacht wurde bei einem Geistlichen, der weiter oberhalb in der Stadt wohnte, an Tür und Laden geklopft. Als er öffnete, sah er mehrere Männer draußen stehn, die ihm mitteilten, daß er sie begleiten möge, um einem Kranken die Sterbesakramente zu reichen. Er gehorchte. Als man High-Street hinunter war, zwang man ihn, sich die Augen verbinden zu lassen; dann schritt man weiter abwärts. Nachdem ihn seine Begleiter noch mehrere Minuten lang die Kreuz und Quer geführt hatten, geleiteten sie ihn die Steintreppe eines Hauses hinauf, öffneten eine Tür im ersten Stock und hießen ihn eintreten. Hier nahm man ihm die Binde ab. Er befand sich in einem geräumigen, wenig erleuchteten Zimmer, in dessen Mitte ein Himmelbett mit dunklen Gardinen stand, der eine Vorhang halb zurückgeschlagen. Zur Seite des Bettes saßen mehrere Männer; in demselben lag eine schöne junge Dame, eine Wöchnerin wie man ihm sagte, erst wenig Stunden zuvor eines Kindleins genesen. Die

Männer wiederholten jetzt die Aufforderung, die Worte zu sprechen, die gemeinhin am Bette eines Sterbenden gesprochen würden. Er antwortete, daß ihm der Zustand der Dame das nicht zu erfordern scheine, sie sei keine Sterbende, kaum eine Kranke; drohende Worte indes ließen ihm bald keine Wahl mehr, und zitternd, kaum seiner Sinne mächtig, sprach er die üblichen Gebete. Als er geendet hatte, verband man ihm abermals die Augen und führte ihn treppabwärts; ehe er die letzten Stufen erreicht hatte, hörte er einen Pistolenschuß. Vor seiner Wohnung angelangt, wurde ihm von Seiten seiner Begleiter eine Börse mit Goldstücken aufgedrungen und kurz hinzugefügt, daß er zu schweigen habe, so lieb ihm sein Leben sei. Dann ließ man ihn allein. Er trat in sein Haus, legte sich wie im Fieber nieder und fiel endlich, nachdem er sich lange rastlos hin und her geworfen hatte, in einen tiefen Schlaf. Gegen Morgen erweckte ihn sein Diener mit der Nachricht, daß über Nacht in Canongate ein heftiges Feuer ausgebrochen sei; das ganze Haus sei zerstört und die Tochter des Lord Ravendale in den Flammen umgekommen. Für den Geistlichen war kein Zweifel, daß dies dasselbe Haus sei, in dem er die Nacht vorher die Sterbegebete gesprochen hatte; aber die Furcht hielt ihn ab, zu reden und als Kläger aufzutreten. Dennoch blieben die Vorgänge jener Nacht nicht ganz verschwiegen, und nachdem, ziemlich ein Menschenalter später, der Geistliche gestorben war, fehlte es nicht an Personen, die von der Geschichte wenigstens gerüchtweise Kenntnis hatten. Dies Gerücht fand später eine gespenstische Bestätigung. An derselben Stelle, wo das Haus in Canongate niedergebrannt war, hatte man bald nachher ein neues Gebäude errichtet. Viele Jahre waren seitdem vergangen, der Geistliche längst tot, das neue Haus war fast wieder ein altes geworden; da brach ein zweites Mal Feuer an derselben Stelle aus. Als die Flammen die höchste Höhe erreicht hatten, wurde der Tumult, der wie gewöhnlich in den benachbarten Straßen herrschte, plötzlich durch eine Erscheinung unterbrochen. Eine schöne Frauengestalt, in reiche Nachtgewänder gekleidet, erschien mitten in den Flammen und rief laut in die Stadt hinein:

> Einmal verbrannt, zweimal verbrannt,
> Das dritte Mal brennen Stadt und Land.

Der Eindruck dieser Worte war so mächtig, daß, wenn in späteren Jahren noch ein Feuer in der Nähe von Canongate ausbrach, die größten Anstrengungen gemacht wurden, das Umsichgreifen desselben zu verhindern, um nicht vielleicht jene furchtbare Prophezeiung in Erfüllung gehn zu sehen

Ein besonderer Reiz dieser Erzählung und ihr charakteristisches Unterscheidungszeichen liegt in der Erscheinung der Frauengestalt in den

Flammen; im übrigen erinnert dieselbe lebhaft an jene, wenn ich nicht irre, von Henrik Steffens herrührende, später von Schelling in Terzinen wiedererzählte Geschichte, die unter dem Namen »Die letzten Worte des Pfarrers zu Drottning« bei uns bekannt geworden ist. Die Hauptzüge sind in beiden Erzählungen dieselben, nur Lokalität und Farbe weichen ab.

EIN ABEND IN HIGH-STREET

Ich habe schon in einem früheren Kapitel hervorgehoben, wie das Straßenleben Alt-Edinburghs etwas Südländisches hat. Man geht nicht vor die Tore, um sich im Freien, im Grünen zu vergnügen, man schlendert nur zwischen Canongate und Edinburgh-Castle auf und ab, gesellt sich zu dieser oder jener Gruppe, lauscht einen Augenblick, spricht auch wohl und schreitet zur nächsten Ecke weiter, um dort ein ähnliches Treiben vorzufinden wie das, was man soeben verlassen hat. Die Gin-Shops und Whisky-Läden (übrigens von ziemlich dürftigem Aussehen und nicht zu vergleichen mit ähnlichen Etablissements in London) laden überall zum Eintritt ein, und die Temperanzprediger, die sich allabendlich vor einem auf und ab gehenden Publikum, das die Stummelpfeife im Munde und die Hände in den Hosentaschen hat, hören lassen, scheinen mir nicht in der Lage, den verführerischen Eckläden eine erhebliche Konkurrenz zu machen. Wie dem aber auch sei, das Straßenpredigertum im allerweitesten Sinne, der öffentliche Bekehrungsversuch für diesen oder jenen moralischen oder kirchlichen Zweck, ist einer der hervorstechendsten Züge des Alt-Edinburgher Lebens, insonderheit der High-Street. Wir werden gleich sehen, daß die Mäßigkeitsapostel dabei keine ausschließliche Herrschaft üben und sich's gefallen lassen müssen, mit den verschiedensten andern Elementen das Terrain zu teilen.

Es mochte 9 Uhr sein; wir stiegen, wie so oft, von Canongate her die malerische Hügelstraße hinan und erfreuten uns an dem auf und ab wogenden Treiben der Volksmenge. Als wir Tron-Church beinah erreicht hatten, sahen wir fünfzig oder hundert Menschen an einer wenig erleuchteten Straßenecke stehen und vernahmen bald im Näherkommen die Töne einer pathetischen, beschwörenden Stimme. Wir drängten uns durch den ziemlich engen Kreis und standen einem blassen, hektisch und ärmlich aussehenden Manne gegenüber, der nicht müde wurde, zu Eintracht, Versöhnung und christlicher Liebe zu ermahnen. Wir folgten seinem Vortrage zehn Minuten lang, bis endlich der äußerste Mangel an Fortschritt und Entwicklung es unmöglich machte, noch länger auszuhalten. Er sprach im Sinne einer »Evangelischen Allianz«, was man hätte hinnehmen können, wenn nur die Mahnung selbst etwas mehr als eine bloße Phrasenhäufung gewesen wäre. Er zog seine Sätze ab wie ein Bankhalter seine Karten, mischte den Talon und begann von neuem. Die Sätze lagen anders, aber dieselben Karten. Wir sahen deutlich, daß der Mann längst fertig war und nur weiter sprach, um das Volk, das noch einen

Schlußtrumpf zu erwarten schien, nicht unbefriedigt nach Hause gehen zu lassen. Ich zweifle aber, daß dieser Schluß in anderer Form zur Erkenntnis der Aushaltenden gekommen ist als in der schließlichen Totalerschöpfung des Redners.

Wir schritten High-Street weiter hinauf bis zur Stelle, wo Blair-Street auf den kleinen Platz, der Tron-Church umgibt, ausmündet. Hier, in halber Zurückgezogenheit, von der Straße aus sichtbar und doch nicht direkt von ihrem Lärm berührt, hatte ein dicker, alter Herr eine Kanzel, in Form eines Schulkatheders, bestiegen und predigte zu seinem Publikum. Das Auditorium war fast zahlreicher wie das, von dem wir eben kamen, aber minder aufmerksam; man kam und ging, sprach und kicherte; es war ersichtlich ein altes Lied, das man an dieser Stelle vernahm. Der alte Herr plädierte für Mäßigkeit. Kein Zweifel, er gab sich die größte Mühe, aber auf den Gesichtern war weder Zustimmung noch Erbauung zu lesen. Was er sprach, war weder gut noch schlecht, er malte mit grellen Farben das bekannte Doppelbild: »Die wohlgekleidete Familie am Teetisch, daneben der Trunkenbold, der seine Frau schlägt«, und ersetzte durch Stimmittel, was ihm an sonstigen Gaben gebrach; aber alles scheiterte, wenn nicht an der Verbrauchtheit der Mittel, so doch an der völligen Ungeeignetheit der Persönlichkeit. Der alte Herr glich einem behäbigen Farmer, jener wohlgenährten John-Bull-Type, die der »Punch« so oft zu bringen pflegt, und wenn er sich zu Port und Sherry auch nicht wie Hahnemann zum Kaffee verhielt (der ihn allen Patienten verbot, während ihm selber »nichts darüber ging«), so bestritt doch sein Erscheinen aufs äußerste, daß er bei Tee und Schmalbier alt geworden sei. Man konnte nicht umhin, sich seine Vergangenheit als eine lange Reihe von Diners vorzustellen, und die Feuerräder seiner Beredsamkeit verpufften wirkungslos in der Luft. Mit uns verließen ein Dutzend Leute den Platz, darunter drei Soldaten: ein riesiger Dragoner mit zwei »young hands« von der Sussex-Miliz am Arm. Sie bogen vom Platz aus in High-Street ein und verschwanden lachend in den Hof eines alten unsauberen Hauses, an dessen halberleuchteten Wänden zu lesen war: »Money lent here; highest prices paid for jewellery, watches etc.«

Die beste Probe von Straßenpredigertum war uns aber noch vorbehalten. Als wir ziemlich die Ecke erreicht hatten, wo sich High-Street um die Kirche von St. Giles herum zu einem Platz erweitert, sahen wir die Straße durch eine gedrängt stehende Menschenmenge halb abgesperrt. Als wir in den Kreis traten, überraschte uns ein Doppelbild, zwei Figuren, von denen es schwer zu sagen war, welche mehr Anspruch hatte, unsere Aufmerksamkeit zu fesseln. Der eine, ein etwas pockennarbiger Mann von etwa 50 Jahren, balancierte auf einer breiten Fußbank und sprach mit lauter Stimme, nur innehaltend, wenn er den Hut abnahm, um sich den Schweiß der Arbeit von der Stirn zu wischen.

Neben ihm, den Rücken an den Laternenpfosten gelehnt, stand ein Siebziger von fast patriarchalischem Ansehn. Er war blind und von noblen Gesichtszügen; sein weißes Haar, das bis auf die Schultern herabhing, bewegte sich leis im Winde; dazu spielte um seinen Mund jener leise Zug von Humor und List, dem man so oft an alten Judenköpfen zu begegnen pflegt. Beide Männer waren in der Tat Juden, aber jener Sekte zugehörig, die unter dem Namen der »Christ-Israeliten« in Amerika und England eine Art von Notorität erlangt hat. Die Kleidung beider Männer war gleich und trug dazu bei, den Reiz des Bildes zu erhöhen. Olivenfarbene Weste und Beinkleider, dunkelblaue Röcke mit großen Knöpfen, schwere Schuhe und weiße, niedrige Felbelhüte, dazu Berloques und allerhand Uhrbehang, der bei dem Mann auf der Fußbank wie ein Schlüsselbund klapperte, während er bei dem Alten in ruhigen Pendelschwingungen sich hin und her bewegte. Was war nun der Inhalt der mit immer wachsender Stimme herausgepolterten Rede? Nichts als Verteidigung seiner Sekte und seiner Person gegen die Angriffe einer in Leeds erscheinenden Zeitung. Die Leeds-Times (wie ich vermute, mit nur allzu großem Recht), hatte *fünfzehn Monate* früher Gelegenheit genommen, den ganzen Christ-Israelitismus als eine großartige Prellerei und denselben John Wroe, der da eben vor uns stand, als einen Vater der Lüge abzukonterfeien, und dieser eine Zeitungsartikel hatte nun seit Jahresfrist ein Motiv abgeben müssen, um mit christ-israelitischen Traktätchen alle drei Königreiche durchreisen und zum tausendsten Male versichern zu können, daß John Wroe ein ehrenhafter Mann und der Christ-Israeritismus eine erhabene Sache sei. »Sie finden das alles in unserm Büchelchen (Handbewegung nach dem Blinden hin, der die Exemplare durch seine Finger gleiten läßt), Sie finden darin all und jedes, Stück ein Penny; die letzten Exemplare, die wir haben, Stück für Stück ein Penny.« Dann eine kleine Pause, um das Verkaufsresultat zu kontrollieren und dann aufs neue wieder ein Hinausschreien in die Welt, daß Christus gesagt habe: 'Liebet eure Feinde'; daß der Redakteur der Leeds-Times ein wahrer Judas sei, John Wroe ihm aber vergebe, da geschrieben stehe: 'Segnet, die euch fluchen' Eh' eine Viertelstunde um war, war ein Dutzend Exemplare verkauft. Dann brach man auf, um die Fußbank an einen andern Platz zu tragen.

Für einen Fremden, der zum ersten Male High-Street hinaufgeht, ist es freilich unterhaltend, einer Reihe solcher und ähnlicher Szenen zu begegnen; aber wenn die Frage nach dem Wert und der sittlichen Berechtigung derselben aufgeworfen wird, so möchte sich doch wenig zugunsten solchen Treibens sagen lassen. In England und Schottland existieren diese Dinge mal und müssen als die unvermeidliche Schattenseite von Rechten und Freiheiten hingenommen werden, deren helles, segensreiches Licht nur noch von Blinden bezweifelt wird. Aber die Schattenseiten hören um deshalb nicht auf zu sein, was sie sind. Nach meinem Gefühl geht ein blasphemischer Zug durch diese ganze Art von schaustellerischem Christentum. Ohne einem Kirchenmonopol das Wort reden und das Recht einer christlichen Ansprache an allerhand Examina binden zu wollen, erscheint es mir doch andrerseits mehr als fraglich, ob es wünschenswert sei, das Wort Gottes verzerrt, verworren, verfälscht, von zum Teil unsaubern Händen an allen Straßenecken verhökert und im Stile John Wroes ausgeboten zu sehen.

EIN GANG NACH ST. ANTHONY'S CHAPEL

Holyrood-Palace bildet nach Osten hin den äußersten Punkt der Stadt; unmittelbar dahinter erheben sich jene unwirtbaren, aber malerischen Felsmassen, die Salibury-Crags. Gemeinhin pflegen die Besucher Edinburghs die höchste Spitze derselben, den sogenannten »Arthurs-Sitz« zu besteigen, um sich von dort aus einer Aussicht zu erfreuen, die dem Panorama von Calton-Hill oder von Edinburgh-Castle vielleicht um so viel vorzuziehen ist, als »Arthurs-Sitz« die eben genannten Orte an Höhe übertrifft. Beinah lohnender aber ist es (wenigstens für uns, die wir das Panorama von Edinburgh-Castle aus noch frisch im Gedächtnis haben) einen Gang in die Crags, statt auf dieselben zu machen, und so schicken wir uns denn an, dem landschaftlich schönsten Punkt derselben, den Trümmern von St. Anthony's Chapel, einen kurzen Abendbesuch abzustatten. Aus rohem Feldstein aufgeführt und so formlos geworden, daß das, was dasteht, ebensogut einem Hof- und Stallgebäude als einer ehemaligen Kirche angehören könnte, bilden die Trümmer dieser Kapelle an und für sich nicht den geringsten Gegenstand des Interesses; ebensowenig sind die Vorgänge, die sich an diesen Ort knüpfen, dazu angetan, einen Besuch desselben zu einer Pflicht zu machen. Aber das landschaftliche Bild, dessen man von ihm aus genießt, ist ganz eigentümlicher Natur, und wennschon weder groß, noch lieblich, noch grotesk, so ist es doch im vollsten Maße das, was ich als die schottische Landschaft par excellence bezeichnen möchte. Worin ihr Charakter und ihr Reiz besteht, werd' ich weiterhin versuchen, dem Leser anschaulich zu machen.

Um St. Anthony's Chapel zu erreichen, schlagen wir von der Stadt aus denselben Weg ein, der uns in einem früheren Kapitel von Waterloo-Place nach Holyrood-Palace führte. Wir wählen diese Straße auch heute wieder, weil wir vorhaben, dem unmittelbar vor der Stadt gelegenen Calton-Hill endlich unseren Besuch zu machen, nicht um der Aussicht willen, die er bietet, sondern bloß der Sehenswürdigkeiten halber, die diesem Hügel in direkter Weise angehören. Diese Sehenswürdigkeiten bestehen in einem halben Dutzend Monumente. Ich habe nicht vor, dieselben zu beschreiben oder zu kritisieren; sie sind Nachbildungen nach der Antike und können keinen besonderen Wert, wenigstens nicht das Verdienst originaler Erfindung beanspruchen; was ihnen aber in ihrer Gesamtheit eine gewisse Bedeutung gibt, das ist der Umstand, daß uns aus ihnen der Gedanke einer Ruhmeshalle des schottischen Volks entgegentritt. Da sehen wir zunächst einen (leider unvollendet gebliebenen) Tempelbau, der in Erinnerung an die Schlacht von

Waterloo und die ausgezeichnete Mitwirkung der schottischen Regimenter errichtet wurde; da ist ein Monument Robert Burns' und zwei andere noch, von denen das eine dem Andenken Dugald Stewarts, das andere zu Ehren Professor Playfairs errichtet ist.

Die Mehrzahl meiner Leser wird hier die Frage aufwerfen, was es mit Dugald Stewart und Professor Playfair denn eigentlich auf sich habe? Wer sie gewesen seien und was sie getan hätten, um sich auf der Höhe von Calton-Hill, und zwar von *Vaterlands* wegen, monumental verherrlicht zu sehen. Genau dieselbe Frage war ich gezwungen, mir selbst zu stellen, der ich bis dahin doch den eitlen Glauben in mir groß gezogen hatte, daß jeder monumentberechtigte Schotte mir aus Dichtung oder Geschichte wenigstens dem Namen nach bekannt sein müsse. Aber ich sollte während meines Aufenthalts in Schottland nur allzuoft an das Irrige dieser meiner Vorstellung erinnert werden. Die Sache ist die, daß wir im Auslande nur die romantische Hälfte Schottlands kennen und wenig oder nichts von der Kehrseite derselben. Dichtung und Romane lesend, sind wir mit unsern Sympathien in der Vergangenheit Schottlands stecken geblieben, während die Schotten selbst nichts Ernstlicheres zu tun hatten, als mit dieser Vergangenheit zu brechen und völlig neue, völlig abweichende Berühmtheiten zu etablieren. Sie haben, um einen Vergleich aus unserer eigenen Geschichte zu nehmen, den Alten Dessauers die ausschließliche Denkmalsberechtigung längst genommen und einen gleichen Anspruch, oder einen größeren noch, auf die Lessings und Winckelmanns, auf die Kants und Beuths ihres Landes übertragen. In Oban (an der Westküste) fand ich ein Buch im Gastzimmer, das den Titel führte: »Die Würdigsten unseres Volks«. Ich blätterte eine halbe Stunde darin und suchte nach mir bekannten Namen, aber vergeblich. Wer waren die Würdigsten? Märtyrer und Reformatoren, Entdecker und Philanthropen, Dichter, Künstler, Gelehrte, aber kein Archibald Bell-the-Cat mit »langem Schwert und kurzer Geduld«, kein Douglas mit der Devise »stolz und treu«, am wenigsten jener Hamiltons einer, die eine Locke Maria Stuarts bis diesen Augenblick wie eine Reliquie aufbewahren. Dies Auftreten zwei ganz entgegengesetzter Elemente, die nur darin zusammenfallen, daß jedes nach seiner Art zur nationalen Kraft und Bedeutung des Landes beigesteuert hat, läßt sich vielleicht nirgends so gut beobachten wie in Schottland, weil der Kontrast selten so schlagend hervortritt wie gerade hier. Während im Laufe der letzten 100 Jahre der ökonomische, puritanische und prosaische Sinn der Bevölkerung die Dinge innerlich zum besten gewandt und vor Wüstheit und unausbleiblichen Verfall gerettet hat, hat gleichzeitig die wüste Kraftepoche, die wenigstens dagewesen sein mußte, um poetisch verherrlicht werden zu können, dem Ganzen nach außen hin einen

Glorienschein, ein Ansehen geliehen, das ihm die bloß respektable Seite des Volkscharakters nie erobert haben würde.

Die Sonne war im Untergehen, als wir die Treppen, die zum Calton-Hill hinaufführten, wieder hinunterstiegen und durch den Regent-Road nach dem Palaste von Holyrood einschwenkten. Wir warfen dem alten Bau nur einen flüchtigen Blick zu und schritten rasch, an eingezäunten Obstgärten vorbei, den Felspartien zu, die, sich fast unmittelbar hinter Holyrood erhebend, eine steile Rückenlehne desselben bilden. Die Entfernung von Holyrood Chapel bis nach St. Anthony's Chapel mag kaum 10 Minuten Wegs betragen, das Terrain aber wird durch Hügelzüge und in den Weg gewälzte Felsblöcke so oft unterbrochen, daß man Holyrood nach wenig Minuten schon aus dem Gesicht verliert, um es von der Hügelkuppe St. Anthonys aus erst wieder zu erblicken. Als wir auf halbem Wege sein mochten und, die prächtige Felswand der Crags fast unmittelbar vor uns, eine Schlucht hinanstiegen, überraschte uns der Anblick eines Bildes von eigentümlichem Reiz. Etwa hundert Schritte vor uns weitete sich die Schlucht zu einem geräumigen Kessel aus, in dessen Mitte ein Granitblock lag, abgeschliffen und von derselben Form wie die Kiesel im Bach, aber ziemlich von den Umfangen eines deutschen Backofens. Vor demselben, zigeunerhaft zusammengekauert, lagen drei Kinder, während die älteste Schwester, ein Mädchen von 12 Jahren, schwarz und schlank aufgeschossen, einem jungen Schotten, der nachlässig an dem Stein lehnte, einen Trunk Wasser reichte. Es war schon dunkel, und ich konnte die Züge und Umrisse nicht mehr in aller Klarheit erkennen. Der junge Schotte trank, schüttete den Rest aus und reichte die Schale zurück. Das Mädchen trat jetzt beiseite, wo hinter einem Felsvorsprung ein Aschenfeuer zu glimmen schien, und kehrte im nächsten Moment mit einem brennenden Holzspan zurück, den sie dem jungen Schotten wie fragend entgegenhielt. Er nickte mit dem Kopfe, und seine kurze Pfeife zum Munde führend, leuchtete im nächsten Moment der hellodernde Span zwischen den beiden jugendlichen Gesichtern. Einen Augenblick nur, dann kehrte die frühere Dämmerung zurück und, den Kindern am Boden eine Münze zuwerfend, stieg der junge Schotte die Schlucht höher hinauf, dann und wann sich umsehend und die Mütze lüftend, deren lange seidene Bänder im Winde flatterten.

Als wir uns dem Stein noch mehr genähert hatten, sprangen die Kinder auf und liefen mit kleinen Blechschalen, in denen sich eben geschöpftes Quellwasser befand, auf uns zu und baten uns zu trinken. Wir waren ein wenig erhitzt und lehnten die Aufforderung ab, aber die Kleinen erwiderten rasch: was wir nur dächten, daß es ja Wasser aus dem St.-Antons-Quell sei und daß solch Wasser gesund mache, aber nicht krank. Wir wagten es auf das Vertrauen der Kinder und den guten Ruf des Heiligen hin und ließen uns, nachdem wir unsere Pennies geopfert, von den Wundern dieser Quelle geduldig erzählen. Wir sahen nun auch, daß der große Granitblock nicht von ungefähr dort lag, sondern in aller Sorglichkeit auf den Mund der Quelle gelegt war, nicht um diese zu verstopfen, sondern um den reinen Mund der Göttin gegen Unbill zu wahren. Ein roher Tempel, zu Schutz und Ehren der Göttin errichtet.

Eh' wir den Platz verließen, begrüßten wir noch einen Alten, den Vater oder Großvater der Kinder, der hinter dem vorhin genannten Felseck lag und seine Finger an dem verglimmenden Feuer zu wärmen suchte. Er mußte geschlafen haben, sonst hätte uns wohl der neben ihm liegende Dudelsack mit ein paar Tönen willkommen geheißen. Wir wechselten ein paar Worte mit dem Alten und stiegen dann weiter aufwärts.

Als wir die Kuppe erreicht hatten, auf der sich die Trümmer der alten Kapelle befinden, hielten wir Umschau. Hinter uns, fast unsere Rückenlehne bildend, stiegen die Wände der Salisbury-Crags in die Luft; rechts hin dehnten sich die Wellenlinien halb kahler, halb grasbewachsener Hügel; links, aus dem Talkessel hervor, schimmerten die Türme von Holyrood, nur kaum erkennbar noch, im Abenddämmer; vor uns aber, fast plötzlich ins Tal hinabsteigend, lief das Felsenvorland in jene fruchtbare Ebene aus, die sich, als ein beinahe meilenbreiter Streifen zwischen den Crags und dem schönen Meerbusen des Forth dahinzieht. Die Abendnebel kamen jetzt leise vom Meere herauf und begruben rasch den letzten Rest von Leben, der noch unten im Tal geherrscht hatte. Immer seltener hörten wir einen Vogel in der Luft oder einen abgerissenen Klang des Liedes, das der alte Pfeifer am Quell zu unseren Ehren zu spielen schien. Endlich schwieg auch das; klanglose Öde ringsum. Aber in unsrem Rücken vernahmen wir lauter und lauter jetzt das Rauschen der Wasser, die von den Bergen kamen, ein dumpfes Murmeln, ein monotones Geriesel, nur dann und wann unterbrochen durch den hellklingenden Ton einzelner Tropfen, die abgesondert aus ihrer Höhe auf den Felsboden niederfielen.

LINLITHGOW

Schottland hat Schlösser, Hof und Hall'
Und Burgen und Paläste,
Linlithgow aber schlägt sie all'
Und ist das schönste, beste;
Ei, wenn im Mai die Knospe springt,
Wie lustig da die Amsel singt
In Garten, Park und Wald,
Der Hänfling zwitschert in der Näh',
Das Wasserhuhn taucht in den See, –
Sah' ich dich wieder bald.
Walter Scotts »Marmion«

Einer der reizendsten Punkte in der Umgegend von Edinburgh ist Stadt
und Schloß Linlithgow. Es liegt an der Eisenbahn, die nach Glasgow führt.
Der eigentliche und alte Name des Städtchens war Lithgow; Lin ist Beiwort
und bedeutet Little, so daß das Wort nach der Analogie von Little Glasgow,
also mit dem Ton auf der zweiten Silbe, Linlithgow ausgesprochen werden
muß. Maria Stuart wurde hier am 5. Dezember 1542 geboren. Als ihr Vater
(Jakob V.) auf seinem Todbette die Nachricht von ihrer Geburt empfing,
murmelte er: »Mit einem Mädchen kam unser Geschlecht und mit einem
Mädchen wird es gehn.« Die düstre Prophezeiung traf nicht völlig ein; die
Stuarts regierten noch 150 Jahre, und erst abermals 100 Jahre später erlosch
das Geschlecht.

Wir verließen Edinburgh mit dem ersten Zuge und waren etwa gegen 9 Uhr
an Ort und Stelle. Die Morgennebel zogen noch in grauen Massen durchs Tal,
aber sie sahen aus wie eine Armee auf dem Rückzug, kopfhängerisch; die
Sonne mußte über kurz oder lang durchbrechen, und der Tau, der überall an
den Blättern hing, verhieß einen klaren Tag. Der Bahnhof liegt am Ostende
des Städtchens.

Beim Aussteigen, wenn man nicht eine der Eisenbahnböschungen
erklimmt, sieht man nichts von dem an der Westseite der Stadt gelegenen
Palaste, und der Anblick, der sich einem unmittelbar bietet, ist so schlicht und
anspruchslos wie möglich. Eine dem Bahnhof gegenüber gelegene Sägemühle,
nach drei Seiten hin von Bäumen eingeschlossen und nur auf der uns
zugekehrten Seite frei und offen, wie ein Bild in einem Rahmen daliegend,
unterbricht mit ihren immer gleichen Takten die rings herrschende Stille, und

die im Vordergrunde in voller Blüte stehenden Malven fügen noch den Reiz der Farbe zu allem übrigen und steigern den Eindruck jenes ländlichen Friedens, der dem müde gewordenen Städter so wohl tut, wo immer er ihm begegnen mag.

Vom Bahnhof aus biegt man rechts in die Stadt ein, die eigentlich nur aus einer einzigen Straße besteht. Weder die einzelnen Häuser noch die Lage des Ganzen bieten irgend etwas Besonderes; es ist ein Städtchen, wie es ihrer Tausende gibt, und wenn irgend etwas an ihm geeignet ist, unser Interesse in Anspruch zu nehmen, so ist es der Umstand, daß diese Fachwerkhäuser, mal grün, mal gelb gestrichen, uns an die deutsche Heimat erinnern und nicht an die englischen Städte, die, bei vielen sonstigen Vorzügen, doch in ihrer Uniformität ermüdend wirken.

Durch zwei Dinge indes ist Linlithgow berühmt (ganz abgesehen von seinem Palast), und zwar durch seine Treue und seine Brunnen. *Wem* es treu gewesen ist, das ist jetzt schwer zu ermitteln. Seiner Brunnen aber darf es sich rühmen bis auf diesen Tag. Unter diesen ist ein figurenreicher, der dem Rathaus gegenübersteht und an ähnliche Arbeiten in Süddeutschland erinnert, der bemerkenswerteste. Er ist es wohl, der zu der zweiten Zeile in einem alten schottischen Reimspruch Veranlassung gegeben hat, der etwa lautet:

> Glasgower Glocken und Falkirker Bohnen,
> Lithgower Brunnen, um dran zu wohnen,
> Stirlinger Hefen und Perther Bier,
> Alle Tausend, so lob' ich's mir.

In wenigen Minuten haben wir die Stadt von Osten nach Westen hin durchwandert und stehen jetzt nach rechts hin vor einer kleinen, kaum hügelartigen Erhöhung, auf der der Palast unmittelbar vor uns gelegen ist. Wenn das Sprichwort recht hat, das da sagt: »Große Fenster schmücken das Haus«, so ist der Palast von Linlithgow so ungeschmückt wie möglich; die Fenster sind klein und nichtssagend, und es liegt kein wesentlicher Grund vor, warum man Anstand nehmen sollte, das Ganze für eine verräucherte chemische Fabrik oder für ein grau gewordenes Landarmenhaus zu halten. Aber es ist mit diesem Palast wie mit den Wohnungen orientalischer Völker; an die Stelle des neugierigen Fensters, das sich um das Draußen kümmert, tritt der verschwiegene Hof, drin die Schönheit nur sich selbst und dem Hause lebt. Das Innere vom Linlithgow-Palast läßt uns rasch vergessen, was der Außenseite fehlt. Ein tiefes, dunkles Portal durchschreitend, treten wir in den Schloßhof. Nach allen vier Seiten hin erhebt sich das Mauerwerk und umschließt einen Rasenplatz, in dessen Mitte sich abermals ein figurenreicher

Brunnen befindet. Der Anblick muß etwas Zauberisches gehabt und an die maurischen Höfe Granadas erinnert haben, als hier das Wasser in monotoner Melodie noch niederplätscherte, wachthabende Hochländer um den Springbrunnen herum gelagert lagen und in ihre Tartan-Plaids gehüllt, die Mütze mit der Reiherfeder auf dem Kopf, die Sommernacht verschliefen und verplauderten. Eine ins Detail gehende Beschreibung des Ortes würde hier zu weit führen, auch komm' ich der Phantasie meiner Zuhörer vielleicht am besten zur Hilfe, wenn ich diesen Schloßhof von Linlithgow mit dem bekannten Hof der Heidelberger Schloßruine vergleiche. Es ist eine Verwandtschaft im ganzen da, ohne daß die einzelnen Teile eine solche rechtfertigen mögen. Auch darin sind beide verwandt, daß sie, durch ruchlose Hand in Brand gesteckt, sich stärker erwiesen haben als die Zerstörungswut feindlicher Banden; beide zählen bis diesen Tag zu den wohlerhaltenen Ruinen. An zauberischer Lage, an Mannigfaltigkeit und buntem Wechsel bleibt Linlithgow freilich weit hinter der deutschen Schloßruine zurück, hat aber andrerseits Geschlossenheit, Ernst und einen edleren, alle Überladenheit meidenden Stil vor dieser voraus. Von den vier Flügeln des Palastes interessiert uns nur einer, der westliche. Hier konzentriert sich das Interesse, und fast jeder einzelne Raum hat seine Geschichte. Über einem weiten unheimlichen Kellergewölbe, das in den Regierungstagen Karls II. als Gefängnis und Hinrichtungsstätte diente (ein rostiger Eisenhaken an der Decke zeigt noch die Stelle, wo 160 Convenanter den Martyrtod starben) , ziehen sich die Zimmer hin, die von den Stuarts des 16. Jahrhunderts wenigstens zeitweilig bewohnt wurden. Das Zimmer, in dem Königin Maria das Licht der Welt erblickte, befindet sich ziemlich genau in der Mitte des ersten Stockwerks und würde von den Räumen, die dasselbe nach rechts und links hin einschließen, in keiner Weise zu unterscheiden sein, wenn nicht Jakob VI., der bei Lebzeiten seiner Mutter so wenig zu ihrer Befreiung tat, nach dem Tode derselben die bequeme Laune gehabt hätte, das Zimmer, drin sie geboren wurde, durch Stiftung eines Prachtfensters kenntlich zu machen. Dies Prachtfenster hat natürlich längst aufgehört, ein solches zu sein, unterscheidet sich aber noch immer durch Sims und Einfassung von der langen Reihe aller übrigen. Innerhalb der vier Wände, die den Raum selbst umschließen, sieht man sich vergebens nach einem Zeichen um, das direkt oder wenigstens symbolisch an die Persönlichkeit erinnerte, die diesem Ort seine Weihe und Bedeutung gegeben hat. Die Wände sind kahl und kalt, herabgefallener Schutt, angefeuchtet vom Regen und festgestampft von Tausenden von Besuchern, hat den Fußboden zu einer bloßen elastischen Tenne gemacht; häßliches gelbes Unkraut wächst in den Winkeln und Mauerritzen, und selbst die Inschriften fehlen, womit ein Mischgefühl von Pietät und Eitelkeit das Mauerwerk berühmter Plätze so gern zu zieren und zu verunzieren liebt. Angesichts dieser Öde und Leere mußt' ich jener Klosterruine in der Nähe von Oxford gedenken, die, der Sage nach, der Ort ist, wo Rosamunde Clifford, gemeinhin die schöne Rosamunde geheißen, ihren letzten Ruheplatz im Leben wie im Tode fand. Die ganze Stätte dort ist nur ein Grasplatz noch, um den sich, mal hoch, mal niedrig, eine Feldsteinmauer zieht; aber jene eine Stelle, von der es heißt, daß es die Zellenwand der schönen Rosamunde war, hat ihr entsprechendes Erinnerungszeichen gefunden, und durch Stein und Mörtel hindurch seine Wurzel schlagend, erhebt sich ein wilder Rosenstrauch hoch in die Luft.

Das Zimmer, in dem Maria Stuart geboren wurde, bietet nichts als seinen Namen. Anders verhält es sich mit dem Margareten-Turm, dem *Queen Margaret's Tower*, der sich in der Nordwestecke desselben Flügels erhebt. Wir steigen, um diesen Turm auf dem nächsten Wege zu erreichen, zunächst eine geräumige, ziemlich wohlerhaltene Treppe hinauf, die wir zur Linken haben. Diese Treppe führte früher aus den Zimmern des Hochparterre in die oberen Stockwerke. Dach und obere Stockwerke aber existieren seit lange nicht mehr, so daß die Treppe jetzt ins Freie, statt wie früher in höher gelegene Zimmerreihen führt. Im Heraustreten befindet man sich sofort wie auf dem Wallrand einer Festung, und die Deckenfläche der eben verlassenen Zimmer als Fußboden unter uns, sehen wir uns jetzt auf einer reizend gelegenen Bastion in der angenehmen Lage, einen Spaziergang machen zu können. Auf und ab schreitend, schicken wir uns wirklich bereits an, die warme feuchte Luft in langen Zügen einzuatmen, als die Stimme des Führers uns daran erinnert, daß wir um keines Spaziergangs willen dies alte Mauerwerk erklettert haben, sondern bloß, um mit Benutzung desselben auf bestem Wege an den Margareten-Turm zu gelangen. Vor diesem stehn wir nunmehr, die Mauern sind ziemlich dick, und durch eine schmale Seitentür treten wir jetzt in das erste Stockwerk desselben ein. Die hinaufführende, schmale Wendeltreppe hat der Stufen nicht allzuviele, und ohne sonderliche Anstrengung erreichen wir alsbald das oberste, laternenartige Gemach des Turmes, das den Namen *Queen Margaret's Bower* (Zimmerchen) führt. Die Aussicht von diesem Turm ist entzückend. Nach allen Seiten hin, aber sehr allmählich, hebt sich das Terrain; breite, goldgelbe Haferfelder steigen die Hügel hinauf und verdünnen sich landeinwärts zu immer schmaleren Streifen. Hier und dort Hecken und Baumgruppen, die sich in Nebel und Ferne verlieren. Nach Süden hin die Stadt, die sich ziemlich dicht an den Palast lehnt; unmittelbar vor uns aber ein kleiner, inselreicher See, der sich rechtwinklig, nach Nord und West hin, um die Fronten des alten Schlosses legt. Wir standen wie geblendet; einzelne Möwen flogen vor uns auf, und mit Gekreisch bald diese, bald jene Insel umschwebend, glänzte das Weiß ihrer Flügel wunderbar über dem Graublau des Wassers.

Es würde sich verlohnen, den Margareten-Turm zu ersteigen, wenn er auch nichts böte als diese Aussicht. Es knüpfen sich aber auch historische Erinnerungen an denselben, die ein plastischeres Bild geben als das bloße »in diesem Zimmer wurde Maria Stuart geboren«. Königin Margarete war die Schwester Heinrichs VIII. von England; Jakob IV. von Schottland war ihr Gemahl. Als dieser, übermütig und verblendet, ein Heer sammelte, um England mit Krieg zu überziehen, beschwor ihn Margarete, von diesem Unheilszuge abzustehen. Umsonst. Der Zug gegen England war beschlossen. Wie er begann und endete, erzähle ich im folgenden Kapitel (Floddenfield). An dem Tage, wo Jakob aufbrach, erstieg die Königin den Nordwestturm, der seitdem ihren Namen trägt, und sah von seiner Höhe aus die endlosen Reihen des Heeres gen Süden ziehen. Jene Hügelreihe entlang, die südöstlich den Horizont umschreibt, bewegte sich der Zug, 50000 Mann, vorauf der König und seine Lords. Der Tag war hell, und ihre Rüstungen glänzten in der Sonne. Der Glanz des Aufzuges konnte das Herz Margaretens nicht betören; die Königin wußte, daß sie auszogen auf Nimmerwiederkehr. Die Erinnerung an diesen Tag aber haben Sage und Dichtung lebendig erhalten, und in den Steinquadern des kleinen achteckigen Turmgemachs befinden sich die Worte eingegraben:

Think of Queen Margaret, who in Lithgow's bower
All lonely sat and wept the weary hour.
Hier schwand in Tränen unserer Königin
Einsam und bang die Abschiedsstunde hin.

FLODDENFIELD

Der Tag von Floddenfield ist in der schottischen Geschichte das düstere Gegenstück zu dem Glanztage von Bannockburn. Bannockburn ist auch bei uns ein gekannter und oft genannter Name geworden, von Floddenfield spricht niemand. Und doch sind die Momente, die dieser Unglücksschlacht teils vorausgingen, teils sie begleiteten, derart, daß sie an Interesse hinter dem Ruhmestage der schottischen Geschichte nicht zurückbleiben. Ich will versuchen, diese Momente hier in möglichster Kürze zusammenzustellen; vielleicht, daß sie den einen oder andern meiner Leser zu einer mehr künstlerischen Gestaltung anregen. W. Scott hat allerdings bereits in seinem schönen Gedichte »Marmion« diese Vorgänge wo nicht zum alleinigen Gegenstand, so doch zum Kern einer trefflichen epischen Dichtung gemacht. Die Vorgänge eignen sich aber meines Erachtens mehr zu dramatischer als epischer Behandlung.

Es wird nötig sein, bei der Schilderung, die ich vorhabe, bis zur Thronbesteigung Jakobs IV. zurückzugehen, jenes ritterlichen und trotz aller Fehler viel beklagten und viel gefeierten Königs, dessen Leben und Tod den Mittelpunkt dieses Kapitels bilden.

Der Tag von Sauchieburn (18. Juni 1488) hatte Jakob III., dem sogenannten Fiedler-König, Thron und Leben gekostet; sein eigener Sohn, damals erst 15 Jahre alt, hatte auf Seiten des aufrührerischen Adels gegen den Vater gefochten und war ihm als Jakob IV. gefolgt. Diese Schlacht und die Szenen, die sie begleiteten, sind nicht ohne rührende Züge. So wird erzählt, daß der König ganz gegen seine Gewohnheit tapfer gekämpft habe; erst als er des Banners seines Sohnes in den Reihen der Aufständischen ansichtig geworden sei, habe er allen weitern Widerstand aufgegeben und sei geflohen. Auf der Flucht, so wird weiter berichtet, scheute sein Pferd vor einer alten Frau, die mit einem Wassereimer auf dem Kopf an ihm vorüberging. Der König wurde abgeworfen und erschlagen, niemand weiß von wem. Jakob IV. begab sich vom Schlachtfelde aus nach Linlithgow und bald darauf nach Stirling. Als er in die Kapelle trat, fand er daselbst die Mönche zu einem Trauergottesdienst versammelt und hörte die Litaneien, worin sie den Tod des Königs beklagten. Jakob IV. war tief ergriffen und unterzog sich peinlicher Buße, wozu, wie man erzählt, noch folgender Vorfall beigetragen haben soll: Wenige Tage nach der Schlacht erschien Sir Andrew Wood vor seinem jungen König, der, was nötig ist hierbei zu bemerken, in so völliger Entfremdung von seinem Vater groß gezogen war, daß er kein deutliches Bild desselben in seiner

Seele trug. Jakob IV., der noch immer an die Möglichkeit dachte, daß sein Vater nicht erschlagen sei, trat jetzt rasch an Sir Andrew Wood heran und begrüßte ihn, durch eine gewisse Ähnlichkeit der Züge getäuscht, halb freudig, halb beschämt mit den Worten: »Du bist mein Vater!«, worauf der Alte unter Tränen erwiderte: »Nicht Euer Vater, Herr aber Eures Vaters treuster Diener!« Diese Vorgänge übten einen tiefen Einfluß auf das Gemüt des Königs, und bald nach seiner Thronbesteigung legte er, zum Zeichen seiner Buße, einen breiten Eisengürtel an, dessen Gewicht er von Jahr zu Jahr vermehrte. Aber das Bewußtsein seiner Schuld begleitete ihn durchs Leben und zeigte sich in plötzlichen Trübsinnsanfällen, die ihn oft mitten in der Freude oder bei lustigen Gelagen heimzusuchen pflegten.

Des jungen Königs Herrschaft war unrechtmäßig erworben, aber unleugbare Herrschergaben, Kraft, Mut, Zuversicht, ließen bald vergessen, wie und wodurch sie gewonnen war. Die Macht der Krone und mit ihr das Ansehen des Gesetzes wuchs rasch im Lande auf Kosten eines übermächtigen Adels, besonders seit der Vermählung mit Margarete von England, die, in allen Kämpfen wenigstens, in denen es sich um Befestigung des königlichen Ansehens handelte, ihrem jungen Gemahl den Beistand und die Mitwirkung des englischen Hofes als wertvollsten Brautschatz zugeführt hatte. Dennoch blieb es auch dieser Heirat versagt, ein dauerndes gutes Einvernehmen zwischen den beiden Höfen zustande zu bringen. Die auf Feindschaft gestellten Traditionen beider Länder, das schlaue Intrigenspiel Frankreichs, vor allem aber die Ruhmsucht und Eitelkeit des jungen Königs selbst führten verhältnismäßig rasch zu jener Katastrophe, die mit der völligen Niederlage des Landes und dem Tode des Königs endete. *Diese Niederlage ist der Tag von Flodden.*

Es wird nötig sein, mit wenigen Strichen die damalige Situation zu zeichnen. Es war die Zeit der »heiligen Ligue«. Spanien, Deutschland, England rüsteten sich in den letzten Regierungsjahren Ludwigs XII. zur Bekämpfung Frankreichs, das zu allem übrigen auch unter dem Bannfluch des Papstes stand. Ludwigs Anstrengungen waren natürlich dahin gerichtet, auch seinerseits Bundesgenossen ins Feld zu stellen und namentlich England durch ein schnell anzuschürendes Zerwürfnis mit Schottland von dem kontinentalen Kriegsschauplatz fernzuhalten. Seine Bemühungen fanden bei König Jakob raschen Eingang, der teils nach landesüblicher Vorstellung in Frankreich seinen natürlichen Bundesgenossen sah, teils lüstern war nach Ruhm und Kriegeslorbeer. König Jakob war zum Kampf entschlossen und sehnte ihn herbei, aber hätte er auch die klarste Vorstellung von der Mißlichkeit und Gefahr dieses Kampfes gehabt, die *Art und Weise,* in der von Frankreich aus die Aufforderung zu Kampf und Beistand an ihn erging, würde über all seine Bedenken rasch den Sieg davon getragen haben. Ludwig XII. kannte genau den Punkt, der bei seinem königlichen Vetter berührt werden mußte, und von dem Augenblick an, wo Anna von Bretagne, die schöne Gemahlin Ludwigs, einen Brief an König Jakob geschrieben und unter Übersendung eines Türkisringes ihn beschworen hatte, ihr Ritter zu sein, war Schottland fester und zuverlässiger an das Interesse Frankreichs gekettet, als wenn die Wohlfahrt des Landes ein solches Bündnis vorgeschrieben hätte. Noch einmal, König Jakob war zum Kampf entschlossen, er träumte von einem neuen Tage in Bannockburn und schien vergessen zu wollen, daß es sich damals, zu König Roberts Tagen, um die Verteidigung und die Freiheit des Vaterlandes, nicht aber um einen Eroberungszug, einen Krieg nach außen, gehandelt hatte. Was aber der König übersah oder wenigstens nicht sehen wollte, wurde um so klarer von seinen Räten und den hervorragendsten Personen seiner Umgebung gesehen. Der alte Graf Angus, mit dem Zunamen »Bell-the-Cat« (s. S. 70) beschwor den König, seinen Frieden mit England zu machen; niemand aber war eindringlicher und beredter als die Königin selbst, die, als Schwester Heinrichs VIII., mit ihrem Herzen zwischen den streitenden Parteien stand. Inwieweit Queen Margaret um jene Geistererscheinungen gewußt hat, die dem Zuge des Königs unmittelbar vorausgingen und das ganze Land in Staunen und Schrecken versetzten, ist nie aufgeklärt worden. Welcher Art diese Erscheinungen waren, werde ich jetzt zu erzählen haben.

Der König hatte bereits seine Barone nach Boroughmoor, einem weiten Blachfeld bei Edinburgh, berufen und begab sich, während das Heer sich sammelte, auf kurze Zeit nach Linlithgow, um im dortigen Palast die letzten Tage vor dem Zuge gegen England zuzubringen. Die Bitten der Königin wiederholten sich hier, aber erfolglos, wie früher. Am Tage vor seinem Aufbruch trat der König, von den Lords seines Hofhalts begleitet, in die nahe am Palaste gelegene Kirche, um in einer der Seitenkapellen sein Gebet zu sprechen und den Beistand Gottes für seinen Kriegszug anzurufen. Es war um die Zeit des Abendgottesdienstes, und der Vespergesang im Schiff der Kirche schwieg eben, als eine wunderlich gekleidete Gestalt in dieselbe Kapelle trat, in der der König betete, und sich durch den Kreis der Lords und Hofbeamten hindurchdrängte.

Der Eintretende war unnatürlich groß, wohl sieben Fuß, dabei barhaupt und ganz in weiße Gewänder gekleidet. Langes rötliches Haar fiel ihm schlicht auf Nacken und Schulter herab, in der Rechten hielt er einen schweren Eichenstab, an den Füßen aber trug er dicksohlige Schuhe, wie jemand, der viel über Berge steigt. So haben ihn Sir David Lindsay und Sir John Inglis beschrieben, die neben dem König standen und zwischen die der seltsame Gast sich ohne Gruß oder Frage hineindrängte. Der König sah starr zu ihm auf, als der Pilger (denn das schien er seinen Aufzuge nach sein zu wollen) jetzt zu sprechen begann: »Mich sendet meine Mutter; steh ab, König, von dem, was du vorhast; nichts Gutes wartet deiner, noch derer, die dich begleiten. Meide die Weiber und hüte dich vor ihrem Rat; wo nicht, bist du der Schande verfallen!« Er sprach diese Worte laut und eindringlich; als Sir David Lindsay sich ermannte und nach der Gestalt greifen wollte, die fast Arm an Arm mit ihm gestanden hatte, war sie wie ein Schemen verschwunden.

Es verlautet nichts darüber, wie der Eindruck war, den diese Erscheinung auf den König machte, und ob er mehr in ihr sah als die Erfindung einer von Eifersucht geplagten Königin. Gleichviel, die Dinge waren zu weit gediehen, um über Nacht geändert werden zu können, und am nächsten Morgen schon begab sich Jakob nach Boroughmoor, um daselbst über die inzwischen eingetroffenen Barone Musterung abzuhalten und seinen Zug gegen England anzutreten. Aber die Geisterwelt, einmal erschlossen, schien nicht ohne einen zweiten Versuch den Platz räumen und ihr Spiel verloren geben zu wollen.

Die Musterung über das Heer, wohl 50000 Mann stark, war abgenommen, und der Marsch gegen Süden auf den nächsten Morgen festgesetzt. Die Truppen lagerten draußen auf dem Blachfeld, aber viele von den Lords und Clanführern waren in die Stadt gekommen, um die letzten Stunden vor dem Aufbruch beim Weine zu verplaudern. Mitternacht war bereits vorüber, und noch immer stand man plaudernd an den Ecken oder zog singend durch die Straßen. Endlich schwieg der Lärm, auch die letzten Nachzügler schienen die Stadt verlassen zu haben, und nur einzelne Bürger von Edinburgh, die sich bei ihren Freunden verspätet hatten, stiegen noch, von Canongate kommend, die dunkle High-Street hinauf. Es waren ihrer drei, unter ihnen Sir Richard Lawson. Als sie in die Nähe der St.-Giles-Kirche gekommen waren und auf dem Platze standen, wo sich das Wahrzeichen der Stadt, das alte City-Kreuz, auf seinem hohen, achteckigen Postamente erhob, hörten sie von der Brüstung her folgende Worte in die Nacht hineinrufen:

> Vernimm, König Jakob: zieh aus, zieh ein!
> In vierzig Tagen bist du mein.
> Ob Schwert dich trifft, ob Rosses Huf,
> Du mußt gehorchen meinem Ruf.
> Du bist gestrauchelt, ich hab' dich gewiß,
> Das Licht muß enden in Finsternis.

Die Bürger waren stehen geblieben; einige andere, die von der entgegengesetzten Seite des Platzes gekommen waren und dieselben Worte in aller Deutlichkeit gehört hatten, hatten sich zu ihnen gesellt. Man sprach laut hin und her, was zu tun und was zu lassen sei, konnte sich aber nicht einigen.

73

Nichtsdestoweniger lief die Nachricht von dieser abermaligen Erscheinung wie ein Lauffeuer durch die Stadt, und als der König am andern Morgen den Palast von Holyrood verließ, um ins Lager zu reiten und sich an die Spitze des seiner harrenden Heeres zu stellen, lag eine Wolke auf seiner Stirn, die nur allzudeutlich sagte, daß ihm der gespenstische Vorgang dieser Nacht kein Geheimnis geblieben war.

Angesichts des glänzenden Heeres indes, glänzender als irgendein anderes, das jemals Schottlands Grenze überschritt, mochte mit gutem Grund der Trübsinn weichen, der auf Augenblicke sein leicht bewegliches Gemüt beschlichen hatte, und lachend wie die Augustsonne, die auf die hundert Rüstungen seiner Heerführer fiel, begrüßte er jetzt die Seinen und gab den Befehl zum Aufbruch. Man hielt sich zunächst in westlicher Richtung. Als der lange, blinkende Zug über die Hügel zog, die in mäßiger Entfernung das schöne fruchtbare Tal von Linlithgow umschließen, stand Königin Margarete auf dem höchsten Turm des Palastes und sah dem blinkenden Zuge nach, von dem sie in ihrem Herzen wußte, daß er zum Tode und nicht zum Siege zog.

In kurzen Tagemärschen bewegte sich das Heer der Grenze zu und überschritt den Tweed. In den ersten Tagen des September nahm es seine Aufstellung auf den nach zwei Seiten hin steil abfallenden Hügeln von Flodden, an deren Südrand sich der Till-Fluß in ziemlicher Breite vorbeizog und die schon gut gewählte Stellung noch fester und schwerer zugänglich machte. Der König, der erfahren hatte, daß das englische Heer in raschen Märschen unter Führung des Grafen von Surrey heranziehe, glaubte bei der Sicherheit der gewählten Stellung das Spiel völlig in Händen zu haben und gab sich sorglos den Zerstreuungen des Augenblicks hin. Ganze Nächte verbrachte er außerhalb des Lagers, und man erzählt sich, daß Lady Heron, eine schöne, den Engländern ergebene Frau, ihn durch allerhand Verführungskünste auf ihrem Schlosse festgehalten und seine chevalereske Überspanntheit, allerhand Liebes- und Ritterdienste von ihm heischend, zu seinem Verderben benutzt habe. Von anderer Seite wird dies Verhältnis geleugnet; gleichviel, als er am Vormittag des 8. ins Lager zurückkehrte, mußte er gewahr werden, daß Graf Surrey inzwischen das unausführbar Gedachte ausgeführt und seine Stellung im Rücken des schottischen Heeres eingenommen hatte. Stromaufwärts hatte man eine Furt entdeckt und unter dem Schutz der Nacht den Till-Fluß überschritten.

Unter den älteren Heerführern gab sich angesichts dieses Flankenmarsches der Engländer eine gewisse Unruhe kund; die Ruhe aber, mit der der eben im Lager eintreffende König die Nachricht von der stattgehabten Überflügelung aufnahm, zeigte deutlich, daß er die vorteilhafte Stellung auf den Hügeln entweder aus bloßem Zufall oder in der Absicht gewählt hatte, um gegen

Überfall und Überraschung, die seiner Natur zuwider waren, möglichst gesichert zu sein. Jetzt, wo er das englische Heer offen und kampfbereit vor sich sah, gab er aus freien Stücken und mit voller Freudigkeit den Befehl, die Hügel hinabzusteigen und sich auf der Ebene von Flodden den Engländern gegenüber aufzustellen, um so mehr, als sein eigenes Heer der Zahl nach das stärkere war.

Zu anderer Zeit und unter einem anderen Fürsten würde die Mehrheit der schottischen Barone einer solchen Aufforderung, deren Widersinnigkeit ins Auge sprang, schwerlich nachgekommen sein; die Liebe und das Ansehn aber, das der König um seiner ritterlichen Tapferkeit willen bei hoch und niedrig genoß, war so groß, daß man mit einer Art Enthusiasmus gehorchte. Der Sporn nationaler Eitelkeit kam hinzu, und Kampflust und Zuversicht schufen zuletzt einen Taumel, dem nur wenige nüchtern genug waren, zu widerstehen. Einzelne Historiker haben die Beweggründe, die den König dazu trieben, eine sichere Position mit einer mindestens weniger sicheren zu vertauschen, in nichts weniger als einer überspannten Vorstellung von Ritterlichkeit finden wollen und sind der Ansicht gewesen, daß der geschickte Flankenmarsch der Engländer, der ihn in der Tat von aller Kommunikation mit Schottland abzuschneiden drohte, jeden anderen Ausweg unmöglich gemacht habe. Dem ganzen Charakter des Königs aber entspricht durchaus die Versicherung Pitscotties, der in seinem Geschichtswerke eigens hervorhebt, daß der König sich am Tage vor der Schlacht verschworen habe, nicht Wind nicht Wetter vor seinem Gegner voraus haben zu wollen, auch nicht auf die Gefahr hin, in diesem Kampfe unterzugehen.

Am Abend des 8. September standen sich beide Heere in Schlachtordnung gegenüber, auf den Hügeln von Flodden brannten noch einzelne Hütten, die man im Momente des Abmarsches in Brand gesteckt hatte. So kam die Nacht. Der König hatte sein Lager auf platter Erde genommen; im Halbkreis um ihn her lagerten die Grafen Home und Huntly, Lord Lennox, Lord Crawford, die Grafen Bothwell und Montrose und einige andere noch. Plaids von allen Farben deckten den Boden oder hüllten den einen oder anderen der Schläfer ein. Der König hielt sich wach und sah nach den Lagerfeuern der Engländer hinüber. Es mochte Mitternacht sein, als der alte Bell-the-Cat, das Haupt der Douglas, der so oft seine Warnerstimme erhoben hatte, in diesen Kreis halb wacher, halb schlafender Edelleute trat, und vor dem Könige sich niederlassend, ihn noch einmal beschwor, das Schicksal seines Landes nicht an den Ausgang des nächsten Tages zu knüpfen. Schottland habe nur dies eine Heer, es werde stark und unüberwindlich sein, wenn es die Verteidigung des eignen Landes gelte; aber dieser Angriffskrieg, der den Stolz und die Entrüstung eines stärkern Gegners wach gerufen habe, müsse und werde zum

Verderben führen; selbst ein Sieg würde nur der erste Schritt zu einer um so größern Niederlage sein. »Laßt uns zurück«, so schloß er, »die Englischen sind ermüdet vom Marsch, sie werden unsern Abzug nicht stören, und ehe die Sonne herauf ist, haben wir den Tweed im Rücken und wieder schottisch Land unter den Füßen. Da laß uns ihrer warten.« Der König erwiderte spöttisch: »Geh heim, Douglas, wenn du dich fürchtest!« und wandte sich ab, zum Zeichen, daß er dieser Ermahnungen überdrüssig sei. Bell-the-Cat erhob sich und rief dem König zu: »Du bist undankbar, Jakob, wie ihr's alle gewesen seid; ich mag keinem König dienen, der nur Furcht hört, wo Liebe spricht.«

Während dieses Gesprächs waren die Lords aufgesprungen und hatten sich um den König gestellt. Eine peinliche Stille trat ein, als Angus vor ihnen vorbei ins Freie schritt und ohne Gruß oder Abschied den Platz verließ. Auch der König schien betroffen. Aber die Verstimmung sollte nicht lange währen, denn kaum, daß Bell-the-Cat den Kreis verlassen und seine Richtung nach dem rechten Flügel hin, wo die Douglas standen, eingeschlagen hatte, so trat eine andere Gestalt in den Kreis ein, deren lachende Jugend und männlich schöne Erscheinung rasch den Eindruck verwischte, den die Worte Bell-the-Cats hervorgerufen hatte. Es war der Graf von Caithneß. Vor länger als Jahresfrist vom König wegen Friedensbruchs in die Acht erklärt, war der Geächtete gezwungen worden, in den unzugänglichen Bergen seiner Grafschaft Zuflucht zu suchen. Dort, an der nördlichsten Spitze Schottlands, wo er von der felsigen Küste aus die benachbarten Orkney-Inseln übersehen konnte, hatte er unter seinen Clansleuten gelebt, in den Hütten jener Sinclairs, die damals wie heut bekannt waren durch ihre Armut und Tapferkeit. Nur dann und wann hatte er sich in Städte und belebtere Gegenden gewagt, bis Thurso und selbst bis Inverneß. Auf einem Markttage in Inverneß war es, wo er zuerst von dem Zuge hörte, den König Jakob gegen England vorhabe, und sei es, daß sein altes Vasallengefühl wieder lebendig in ihm wurde oder daß er in seinem Herzen sehr wohl wußte, wie der Zorn des Königs am ehesten und besten zu besänftigen sei, gleichviel, sein Plan war rasch gemacht, und 300 Sinclairs um sich sammelnd, zog er gegen Süden, um sich dem Heere des Königs anzuschließen. Als er auf dem Boroughmoor von Edinburgh erschien, war der König schon ausgezogen, aber unbeirrt in seinem Vorhaben, folgte der Graf dem Heereszuge, erreichte Floddenfield in der Stunde der Entscheidung und trat jetzt an den König heran, in demselben Augenblick fast, wo Bell-the-Cat den König verlassen hatte. Er ließ sich auf ein Knie nieder und bat um Gnade. Der König, der zu keiner Zeit einem so ritterlichen Appell widerstanden haben würde, geriet unter dem Einfluß des Moments, wo jeder kleinste Vorfall, der die Worte Bell-the-Cats vergessen machen konnte, ihm doppelt willkommen sein mußte, in ein fast überschwengliches Gefühl des Dankes und der Freude.

Er hob den Knienden auf, küßte ihn und belehnte ihn aufs neue nicht nur mit allem, was die Grafen von Caithneß jemals besessen, sondern fügte noch Schenkungen und allerhand Gerechtsame dem alten Besitzstand hinzu. Auf der Stelle sollte der Freibrief ausgestellt werden. Da kein anderes Pergament im Lager war, so wurde eine Trommel geholt und auf das Fell derselben die Schenkungsurkunde niedergeschrieben. Die Familie der Grafen von Caithneß besitzt diese Rolle bis diesen Tag, umwickelt mit allerhand Strängen und Schnüren, die man von derselben Trommel genommen hat.

Am Morgen des 9. September begann die Schlacht. Jegliche Art geschickten Manövrierens, jede Benutzung von Terrainvorteilen schien man für diesen Tag als unwürdige Fechterstückchen außer Spiel gelassen zu haben; es war, als ob beide Nationen übereingekommen seien, wie bei einem bloßen Faustkampfe feststellen zu wollen, wer den besten Schlag zu tun verstände. Die Schotten eröffneten den Kampf, und zwar auf ihrem linken Flügel. Hier standen die Borderer (Grenzer), die Männer von Annandale und Liddesdale. In beständigen Grenzkämpfen geschult und gestählt, galt von ihrem Mute dasselbe, was von ihren Speeren galt: beide waren um zwei Ellen länger als irgend sonstwo im Lande. In wildem Anlauf sich auf den rechten Flügel der Engländer stürzend, durchbrachen sie ihn fast so rasch und glänzend, wie ein Reiterhaufen ein Viereck durchbricht. Weit über das Ziel hinausschießend und die Flucht der Engländer verfolgend, kehrten sie endlich um, um nach der Räubersitte ihres Landes das Lager zu brandschatzen und die Toten zu plündern.

Während so am linken Flügel kostbare Minuten versäumt wurden, fielen am rechten die Würfel der Entscheidung. Auch hier hatten die Schotten, fast ausschließlich Hochländer vom Clan der Campbells und Gordons, angegriffen, aber mit schlechtem Erfolg. Ihnen gegenüber hielt englische Reiterei unter Befehl von Sir Edward Stanley und Fußvolk, dessen vorderste Reihe aus Bogenschützen von Lancashire bestand. Dies war eine ausgezeichnete Truppe, in Schottland ebenso gefürchtet wie in England berühmt, wo man doch seit den Tagen Robin Hoods gewöhnt war, die höchsten Anforderungen an diese Kunst zu stellen. Ein Hagel von Pfeilen zerstreute, im Nu fast, die ohnehin wild und ungeordnet angreifenden Hochländer, und die nachrückende englische Reiterei säuberte alsbald das Feld. Als Sir Edward sein Werk getan und keinen Feind mehr vor sich sah, sammelte er die Seinen und in schräger Linie über die schottische Schlachtreihe hinaus vordringend, faßte er jetzt das Zentrum des Feindes im Rücken.

Hier im Zentrum kämpfte man seit 5 Stunden Mann gegen Mann, nichts war gewonnen und nichts war verloren, kein Kommandowort wurde gegeben oder gehört, man schlug sich und stand im Blut. So stand der Kampf, als die vordersten Reihen Sir Edward Stanleys im Rücken des Feindes erschienen. Ohne ein Kommandowort abzuwarten, wechselten die zuhinterst stehenden Glieder der Schotten ruhig die Front und fochten weiter. Gedrängt von zwei Seiten, schien sich nichtsdestoweniger der Sieg auf die Seite der Schotten neigen zu wollen; Sir Edward Stanley zog sich in seine frühere Stellung zurück, und Graf Surrey, matt oder das Blutvergießens müde, ging auf eine kurze Strecke rückwärts, um zu mustern, was ihm geblieben sei. In diesem Moment scheinbaren Sieges, als der nach zwei Seiten hin abrückende Feind zum ersten Male Gelegenheit gab, von der Kampfesarbeit auszuruhn und statt auf die Feinde vor sich, auf die Freunde neben sich zu blicken, in diesem Moment scheinbaren Sieges erkannten die Schotten, daß sie geschlagen seien. Was sie während des Kampfes nicht gesehen hatten, das sehen sie jetzt. Die vielen Tausende, die auf dem siegreich verteidigten Streifen Land gestanden hatten, waren zu ebenso vielen Hunderten zusammengeschmolzen. Alle Führer waren erschlagen, Crawford tot, Montrose tot; man suchte nach dem König, aber man suchte vergebens. Als die Sonne des nächsten Tages auf die Wahlstatt fiel, fanden die Engländer das Feld von dem Feinde verlassen, den sie gestern vergeblich bekämpft hatten. Keine Verfolgung fand statt; Graf Surrey wußte, daß die führerlosen Trümmer ohnehin auseinanderfallen würden.

Wo der König fiel, *wer* ihn fand und wo man ihn fand, darüber ist niemals Zuverlässiges bekannt geworden. So kam es, daß sich auf lange Zeit hinaus beim Volk der Glaube lebendig erhielt, König Jakob sei *nicht* gefallen, er lebe noch und habe das Kreuz genommen, um die große Schuld seines Lebens, die Auflehnung gegen seinen Vater, am Heiligen Grabe abzubüßen.

Dieser Glaube fand Nahrung in dem Umstand, daß sich unter den Trophäen, die Graf Surrey nach London heimführte, jener Eisengürtel nicht vorfand, den der König, wie jeder Schotte wußte, seit 25 Jahren getragen und nie abgelegt hatte. Aber freilich andere Schätze führten die Sieger heim, die kaum minder deutlich sprachen und das entgegengesetzte Zeugnis ablegten. Des Königs Schwert und Dolchmesser waren gefunden worden, und vor allem jener verhängnisvolle Türkisenring, den ihm die Königin Anna als das Zeichen ihrer Huld und ihres Zutrauens gesandt hatte. Schwert und Dolch befinden sich bis diesen Augenblick im College of Heralds, d. h. in der Wappenkammer zu London.

Der Tag von Floddenfield war der eigentliche Sterbetag Schottlands; in den 90 Jahren, die noch zwischen diesem Tag und der Vereinigung beider Königreiche liegen, war das Land wenig mehr als eine eroberte Provinz, der man übereingekommen war, den Schein und den Glauben an ihre Selbständigkeit zu lassen. Seine Macht und sein Ansehn waren gebrochen, und von der Trauer, die das ganze Land erfüllte, gibt am besten das Lied Kunde, das den Titel: »The Flowers of the Forest« führt und nicht ohne Grund das Sterbelied Schottlands genannt worden ist. Es lautet wie folgt:

Ich hörte sie singen, wenn morgens sie gingen
Die Herde zu melken, die draußen steht;
Nun hör' ich ihr Wehe, wo immer ich gehe -
Die Blumen des Waldes sind abgemäht.
Vorüber das Necken an Wegen und Hecken,
Still eine neben der andern geht,
Sie können nicht scherzen mit Trauer im Herzen,
Und was sie sprechen, ist leises Gebet.
Kein Erntereigen; es schweigen die Geigen,
Kein Tänzer, der fröhlich im Tanze sich dreht.
Auf Märkten und Messen die Lust ist vergessen -
Die Blumen des Waldes sind abgemäht.
Kommt Dämmerstunde, nicht mehr in die Runde
Das Haschen und Pfänderspielen geht,
In stiller Kammer verbirgt sich ihr Jammer -
Die Blumen des Waldes sind abgemäht.
Dahin unsre Kränze! Wir zogen zur Grenze,
Wo Englands Banner im Winde geweht,
Unsre Blumen vom Walde, sie ruhn auf der Halde,
Die Blüte des Landes ist abgemäht.
Ich hörte sie singen, wenn morgens sie gingen,
Die Herde zu melken, die draußen steht;
Nun klingt ihre Klage von Tage zu Tage:
Die Blumen des Waldes sind abgemäht.

VON EDINBURGH BIS STIRLING

Zwischen Edinburgh und Stirling existiert neben der Eisenbahn auch eine Dampfschiffverbindung. Wer Eile hat, wählt wie gewöhnlich den Schienenweg, wer Muße hat und frischer Luft und schöner Ufer sich freuen will, macht es wie wir und schlägt die Wasserstraße ein. Gegen Mittag verließen wir Edinburgh, um in Leith, dem bekannten Hafen von Edinburgh, an Bord zu gehen. Eigentlich nicht in Leith, sondern in Granton, einem etwas höher hinauf gelegenen Hafenplatz, der um seiner Wassertiefe sowohl wie um seiner bessern Dämme und Anlegeplätze willen dem schlecht instand gehaltenen Hafen von Leith siegreiche Konkurrenz zu machen droht. Um nach Leith oder Granton oder Newhaven (einem dritten Hafenplatz, der zwischen den beiden andern liegt) zu gelangen, mietet man entweder ein Fuhrwerk oder bedient sich der Verbindungsbahn, die zwischen Edinburgh und diesen drei Plätzen läuft. Die Bahn ist wenig über eine halbe deutsche Meile lang und gleicht einem Arm, der an seinem Endpunkt in drei einzelne Finger ausläuft: Ringfinger Leith, Mittelfinger Newhaven, Zeigefinger Granton.

Wir wählen diese Verbindungsbahn, um nach Granton zu gelangen, machen die Fahrt in etwa sieben Minuten, und ohne viel Suchen und Fragen uns dem Menschenstrom überlassend, der aus den Bahnhofsgebäuden heraus ins Freie drängt, geraten wir endlich, an allerhand Kais und Bassins, Werften und Hafendämmen vorbei, an den eigentlichen Granton-Pier (Molo), an dem der »Rob Roy«, der uns flußaufwärts tragen soll, bereit liegt und durch gelegentliches Zischen und Prusten – jeder hat seine Art – zu seiner Besteigung einladet. Wir wissen, wie es gemeint ist, steigen vom Kai aus verschiedenen Treppen hinunter und wieder hinauf und machen es uns endlich auf dem Hinterdeck des Steamers mit Hilfe von Bänken und Feldstühlen möglichst bequem. Zu rechter Zeit. Kaum daß wir eine gute Rückenlehne gefunden und die Plaids über unsere weit vorgestreckten Füße gebreitet haben, so folgt der stillen schwarzen Rauchwolke des Schornsteins das bekannte Brausen und Schnaufen, endlich das Rasseln und Schaufeln, und von der Wand des Bollwerks in eleganter Wendung sich loslösend, trägt uns jetzt bei hellem Sonnenlicht der Steamer stromaufwärts.

Solche Fahrten flußauf- oder abwärts haben in den meisten Fällen einen verwandten Charakter, und die Bilder bleiben so ziemlich dieselben, ob die Flußmündung, um die es sich handelt, der Elbe oder der Oder, dem Mersey oder dem Forth angehört. Etwas freilich hat der Forth vor den ebengenannten voraus, die Fülle historisch-romantischer Anknüpfungen nämlich, die mich bestimmen würden, die ganze Fahrt mit einer Rheinfahrt zu vergleichen, wenn wir nicht in unsern heimatlichen Marken einen Fluß hätten, der dem Leser das Charakteristische des Forth nach dieser Seite hin noch deutlicher wiederzugeben vermag, ich meine die Havel. Jedes Land und jede Provinz hat ihre Männer, aber manchem Fleck Erde wollen die Götter besonders wohl, und ihm die Rennbahn näher legend, die Gelegenheit zur Kraftentwicklung ihm beinahe auf zwingend, gönnen sie dem bevorzugten Landesteil eine gesteigerte Bedeutung. Ein solcher Fleck Erde ist das beinah inselförmige Stück Land, um das die Havel ihr blaues Band zieht. Es ist der gesunde Kern, daraus Preußen erwuchs, jenes Adlerland, das die linke Schwinge in den Rhein und die rechte in den Njemen taucht. Wohl ist es deutungsreich, daß genau inmitten dieser Havelinsel jenes Fehrbellin liegt, auf dessen Feldern die preußische Monarchie gegründet wurde. Und welch historischer Boden diese Insel überhaupt! Entlang an den Ufern des Flusses, der sie bildet, hatten (und haben noch) jene alten Familien ihre Sitze, die, von den Tagen der Quitzows an, mehr auf Charakter als auf Talent hielten und deren Zähigkeit und Selbstgefühl, die doch nur die Typen unseres eigenen Wesens sind, wir uns endlich gewöhnen sollten mehr mit Respekt als mit Eifersucht anzusehn. Auf dieser Havelinsel und jenem schmalen Streifen Land, der nach außen hin sie umgürtet, liegen die Städte und Schlösser, darin der Stamm der Hohenzollern immer neue Zweige trieb; liegen die Städte, darin drei Reformatoren der Kunst das Licht der Welt erblickten: Winckelmann, Schinkel und Schadow (von denen der zweitgenannte eine Kasernenstadt in eine Stadt der Schönheit umwandelte); liegen die Herrensitze, darin Zieten, Knesebeck und die Humboldts geboren wurden, Zieten, der liebenswürdigste und volkstümlichste aller Preußenhelden, und Knesebeck, der in winterlicher Einsamkeit den Gedanken ausbrütete, »die Macht Napoleons durch die Macht des Raumes zu besiegen«.

Mit diesem Havelland, dem es, wie jeder Potsdam-Besucher wissen wird, auch keineswegs an Schönheit und malerischem Reiz gebricht, möcht' ich die Ufer des Forth vergleichen, die jetzt, während wir im Steamer den Fluß hinauffuhren, mit Dörfern und Villen, Städten und Burgen, vor allem aber mit dem Klang berühmter Namen zu uns herübergrüßten. Freilich nicht alle diese Namen, die wie ein bekannter Ton unser Ohr trafen, gehörten diesem Flußufer als ihrem eigensten Boden an, viele waren, zumal aus den nördlichen Grafschaften her, an diese bevorzugte Stelle nur verpflanzt; aber jedenfalls doch zog ein gutes Stück der Landesgeschichte an uns vorüber, als wir, in lebhaftem Gespräch mit einem jungen Schotten, der leuchtenden Auges um sich sah, die Namen Morton und Moray, Bruce und Stuart, Keith und Dundas, Abercromby und Elgin vernahmen. Mehr denn fünf Jahrhunderte umfaßten diese Namen, von jenem Tage von Bannockburn an, wo der Name Bruce das Fundament zu seinem Ruhme legte, bis zu jenem Tage von Abukir, wo Sir Ralph Abercromby siegte und fiel.

Die Ufer des Forth sind bunt und belebt, und namentlich zu Anfang der Fahrt, wo die weiten Entfernungen bis zum Ufer hin die Dörfer und Städte mehr gedrängt erscheinen lassen, als sie in Wahrheit sind, haben wir den Eindruck eines heiteren und ziemlich reichen Bildes. Dort aber, wo der Fluß sich zu verengen beginnt und die weiten Distanzen sichtbar werden, die zwischen den einzelnen Kirchtürmen liegen, erkennt man doch, daß man sich an einer nördlichen Küste befindet, die, jedem Wind und Wetter preisgegeben, in allem, was sie hervorbringt, nur einem Zwange nachgibt und den Menschen mehr duldet und hinnimmt, als ihn gebiert.

Wir hatten unsere Plätze in der Nähe des Steuerruders längst aufgegeben und schritten jetzt, nachdem wir bei Tisch einige Bekanntschaften angeknüpft hatten, auf dem Deck des Steamers in ziemlich lebhaftem und oft wechselndem Gespräche auf und ab. Außer den hübschen Ufern, nach denen wir von Zeit zu Zeit hinübersahen, nahm vor allem ein blinder Fiedler, der neben dem großen Schornstein des Dampfschiffs saß, und ein englisches Ehepaar, dessen nicht allzu angenehme Bekanntschaft wir schon bei Tische gemacht hatten, unsere Aufmerksamkeit in Anspruch. Wir hatten noch keine Ahnung, daß Fiedler und Ehepaar bald in nähere, allerdings nicht freundschaftliche Beziehung treten würden.

Das englische Ehepaar bestand aus einem grämlichen alten Herrn und einer jungen blassen Frau, die sehr hübsch gewesen wäre, wenn nicht etwas Stechendes in ihrem Auge und die fest zusammengepreßten blassen Lippen allzudeutlich verraten hätten, daß sie nicht gewohnt war, mit dem Zepter der Milde zu regieren. Ihr Gatte, wiewohl nicht ganz energielos im Ausdruck, schien dennoch, wie so viele Gatten vor und nach ihm, auf das Auskunftsmittel verfallen zu sein, die Linie eigener Anschauungen nur noch als Bekräftigungs- und Unterstreichungslinie für die Ansichten seiner Frau zu verwenden. Die blasse Dame, die, wie man ihr lassen muß, das Ladyhafte mit vielem Geschick zur Schau stellte, hatte bei Tisch die Austernsauce »very bad« gefunden, worauf ihr Gemahl mit einem »very bad, indeed« geantwortet hatte; ja, bei Gelegenheit der schlecht gekorkten Flasche Porter hatte er sich in seiner Huldigung noch weiter verstiegen und dem »shocking« seiner Lady ein unumwundenes »shameful« hinzugefügt. Die Schotten, alt und jung, aus denen die Tisch- und Reisegesellschaft fast ausschließlich bestand, hatten diesem krittligen Wesen des englischen Ehepaares nicht ohne Verdrießlichkeit zugehört, weil sie jenen Ton der Überhebung darin zu finden glaubten, den Engländer so gern anstimmen, wenn sie den Tweed im Rücken haben. Einiges

Gemurmel war am unteren Ende des Tisches bereits laut geworden; andere, die dem Ehepaar näher saßen, hatten durch Lächeln und Geflüster, zum Teil auch durch ein paar gälische, dem Engländer also unverständliche Worte ihrem Herzen Luft gemacht, als noch rechtzeitig die Tafel aufgehoben wurde und alles wieder treppauf stieg, um die Promenade oben auf Deck zu beginnen.

Der alte Fiedler saß noch immer an seinem Schornstein und sang Burnssche Lieder, scheinbar unbekümmert um das, was um ihn herum vorging. Er hörte aber mit dem scharfen Ohr, das Blinden eigen ist, sehr wohl die für seine künstlerische Reputation höchst unschmeichelhaften Worte des alten Engländers, Worte, unter denen »ear-slitting« (ohrzerreißend), »scandalous« und »shameful« noch durchaus nicht die schlimmsten waren. Er hörte auch, daß alle diese Worte nur der Baßwiderhall einer scharfen, wenn auch nur leisen Diskantstimme waren, und sein Schlacht- und Racheplan war gemacht. Vielleicht auch, daß einer der jungen Schotten die Hand im Spiele hatte. Wir waren just in gleicher Höhe mit dem Städtchen Alloa und ließen uns eben von Darnley erzählen, der hier die letzten Wochen, die seinem jähen Tode vorausgingen, zubrachte, als uns, die wir aufmerksam dem Vortrag folgten und über die Schiffswand hinaussahen, ein herzliches Gekicher und bald auch ein lautes Lachen in die Nähe des Schornsteins rief, wo ein Dutzend Schotten um den blinden Fiedler herumstanden. Eben machte er seine letzten Striche über die alte Geige, und wir bedauerten schon, zu spät gekommen zu sein, als ein allseitiges »da capo, da capo! Go on, Bobby, let us have it once more!« den Alten zu einem kurzen Präludium instigierte, dem nun rasch die Burnsschen Strophen folgten, die wir das erstemal überhört hatten. Er sang in rezitativischer Weise:

> Was kann ein jung Mädel, was soll ein jung Mädel,
> Was kann ihr, was soll ihr ein ältlicher Mann?
> Ich muß mich gedulden bei all seinen Gulden,
> Womit er das Herz meiner Mutter gewann.

Das Ehepaar ging in diesem Augenblick dicht an dem Fiedler vorbei, und der Umstand, daß kein Wort, keine Bemerkung über die Lippen beider kam, sagte dem Alten deutlich, daß die Rache, die er genommen, nicht wirkungslos geblieben sei. Er hielt einen Augenblick inne, aber das »go on, Bobby« der Umstehenden ließ ihm keine Wahl, und rasch hintereinander fort folgten nun die drei übrigen Strophen:

Nichts hat er wie Sorgen vom Abend zum Morgen,
Er hustet, daß ich nicht schlafen kann;
Halbtaub seine Ohren, sein Blut wie gefroren,
Ach traurig die Nacht mit 'nem ältlichen Mann!
Er närgelt und brummelt, er quärgelt und mummelt,
ich mach' ihm nichts recht, und dann fährt er mich an,
Zu nichts ist er tüchtig, nur eifersüchtig
Ach ist er, weiß Gott, wie ein ältlicher Mann.
Meine Tanten und Paten, die ha'n mir geraten:
»Du muß ihn mehr ärgern, den alten Tropf.«
Bei meiner Seelen, tot will ich ihn quälen,
Und dann für den alten 'nen neuen Topf.

Der Beifall wiederholte sich jetzt, überhaupt hätte dem Alten nichts Besseres passieren können als die Ungnade des englischen Ehepaares. Alle Börsen wurden jetzt gezogen, und in die Mütze des Blinden, in die bis dahin nur spärliche Pennies gefallen waren, fielen jetzt allerhand Silbermünzen. Das Ehepaar selbst hatte inzwischen längst seinen Rückzug angetreten, und während die Lady auf den Polsterbänken der Kajüte zu schlafen vorgab, zog sich der hochrot gewordene Eheherr hinter die Wandschirmfläche einer aufgeschlagenen Times-Nummer zurück. Vor ihnen stand Sodawasser.

Natürlich trieb man den Scherz nicht weiter, aber auch wenn man gewollt hätte, es hätte sich verboten. Wir waren den Forth, der vor zwei Stunden noch in voller Breite eines Haffs vor uns gelegen hatte, jetzt so hoch hinaufgefahren, daß das Schiff, wie ein Wagen in einer schmalen Straße, nur eben noch lenken und umkehren konnte; der Meerbusen war zu einem Graben geworden. In einiger Entfernung ragte das schöne Stirling-Castle malerisch in die Luft; ein an unsern »Rob Roy« anlegendes flaches Fährboot aber, darin Passagiere und Sachen rasch hineingeschafft wurden, ließ uns nicht Zeit zu müßiger Betrachtung vom Deck des Steamers aus. Wir nahmen vielmehr Platz auf den teppichbelegten Ruderbänken des Boots, und die flachen Windungen des Forth noch eine Viertelstunde weiter hinauf verfolgend, hielten wir endlich an einem Erlengebüsch, das, unmittelbar vor der Stadt gelegen, noch einmal wie eine grüne Wand Stadt und Schloß unsern Blicken entzog.

STIRLINGCASTLE

Wir hielten alsbald vor dem von Menschen und Wagen umlagerten Hotel Royal, und nachdem wir, den Reisesack in der Hand, eine Viertelstunde lang geduldig gewartet und nur von Zeit zu Zeit unsere ergebene Anfrage: »Can we have a double-bedded room« wiederholt hatten, traf uns endlich ein gnädiges Kopfnicken Mr. Campbells, und eine Zimmernummer nennend, flog nunmehr einer der Kellner vor uns die breite, teppichbelegte Treppe hinauf, um oben angelangt mit einer auffordernden Handbewegung gegen uns in einem der Korridore zu verschwinden. Das große und saubere Zimmer, in das wir geführt wurden, lag nach hinten hinaus, was ein neuer Vorzug war, da die Front des Hauses keine Aussicht bietet, während die Hinterzimmer auf den alten, malerisch gelegenen Stadtteil hinausblicken, der sich am Abhang des Hügels hinauf- und hinunter zieht.

Das schöne Wetter mahnte, keine Zeit zu verlieren und die Stunden bis Sonnenuntergang noch zu einem ersten Ausfluge zu benutzen. Unser Gang führte uns zunächst durch die Stadt. Stadt Stirling liegt teils am Fuße, teils am Ostabhange jenes Felsenhügels, auf dessen höchster Spitze Schloß Stirling ragt. Die vom Hügel herabsteigenden Straßen und Gassen münden mehr oder minder senkrecht in die am Fuß des Hügels sich hinziehende High-Street ein, die jetzt, ohne schön oder irgendwie bemerkenswert zu sein, doch die Hügelstraßen an Ausdehnung und Wohnlichkeit übertrifft. Diese High-Street entspricht mutatis mutandis der Princes-Street von Edinburgh, während das Gewirr der hügelansteigenden Straßen und Gassen in Erscheinung, Lage und Fülle historischer Rückerinnerungen an die Altstadt von Edinburgh erinnert. Auch die Schloßhügel beider Städte sind in Höhe, Formation und Umgebung nahe verwandt, und ihre Linien unterscheiden sich nur insoweit, daß – um ein etwas kühnes, aber wie ich hoffe, bezeichnendes Bild zu gebrauchen – das Edinburgher Schloß einem liegenden, das Stirlinger aber einem sitzenden Löwen gleicht. Beide erheben sich plötzlich und unvermittelt aus der Ebene und blicken, dem Hochlande zugewandt, wie Wächter landeinwärts, die Rückenlinie des wie schlafend daliegenden Edinburgher Hügels aber ist eine allmählich ansteigende, während Stirling-Castle bereits, wie vor einem nahen Geräusch, in die Höhe gefahren ist und mit halbsenkrechter Rückenlinie erwartungsvoll dasitzt. Dieser Rückenlinie entsprechend sind natürlich auch die Straßen, die sich dieselbe hinaufziehen: die Edinburgher Straßen lang und allmählich sich verlaufend, die Stirlinger Straßen kurz und steil.

Von unserem Ausfluge durch die Stadt zurückkehrend, steigen wir jetzt durch ein Gewirr von Gassen, das endlich in eine breite, platzartige Straße ausläuft, den Hügel hinan und befinden uns alsbald angesichts von Stirling-Castle auf einer mauerumkränzten Esplanade, die den Vorhof zum Schlosse selber bildet. Wir verweilen hier einen Augenblick, weniger um über die Mauereinfassung hinweg nach rechts und links hin in die schöne, lachende Landschaft hineinzublicken, als um den malerisch kostümierten Hochländern einen Blick zu gönnen, die vor und neben uns die ganze Szene beleben. Aus dem Schloßtor heraus treten einzelne und in Gruppen, teils um den Weg zur Stadt hin einzuschlagen, teils um seitabwärts auf einem großen, zur Esplanade gehörigen Rasenplatz an dem Spiele teilzunehmen, das bereits ein Dutzend Mitspieler zählt und in bestem Gange ist. Die ersteren, die mit pathetischem Schritt die Hügelstraße hinuntersteigen, sind in vollem Hochlandskostüm, und die Interimsjacken von weißem Tuch, die sie statt der roten Uniformen tragen, geben ihnen ein doppelt gefälliges Ansehen. Weniger sorglich gekleidet sind die Spieler auf dem Rasen; der Kilt ist abgelegt und die prosaische Hose an seine Stelle getreten; eine Leinwandjacke ersetzt den Rock, und nur der rot und weiß karierte Mützenstreifen gibt die Spielenden als Soldaten eines Hochlandsregiments zu erkennen. Wir treten näher, um dem Spiele zuzusehen, das uns durch seine Neuheit überrascht und von dem wir hören, daß es zu den nationalen Spielen des Landes gehört. Es ist ein Spiel, das zwischen dem Diskuswerfen des alten und dem Bocciaspiel des neuen Roms die Mitte hält, richtiger sich aus beiden zusammensetzt. Statt der Scheiben des einen und der Kugel des andern Spiels nimmt man schwere Eisenringe, die etwas größer und schwerer sind als gewöhnliche Hufeisen und deren Zahl von der Zahl der Mitspielenden abhängt. Ein guter Spieler eröffnet den Reigen, tritt an eine bestimmte Stelle und wirft den schweren Eisenring so weit er kann feldeinwärts. Nun folgen die andern, wobei jeder dem zuerst geworfenen Ringe so nah wie möglich zu kommen sucht. Würde es sich bloß um das Treffen des Ringes handeln, so hätten wir das Bocciaspiel in wenig veränderter Form, da aber der erste Ring mit Aufwand von Kraft auf eine weite Distanz hinausgeschleudert wird, so wird aus dem Geschicklichkeitsspiel zu gleicher Zeit ein Kraftspiel, in dem nur der siegt, der über beides verfügt. Das Spiel fesselte uns so, daß wir, selbst angesichts von Stirling-Castle, ruhig am Rande des Rasenplatzes stehen blieben, Partei ergriffen für diesen und den und mit ungeschwächter Freude zusahen, wenn Mal auf Mal das blank geputzte Eisen durch die Luft flog und wie ein sich drehender Spiegel nach allen Seiten hin die Sonnenstrahlen ausstreute. Das Spiel fesselte uns, aber noch mehr erfreute uns die Stattlichkeit und die Heiterkeit der Leute, die hier ungezwungen, ohne Dressur und Überwachung, die Spiele ihres Landes spielten.

Wir sind sehr irre, wenn wir uns das englische Heerwesen als einen Mechanismus vorstellen, der den letzten Rest von Freiheit und Selbständigkeit aus den Individuen streicht. Das ist durchaus nicht der Fall. Auch der englische Soldat bleibt immer noch ein Engländer, und man hütet sich wohl, ihm von seinem Selbstgefühl mehr zu nehmen, als nötig ist. Armeen, die reich sind an verheirateten Leuten, werden immer von selbst dahin geführt werden, das Individuum zu respektieren und in dem Manne das zu sehen, was er ist, einen *Mann.*

Wir traten nun durch das ziemlich unscheinbare Burgtor in Stirling-Castle hinein. Gleich zur Rechten war das Wachtlokal. Die Fenster standen offen, kein Posten vorm Gewehr schritt auf und ab, nur ein Sergeant vom berühmten 93sten Regiment (die Sutherlands) saß mit übereinandergeschlagenen Knien auf einem Bänkchen, das zwischen dem Wachthaus und den Gewehren stand, und blätterte in einem Buch. Als wir näher kamen, sah er auf. Es war ein so schöner Mann, daß wir, ohne uns Rechenschaft zu geben von dem, was wir taten, a tempo stehen blieben und mit nicht mißzuverstehenden Zeichen der Bewunderung zu ihm hinaufblickten. Er bemerkte es, stand auf, lächelte uns einen Gruß zu, der zu sagen schien: »Nur zu! Mir sind solche Huldigungen nichts Neues«, und sah uns dann seinerseits freundlich und mit Teilnahme an, bis wir weiter aufwärts hinter den verschiedenen Baulichkeiten des Schlosses verschwanden. Er hatte uns aller Wahrscheinlichkeit nach für Maler gehalten und seit lange daran gewöhnt, von Künstlern und Dilettanten erst bewundert und dann gemalt zu werden, hatte er uns andeuten wollen, daß er nötigenfalls bereits sei, die Pflichten seines Amts mit denen eines Modells in Einklang zu bringen.

Stirling-Castle, in derselben Weise wie der Londoner Tower oder Schloß Edinburgh, besteht aus einem bunt zusammengewürfelten Häuserhaufen, der allen möglichen Jahrhunderten und Baustilen angehört und dem nichts gemeinsam ist als der Fels, darauf er steht, und die Wallmauer, die ihn umzieht. Palast, Kapelle und Parlamentsgebäude drängen sich hier auf engstem Raum zusammen, unterbrochen halb und halb verbunden durch Kasernen, Waffen- und Munitionshäuser, von denen einzelne fünfhundert und andere nicht fünfzig Jahre zählen. Eine der Kasernen ist so gestellt, daß sie das ganze Areal des Felsens in fast zwei gleiche Teile teilt, und einen langen überwölbten Gang passierend, der durch die ganze Tiefe dieses Hauses sich hinzieht, erreichen wir am entgegengesetzten Ende den weit vorgeschobensten Punkt des Wallrandes, der nach drei Seiten hin eine entzückende Aussicht gestattet. Nur nach hinten zu verschließt uns der Kasernenbau, den wir soeben passiert haben, die Aussicht auf die Stadt. Das Bild, das sich von dieser Stelle aus vor dem Beschauer entrollt, ist ganz einzig in seiner Art und übertrifft an eigentümlichem Zauber jenes Panorama noch, das uns ein Blick von Edinburgh-Castle gewährt.

Worin dies Plus an Reiz und Schönheit zu suchen, ist schwer zu sagen. Aber eine Vermutung sei wenigstens gestattet. Das schöne Bild, das sich einem vom Edinburgher Schlosse aus bietet, zersplittert unsere Empfindung, statt sie auf einen Punkt, nach einer Richtung hin zu konzentrieren. Das Gefühl, um dessen Erweckung es sich beim Besuche solcher und ähnlicher Plätze handelt, ist das romantische, und selbst der größte Philister, der in Holyrood oder Edinburgh-Castle eintritt, bringt ein gewisses Maß von gutem Willen mit, sich auf fünf Minuten poetisch anregen, romantisch stimmen zu lassen. Er wird seinen Zweck erreichen, seinen kleinen Hausbedarf befriedigen und sich um die größere oder geringere Intensität dessen, was auf ihn wirkt, nicht lange sorgen und kümmern. Ein feinerer Sinn aber, der auf diesem Gebiet wie ein sensibler Elektrometer ein Plus oder Minus zu unterscheiden weiß, wird, wenn er auf der Halbmondbatterie von Edinburgh-Castle Posto faßt, zu keinem ungeteilten Genusse kommen. Das Bild, da sich vor seinem Auge enrollt, an malerischer Schönheit dem Bilde, das Stirling-Castle bietet, vielleicht überlegen, wird ihm gleichzeitig eine Fülle von Dingen zeigen, die den romantischen Traum, wenn auch nicht roh und plump zerstören, aber doch immerhin unterbrechen. Sein Empfinden wird zu keiner Einheit kommen. Die Neustadt von Edinburgh, die zu seinen Füßen liegt, die Säulen und Statuen, die zu ihm heraufblicken, die Omnibusse, die Princes-Street passieren, die Eisenbahnzüge, die landeinwärts, die Dampfboote, die stromaufwärts ziehen, alles das trägt einen fremd-modernen Klang in das alte Lied, und selbst die Altstadt, die sich oft mehr in allermodernsten Schmutz als in die Patina klassischer Traditionen kleidet, stimmt nicht völlig harmonisch in die alte Weise ein, die wir am liebsten in aller Reinheit und Simplizität vernehmen. *Diesen Klang gewährt uns Stirling-Castle*, zum wenigsten an jener Stelle seines Wallrands, über die wir uns jetzt hinauslehnen und in die untergehende Sonne blicken, die wie ein feuriger, aber strahlenloser Ball über den Bergen des Hochlands hängt. Vor uns, in Schläge aller Formen und Größen geteilt, dehnen sich bis zum Gebirge hin die Fruchtfelder der schönen Grafschaft Menteith; nichts unterbricht die stille romantische Sprache des Platzes, auf dem wir stehen, wohl aber ist es, als antworte ein Echo aus all den Feldern und Bergen her, die dies jetzt wie verzaubert daliegende Schloß in weiten Kreisen umziehen.

Unmittelbar zu unserer Linken und Rechten steigen zwei kleinere Felsen neben dem eigentlichen Schloßfelsen auf, der eine der Ladies-Rock (rock = Felsen), der andere der Mole-Hill geheißen. Wie zwei Löwenjunge sitzen sie neben dem Alten, der ernst in die Ferne sieht. Auf dem Ladies-Rock saßen einst die Damen des schottischen Hofes wie auf der Höhe eines

Amphitheaters und sahen den Turnieren und Ritterspielen zu, die am Fuß des Hügels aufgeführt wurden; der rechts gelegene Mole-Hill aber sah oft die düstere Kehrseite jener heiteren Bilder. Mancher siegte nur beim Turnier und empfing vom Ladiesfelsen her den Kranz seiner Dame, um früher oder später als ein Opfer rach- und eifersüchtiger Majestät auf dem Mole-Hill zu sterben. Der Mole-Hill war der Hinrichtungsplatz.

Und wie oft entschieden sich die Geschicke des Landes auf diesen Feldern, die Stirling-Castle in kaum meilenweitem Kreise umziehen; *vierzehn* Schlachtfelder sind es, die man, den Wallrand umschreitend, wie einen dichtgeflochtenen Kranz um Stirling gelagert sieht. Nach Norden hin die Stirlinger Brücke und Sheriffmuir, nach Südosten hin Falkirk und Sauchieburn, vor allem aber im Süden jenes Feld von Bannockburn, das noch jetzt in Liedern klingt und jeden einzelnen mit stolzer Freude füllt.

Es bedurfte eines Entschlusses, sich von dem Wallrand loszureißen, der wie ein Zaubergürtel dieses Schloß umzog. Noch ein Blick über die Felder fort bis ins Hochland hinein, dann kehrten wir auf den Schloßhof zurück, um den Anblick der Sehenswürdigkeiten nicht zu versäumen, die Stirling-Castle selber bietet.

Diese Sehenswürdigkeiten bestehen aus dem alten Palaste (einem ehemaligen Lieblingssitze der schottischen Könige), aus der Kapelle, die jetzt als Rüst- und Waffenkammer dient, und aus dem sogenannten »Douglaszimmer«. Das letztere befindet sich in der Nordwestecke des Schlosses und führt seinen Namen in Erinnerung an William Douglas, der hier von König Jakob II. ermordet wurde. Lord William Douglas, dessen Haus ebendamals auf der Höhe seines Ruhmes stand, hatte mit den Lords Roß und Crawford eine Art Schutz- und Trutzbündnis geschlossen, dessen letzter Endzweck sich gegen den König richtete und mindestens die Macht und das Ansehen der Krone erschüttern sollte. König Jakob berief seinen übermütigen Vasallen nach Schloß Stirling, versprach ihm Sicherheit und frei Geleit und suchte ihn, als er wirklich erschien, von dem geschlossenen Bündnis abzuziehen.

Als Douglas unerbittlich blieb, zog der König endlich den Dolch und stieß den Lord mit den Worten nieder: »Wenn nichts helfen will, so helfe dies.« Das Zimmer, in dem dieser Mord (der damals ein ganz ungewöhnliches Aufsehen gemacht zu haben scheint) begangen wurde, zeigt nichts mehr, was an so blutige Vorgänge erinnern könnte. Der Einrichtung, besonders allerhand Schnitzwerk und die Holzbekleidung an Wand und Decke, hat zwar die mittelalterlichen Formen beibehalten, aber alles sah so blink und blank aus, daß man auf den ersten Blick die Nachbildung erkennen konnte. Auch wird sie nicht geleugnet. Ungefähr da, wo Douglas den ersten Dolchstich empfing, stand jetzt ein kleiner Mahagonischreibtisch, an dem ein Bau- und Rechnungsführer seine Quittungen schrieb. Bis vor etwa sechzig Jahren war man in Zweifel darüber, ob das sogenannte Douglaszimmer denn auch wirklich Anspruch auf seinen Namen habe. Einige Geschichtskundige hatten sich nämlich immer geneigt gezeigt, den Schauplatz des Mordes an eine ganze andere Stelle des Kastells zu verlegen. Seit 1794 aber ist der Streit zugunsten der alten Tradition geschlichtet. Als in jenem Jahre der Garten umgegraben wurde, der sich noch jetzt an den Fenstern des Douglasroom entlang zieht, fand man acht Schritt von der Mauer entfernt ein Skelett, mit dessen Hilfe die Akten über diesen Gegenstand geschlossen wurden. Es heißt nämlich in alten schottischen Geschichtsbüchern ganz ausdrücklich, daß der Leichnam des Ermordeten aus dem Fenster geworfen und in einiger Entfernung von demselben von den Dienern des Königs verscharrt wurde. Es muß auffallen, daß in einer Zeit, in der die Dolche von jedermann so lose in der Scheide steckten, gerade dieser Mord ein so nachhaltiges Aufsehen hervorgerufen hat. Es scheint aber, daß man, ganz abgesehen von der Macht des Mannes, der diesem herkömmlichen Zorn zum Opfer fiel, sich selbst in jenen Zeiten von der Hand der Majestät anderer Dinge versah, zumal bei einer Begegnung, der die Zusicherung freien Geleits vorausgegangen war.

Die Welt verlor übrigens an diesem Douglas nicht viel, was folgender Vorfall bezeugen mag. Einige Jahre vor diesem seinem blutigen Ende hatte Lord Douglas einen gewissen Maclallan von Galloway gefangen genommen und ihn rechtswidrig eingekerkert. Jakob II., infolge davon, sandte Sir Patrick Gray, einen Onkel Maclallans, an Lord Douglas ab und gab ihm ein Handschreiben mit, worin die Freilassung Maclallans gefordert wurde. Douglas empfing den Sir Patrick mit übertriebener Ehrfurcht, bat die Verhandlung bis nach der Mahlzeit aufzuschieben und führte seinen Gast zu Tisch. Nach aufgehobener Tafel überreichte Sir Patrick seinen Brief. Lord Douglas überflog den Inhalt, den er längst kannte, und sagte dann: »Wie schade, Sir Patrick, ihr kommt einen Augenblick zu spät.« Mit diesen Worten führte er seinen Gast an eins der Fenster und auf den Hof hinunterzeigend, wo Maclallan bereits enthauptet lag, fügte er hinzu: »Nehmt Euren Neffen mit heim, Sir Patrick, es tut mir leid, daß ihm der Kopf fehlt.« Sir Patrick antwortete: »Wo der Kopf ist, mag auch sein Rumpf bleiben; aber gedenken sollt Ihr dieser Stunde.« So kam es auch. Sir Patrick, der im Nebenzimmer war, als König Jakob und der verwundete Lord Douglas miteinander rangen, sprang hinzu und half dem Lord zu einem raschen Ende.

An der Südseite des Kastells, also dem Douglaszimmer gegenüber, befindet sich der ehemalige Palast, ein reich verzierter alter Bau aus der Zeit Jakobs V. Vom Ladiesfelsen oder besser, hügelabwärts, vom Tal von Menteith aus gesehen, gewährte der alte Königsbau um seiner hohen Fenster und reichen, massigen Ornamentik willen einen prächtigen Anblick, tritt man aber kritisch nah an ihn heran, so halten seine in der Ferne gemachten Zusagen nicht Wort, und man erkennt zum Teil als baren Ungeschmack, was in die Ferne hin nicht ohne Wirkung war.

Der dritte Punkt von Interesse ist die ehemalige Royal Chapel, jetzt eine Waffenkammer. Mr. Wood, der Büchsenmacher, ein lebhafter, kleiner Mann, der die untern Zimmer des Hauses bewohnt, führt uns mit großer Bereitwilligkeit treppauf.

Er ist bescheidener als nötig wäre und versichert uns vorweg, daß es mit den Schätzen seines Zeughauses nicht viel auf sich habe. Wir sind gezwungen, ihm zu widersprechen, denn gleich das erste, was er uns zeigt, ist die ziemlich wohlerhaltene Kanzel dieser ehemaligen Kapelle, die zwar wie ein alter Schrank, dessen man sich schämt, in eine dunkle Ecke geschoben ist, aber sich sofort ihren Platz wieder erobert, sobald man vernimmt, daß John Knox auf ihr gepredigt und von ihr herabsteigend, vor Hof und Königin die Taufe des späteren Jakobs VI. vollzogen habe. Mr. Wood kann ersichtlich nicht recht begreifen, was uns an den wurmstichigen Holzkasten fesselt, und, wie es scheint, ein Freund der Ablenkungstheorie, holt er aus der nächsten Ecke eine Lochaber Axt herbei, die jetzt mit den Worten auf den Boden stößt: »There is something from Bannockburn.« Diese Lochaber Äxte, deren im ganzen 42 auf dem Felde von Bannockburn gefunden wurden, sind jetzt als Raritäten über alle Waffenkammern Europas verbreitet, Schottland selbst besitzt ihrer zwei, von denen die eine jetzt vor uns steht. Ich sah diese alte, berühmt gewordene Waffe hier zum erstenmal. Sie hat nichts von einer Axt, sondern entspricht genau den gradlinigen polnischen Sensen, von denen sie sich nur durch einen Haken unterscheidet, der in halber Höhe des Senserückens aus demselben hervorwächst. Es muß überraschen, daß es zweimal in der Geschichte, unter Verhältnissen, die sich innerlich ebenso verwandt waren, wie sie äußerlich sich fernstanden, dieser Sensenwaffe vorbehalten war, eine Art Sinnbild jenes Schreckens zu werden, den Mut und Vaterlandsliebe in die Reihen eines sonst siegreichen Feindes trugen.

Als Freund B. und ich ein paar Worte in diesem Sinne wechselten, horchte Mr. Wood auf und sagte dann lächelnd: »Ah, deutsch; hab' eine Frau von Deutschland, wird sich sehr freuen.« Mit diesen Worten lief er bis zur Treppe und rief hinunter: »Anne, please come upstairs, some gentlemen want to speak to you.« Antwort schallte zurück, und im nächsten Augenblick kam eine muntere Frau auf uns zu, blond, freundlich, gesprächig, aber freilich durchaus nicht angetan, den englischen Glauben zu widerlegen, daß die Einheit Deutschlands nur in einem Punkte vorhanden sei: in der Unschönheit seiner

Bewohner. Sei dem, wie ihm sei, die liebenswürdige Freundlichkeit der Frau läßt uns nicht Zeit zu dem freilich gerechtfertigten Wunsche, daß deutscher Frauenreiz jenseits des Tweed etwas glänzender repräsentiert sein möchte, und nachdem wir die Lochaber Axt wieder in die Ecke gestellt und an anderer Stelle den Fahnenstock des 42sten Regiments (die Seide wurde bei Waterloo bis auf den letzten Fetzen zerschossen) in aller Ehrlichkeit angestaunt haben, treten wir mit Mistreß Wood an das große Mittelfenster der ehemaligen Kapelle, wo wir, auf den schlanken Lafetten zweier indischen Kanonen Platz nehmend, nunmehr von Neuwied zu sprechen beginnen und zunächst der Frage begegnen, ob der Herzog von Nassau noch lebt. Wir geben die beruhigendste Auskunft und erhalten zum Dank die Antwort, daß Mr. Wood ein gutes Haus sei und sie glücklich mache, daß aber die Deutschen doch die besten wären, weil sie heiter seien und reden könnten. Wer weiß, wohin die Berührung so delikater Punkte noch geführt hätte, wenn nicht plötzlich eine Abteilung Hochländer mit Sang und Klang in den vor uns gelegenen Schloßhof eingerückt wäre und den sonderbarsten Zapfenstreich zum besten gegeben hätte, den ich all mein Lebtag gehört habe. Vorauf drei Dudelsackpfeifer, dann Pauke, Trommel und Pickelflöte, so marschierten sie auf, und während sich die Sutherlands und die MacGregors in ihren malerischen Kostümen um die Spielenden herum gruppierten, drückten wir, von plötzlicher Unruhe erfaßt, Mistreß Wood die Hand, versprachen Deutschland zu grüßen und eilten auf den Hof. Zu spät: die Musik schwieg. Als wir aber den Schloßhügel hinunterstiegen und nur dann und wann zurückblickten auf das Turm- und Mauerwerk und zumal auf den malerisch daliegenden Palast, in dessen Fenstern das Abendrot verglomm, klang uns vom Schloßhof her noch ein zweites Lied nach und begleitete uns bergab. Die letzten Paukenschläge verhallten erst, als wir in die Straße am Fuß des Berges einbogen, unter deren Lichtern die beiden Gaslaternen des Royal Hotels als Sterne erster Größe brannten.

LOCH KATRINE ODER DAS
LAND DER »LADY OF THE LAKE«

Früh am andern Morgen hielt ein Wagen nach Art der alten Postkutschen vor unserm Hotel; drinnen Platz für vier und draußen (wenigstens dem Namen nach) für zwanzig. Wie und wo wir untergebracht wurden, ist mir ein Geheimnis geblieben; aber das Wetter war so schön, die vier Pferde so prächtig und der Kondukteur, der in scharlachrotem Rock unsere Verpackung besorgte, so gut gelaunt, daß wir nicht würdig gewesen wären, Loch Katrine und die Schluchten und Täler der MacGregors zu sehen, wenn wir hätten murren wollen, einen vollbezahlten Platz nur höchstens mit halber Fühlung unter uns zu haben. Als nun gar noch der Kutscher, dessen blauseidene Jacke und weißer Felbelhut uns ohnehin bereits imponiert hatten, statt auf den Bock des Wagens in den Sattel des rechten Handpferdes stieg, waren wir mehr als befriedigt, und auf guten Luftzug vertrauend, wenn es um uns her zu schwül werden sollte, fuhren wir an Stirling-Castle vorbei in die lachende Landschaft hinein, selber lachend, als ginge es zum Oak- oder Derby-Day nach Epsom hinaus. Die Felder, die wir passierten, von Hecken und Baumgruppen unterbrochen, dehnten sich anmutig zu beiden Seiten des Weges; aber dem Anblick nach, den wir tags zuvor von Stirling-Castle aus gehabt hatten, hätten wir geglaubt, mehr erwarten zu dürfen. Es fehlten die besonderen Züge, und was, als Ganzes und aus der Vogelperspektive gesehen, einem reichen weiten Teppich von seltener Schönheit geglichen hatte, bot jetzt wenig, wo wir im Vorüberfahren die einzelnen Felder in nächster Nähe hatten.

Der erste Punkt, den wir erreichen, ist Bridge of Allan, ein kleines, dörfisches Charlottenburg, dessen überall angekündigtes »Hier sind Wohnungen zu vermieten« über die Bestimmung und Erwerbsquelle des Dörfchens keinen Zweifel läßt. Windgeschützt, am Fuße der Berge gelegen, ist es ein bevorzugter Sommeraufenthalt für solche Edinburgher, die aus Neigung oder Gesundheitsrücksicht die Nebelluft der Ostküste mit der reineren Luft des Hochlands vertauschen wollen.

Unser Wagen rollt, unaufgehalten durch die Holprigkeit des Steindamms, rasch durch Bridge of Allan hindurch, und an Dörfern und Landhäusern, wohlerhaltenen Herrensitzen und zerfallenen Schlössern vorbei, begrüßen wir endlich nach mehr als zweistündiger Fahrt das Dorf Callander, seinen Turm und seine Ulmenallee, vor allem aber sein Wirtshaus. Das Schild desselben zeigt uns natürlich einen Hochländer vom Clan der MacGregors, und selbst die bunt umherstehenden Post- und Gepäckkarren haben sich soviel wie möglich in die Farben dieses nachbarlichen Clans gehüllt. Unsere Fahrt aber in Luft und Sonnenbrand hat uns vor allem hungrig und durstig gemacht, und ohne irgendwelches Kümmern darum, ob hier im Zeichen Robin Hoods oder Rob Roys gegessen wird, halten wir uns an die Sache selbst und umlagern das Büffet. Glücklich, ein Glas Ale und einen Bissen Haferbrot erobert zu haben, folgen wir jetzt willig wieder der Mahnung des Kondukteurs, und mit Hilfe eines zurückbleibenden wohlbeleibten Farmers in unserem Komfort wesentlich verbessert, geht es nunmehr in wirkliche Hochlandslandschaft hinein.

Unmittelbar hinter Callander beginnt, auf eine Strecke von etwa drei deutschen Meilen, jener schöne, berg- und seegeschmückte Landstrich, dem die Schotten in dankbarer Huldigung gegen den Dichter, der hier jeden Zollbreit Erde poetisch verherrlicht hat, den Beinamen »the country of the Lady of the Lake« gegeben haben. Um dieses Land zu verstehen und zu genießen, ist es nötig, mit dem Inhalt der gleichnamigen Dichtung einigermaßen vertraut zu sein. Es hat einen Sinn, wenn auf den Frühstückstischen in Stirling neben der neuesten Zeitung auch die Goldschnittexemplare der »Jungfrau vom See« in roten und grünen Einbänden reichlich umherliegen, und Leser und Leserinnen mögen es mir zugute halten, wenn ich hier auf Augenblicke unsere Weiterreise unterbreche, um zuvor ihnen und mir den Inhalt der schönen Dichtung ins Gedächtnis zurückzurufen.

DIE JUNGFRAU VOM SEE

Jakob V. war König, die Macht des Adels gebrochen und jedes Mitglied der Familie Douglas bei Todesstrafe verbannt. Nur einzelne der Hochlands-Clane, pochend auf die Sicherheit und Entfernung ihrer schwer zugänglichen, durch Paß und Schlucht verteidigten Täler, waren noch unbezwungen und machten ihre Stellung zum Hofe von ihrem Willen abhängig.

Zu diesen Clans, die noch ein eigenes, selbständiges Leben für sich in Anspruch nahmen, gehörten namentlich auch die MacGregors, die in den Tälern und Schluchten zwischen dem Loch Katrine und Loch Lomond wohnten. Auch die Seen von Achray und Vennachar gehörten mit zu ihrem Gebiet.

Bochastle, an der äußersten Spitze des Loch Vennachar, bezeichnete nach Südost hin den am weitesten vorgeschobenen Punkt ihres Gebiets; Landrick Height, am Nordufer desselben Sees, diente als Sammelplatz des Clans, wenn es Angriff oder Verteidigung galt, und der Felsenpaß der Trossachs, der, zum Loch Katrine führend, zugleich die Schutzmauer desselben bildete, war der Punkt, den die Clansleute zu besetzen pflegten, um gegen die Angriffe selbst eines übermächtigen Gegners gesichert zu sein. Die letzte Zufluchtsstätte des Clans aber, wenn selbst der Paß der Trossachs nicht länger Hilfe zu leisten vermochte, bildete eine Insel im Loch Katrine selber, jenes kleine Eiland am Südostende desselben, das den Namen Ellen-Island, also Heleneninsel, führt. Mehr denn einmal zog sich ein geächteter Häuptling der MacGregors, Schutz suchend, in die Öde und Einsamkeit dieser Insel zurück, die bei den gewöhnlichen Kriegszügen mit den benachbarten Clans als regelmäßige Zufluchtsstätte der Greise, Weiber und Kinder diente.

Jagdeifer führte den König Jakob (der in der Dichtung als Ritter Fitzjames auftritt), seinen Gefährten weit voraus, in das Wald- und Bergrevier der MacGregors. Den See von Vennachar entlang und die Trossachs hindurch verfolgte er die Spur eines prächtigen Hirsches, bis sein überbürdetes Roß fast angesichts von Loch Katrine zusammenbrach. Der König stieß ins Hörn, um seine Gefährten herbeizurufen, aber vergeblich. Die langgezogenen Töne indes waren auf dem Ellen-Eiland vernommen und fälschlich als die Klänge eines heimkehrenden Freundes gedeutet worden, und als der König jetzt durch allerhand Waldgestrüpp sich durchschlagend, plötzlich der Südspitze des schönen Sees vor sich sah, gewahrte er einen leichten Kahn, der eben von der Insel her über den See kam. Auf dem Kahne stand ein Mädchen und führte das Ruder mit Kraft und Geschick. Schon glitt der Kahn in die schmale Bucht hinein und fuhr unter der Wucht eines letzten Ruderstoßes weit das Kiesufer hinauf, als das Mädchen, plötzlich einen Fremden statt des Freundes gewahrend, mit rascher Geistesgegenwart das Ruder in umgekehrter Richtung gegen das Ufer stieß, und die Kraft des ersten Stoßes brechend, wieder weit hinaus auf den See schoß.

Sie war gesichert vor jedem Überfall, und jetzt begann ein Gespräch zwischen dem Könige am Ufer und dem Mädchen im Boot; eine Unterredung, die alsbald dahin führte, daß der König ins Boot stieg und als ein Verirrter und Hilfebedürftiger nach Ellen-Eiland hinübergerudert wurde. Nur Frauen und Diener waren im Haus, die Männer abwesend auf Kundschaft oder Kampf. Auf duftigem Heidekraut, frisch gepflückt auf den Bergen, wurde dem König das Lager gemacht, der am andern Morgen, unerkannt, aber bezaubert von der Insel, dem patriarchalischen Haushalt und vor allem von dem Reiz und der Schönheit des Mädchens, die Insel verließ.

Dieses Mädchen war Ellen Douglas, die Tochter jenes stolzen Douglas, gegen den sich zweimal der Zorn des Königs und jene Ächtungsformel gerichtet hatte, die jeden Douglas bei Todesstrafe aus den Grenzen Schottlands verbannte. Die Verbannung war ausgesprochen worden, aber die Liebe, mit der der alte William Douglas an seinem Lande hing, hatte ihn allem königlichen Zorn und aller Gefahr zum Trotz im Lande festgehalten, und statt über See zu gehen, war er zu den MacGregors gegangen, um unter ihnen in Stille und Heimlichkeit die Luft des Vaterlandes weiter atmen zu können. Roderick Dhu, das Haupt der MacGregors und durch nahe Verwandtschaftsbande an das Haus der Douglas geknüpft, hatte den Verbannten und seine Tochter Ellen aufgenommen und beiden den besten Platz, den der Clan MacGregor besaß, die Insel im See, als Wohn- und Zufluchtsstätte angeboten. Sein Anerbieten war angenommen worden, und seit länger als zwölf Jahren war die Insel eine verschwiegene Residenz, darin neben Douglas und seine Tochter auch Roderick Dhu und seine Mutter lebten. Roderick Dhu liebte seine schöne Muhme, aber Ellens Herz hing an dem jungen Malcolm Graham.

An demselben Morgen, an dem der König die Insel verlassen hatte, kehrten Roderick Dhu und der alte Douglas von einem Ausflug in die Trossachs und das Tal Glenfinlas heim. Roderick Dhu war in großer Aufregung; er hatte überall, wohin er gekommen war, von dem Zuge des Königs gehört und deutete ihn nicht als einen bloßen Jagdzug, sondern als eine Rekognoszierung, der bald ein Kriegszug folgen werde. Douglas' Erregung war kaum minder groß. Er glaubte seinen Aufenthalt verraten, sich die Ursache eines Unternehmens, das er ebensowenig bezweifelte, wie Roderick Dhu selber, und klagte sich an, all dies Unheil auf seinen Gastfreund gebracht zu haben. Was immer die Ursache sein mochte, Roderick Dhu war entschlossen, das Äußerste zu wagen, und das »blutige Kreuz« durch alle Schluchten und Täler seines Clans sendend, rief er die MacGregors auf Landrick Height zusammen. Sie kamen all.

Der König, der nichts ahnte von dem Ungewitter, das sich den drei Seen entlang, an deren Ufern er gestern noch in tiefem Frieden gejagt hatte, gegen ihn zusammenzog, war inzwischen nach Stirling zurückgekehrt, voll von den Eindrücken, die das Eiland im See auf ihn gemacht hatte, vor allem aber voll Sehnsucht nach dem schönen Mädchen, das ihm wie die Beherrscherin einer märchenhaften Insel erschienen war. Es ließ ihm keine Ruhe, und ein halbes Dutzend Gefährten bis nach Bochastle mit sich führend, ritt er jetzt aufs neue, einsam, ein abenteuernder Ritter, in das Schluchtenland der MacGregors hinein, um das Mädchen vom See zu sehen und zu ersiegen. Er verstand sich auf Frauen und hielt sich seines Sieges gewiß.

Aber viel hatte sich seit gestern geändert. Die MacGregors lagen nicht mehr friedlich in ihren Hütten, sie lagerten wohlbewaffnet auf der Höhe von Landrick Height, und alle Engen und Pässe waren besetzt, um dem herannahenden Feinde, an dessen Existenz noch jeder glaubte, zu begegnen. Der König, der den See entlang, durch die Trossachs hindurch, ruhig seines Weges trottete, ahnte nicht, daß er dem ganzen Clan, der überall seinen Schritten folgte, als ein bloßer Kundschafter galt und daß Roderick Dhu beschlossen hatte, ihn auf dem Heimweg überfallen und töten zu lassen. Sehen wir, wie der König dieser Gefahr entging.

Er fand Ellen, aber er fand sie nicht geneigt, seinen Bitten Gehör zu geben. Wohl vertraut mit der Art der Frauen, stand er von einer Werbung ab, deren Erfolglosigkeit er rasch erkannte. Im Moment der Trennung warnte sie den König vor der ihm drohenden Gefahr, ein Wort, das, anfangs leicht hingenommen, dem Könige bald in seiner ganzen Bedeutung klar werden sollte. Da, wo die Trossachs zum Loch Achray hinabsteigen, sah er sich umstellt, und wiewohl er den nächsten seiner Angreifer niederschlug, rettete ihn doch nur die Nähe und Dichte des Waldes.

Der nächsten Gefahr war er entgangen, aber unkundig des Landes, der Wälder, Heiden und Moore, durch die sein Fuß jetzt irrte, wie durfte er hoffen, sich unentdeckt durch ein vom Feinde hundertfach besetztes Land zu schlagen! Erschöpft von Hitze und Anstrengung, brach er endlich zusammen und beschloß im Dickicht des Waldes die Nacht und die Rückkehr seiner Kräfte abzuwarten. Die Stunden vergingen, und die Sterne zogen endlich herauf, blaß und verschleiert, aber doch hell genug, dem Verirrten den Klippenrand oder auch die Sümpfe zu zeigen, die, unter Binsen versteckt, oft neben seinem Pfade lagen.

Es mochte Mitternacht sein, als er in der Nähe von Loch Achray kam und, um einen Felsenvorsprung biegend, plötzlich ein Wachfeuer sah, an dessen halb ausgebrannten Scheiten ein Hochländer lag. Als dieser seinerseits des Fremden ansichtig wurde, sprang er auf und forderte, auf den König eindringend, das Erkennungs- und Losungswort der MacGregors. Fitzjames war klug genug, nicht lange verhehlen zu wollen, was Tracht und Sprache doch nicht verhehlen konnten, und gab sich rund heraus als das zu erkennen, was er war, als Feind. Aber er kannte auch die Hochlandssitte, und pochend auf die Unverletzlichkeit des Gastrechts, ließ er sich am Feuer nieder und beantwortete die Frage: »Was führt dich her?« mit einem von Herzen kommenden: »Hunger und Durst.« Der Hochländer nahm Haferbrot und Rauchfleisch aus seiner Tasche und teilte, was er hatte. Dann warf er Reisig in das erlöschende Feuer, und sein Plaid von der Schulter lösend, schob er es seinem Gaste zu, der sich ohne weiteres darin einhüllte und zum Schlaf ausstreckte. Die beiden Feinde schliefen ruhig beieinander, bis die Morgensonne sie weckte. Man nahm einen Imbiß, dann wandte sich der Hochländer zu Fitzjames und sagte: »Das Land ist von den unsern besetzt, nirgends ein Ausweg für dich, es sei denn, ich führte dich und brächte dich bis Coilantogle-Ford; da beginnt euer sächsisch Land, da magst du frei deines Weges ziehen.« Fitzjames stimmte zu, und bald schweigend, bald plaudernd schritten sie vorwärts. Der Hochländer sprach viel von dem alten Rechte der Mac-Gregors, von den stolzen und übermütigen »Sassenachs«, die ihnen die alten Jagd- und Weideplätze geraubt hätten; Fitzjames aber war unzugänglich für die schlichte Beredsamkeit seines Gefährten und blieb dabei, daß die Mac-Gregors ein räuberisches Gesindel und Roderick Dhu nicht besser als der Rest seiner Clansleute sei. So kam man bis an die äußerste Spitze von Loch Vennachar, schritt noch ein paar hundert Schritte über blühende Wiesen am Teith entlang, bis man an einen Streifen binsenbewachsenes Moorland kam, sumpfig um die Regenzeit, aber jetzt glatt und hart wie eine Tenne. »Hier ist Coilantogle-Ford«, sagte der Hochländer, »dies ist sächsisch Land, dort hinüber liegen die Türme von Stirling, und ich bin – Roderick Dhu.«

Fitzjames zuckte einen Augenblick zusammen, weil ihm sein Herz sagte, was der nächste Augenblick bringen würde. »Wir haben Mahl und Lager geteilt«, fuhr Roderick Dhu fort, »und ich habe das Gastrecht heilig gehalten; ich habe dich hierher geführt bis auf sächsisch Land, du stehst auf deinem Boden, und die heilige Hand des Gastrechts hält mich nicht länger. Zieh! und laß uns sehen, wo bessere Männer wachsen, hüben oder drüben!« Dabei warf er den runden Schild hin, den er zu tragen pflegte, um während des Kampfes vor seinem Gegner nichts voraus zu haben, und stellte sich dem schweigend und unschlüssig dastehenden Feinde gegenüber. Fitzjames sah einen

Augenblick ins Land hinein, nach Bochastle hin, wo hinter dem Tannenhügel, kaum tausend Schritt von dem Binsenplan entfernt, auf dem er eben stand, seine Genossen hielten und seiner Rückkehr harrten; aber im selben Augenblick von dem Stolz und der Kampflust neu belebt, die seinem ganzen Geschlechte eigen war, rief er dem Häuptling mit der Miene der Überlegenheit zu: »So steh denn!« und drang auf ihn ein. Roderick Dhu war der Stärkere, aber großgezogen in rauher, kunstloser Schule, war er schlecht verwahrt gegen die Zauberkünste einer gut geführten Klinge. Rechts und links tropfte sein Blut aus tiefen Wunden, und endlich jetzt mit einem Meisterstoß schlug ihm Fitzjames die breite Hochlandsklinge aus der Hand. Roderick sank ins Knie, und die Waffe seines Siegers berührte fast schon seine Brust, als der erschöpfte Hochländer mit einer letzten Kraftanstrengung aufsprang und, dem Stoße ausweichend, wie eine Katze an den Hals seines Gegners sprang. Er packte mit der Rechten den Hals, mit der Linken den aufgehobenen Arm des Königs, und jetzt begann ein Ringen, in dem das Geschick des Sachsen der wilden Kraft des Hochländers unterlag. Keuchend lag jener am Boden, und Roderick, auf ihm kniend, zog eben sein Dolchmesser, um es dem Gegner in die Brust zu stoßen, als der Faustdruck, der den Besiegten am Boden hielt, plötzlich nachließ, und Roderick Dhu, erschöpft vom Blutverlust, matt und ohnmächtig zur Seite sank. Jetzt stieß der König ins Horn, und die Reiter, die hinter dem Waldeck von Bochastle hielten, sprengten herbei. Statt Ellen Douglas, die der König heimzuführen gehofft hatte, lag alsbald der Häuptling der MacGregors auf dem breiten Sattel des Pferdes und zog blaß und blutend, ein Gefangener, durch die Tore von Stirling ein. Der Schluß der Dichtung löst rasch und mit freundlicher Hand den geschürzten Knoten und führt alles zu Glück und Freude hinaus. Der alte Douglas hat sich dem König gestellt, um auf sein altes Haupt allein die Blitze des königlichen Zorns zu lenken; aber sei es der Sieg über den stolzen MacGregor, oder seien es die bittenden Augen der schönen Ellen – das Herz des Königs ist zu Milde und Vergebung gestimmt. - Roderick Dhu kehrt heim zu seinem Clan; Malcolm Graham, geschmückt mit allen Zeichen königlicher Huld, führt Ellen zum Altar. Der alte Douglas aber zieht wieder ein in Schloß Stirling, um zu stehen, wo er früher gestanden, der Nächste dem Throne und dem Herzen seines Königs.

Das ist das Märchen von der »Jungfrau vom See«. Ellen-Eiland aber ward öd und einsam, das Haus zerfiel, und seine Zauber leben nur fort im Lied und im Herzen des Volkes.

So unter allerhand Gespräch über die Jungfrau vom See, zu dem jeder aus der Vorratskammer seines Gedächtnisses wie zu einem Picknick beizusteuern bemüht war, hatten wir Bochastle erreicht, jenen an der Grenze gelegenen Punkt, wo die Reiter des Königs hielten, um bei der Entführung von Ellen

Douglas behilflich zu sein, und sich schließlich begnügen mußten, den halbtoten Roderick Dhu auf den Sattel zu heben. Der nächste Punkt von Interesse war Coilantogle-Ford. Als der Finger des Kondukteurs auf die ziemlich nahe am Wege gelegene Stelle wies, wo Roderick Dhu und Fitzjames gekämpft hatten, sprang alles im Wagen auf, mit einem Eifer und einer Raschheit, als fürchte jeder, daß ihm der Platz durch die Schaugier des andern entführt werden könnte. Der Platz an und für sich war unscheinbar genug, aber eben in seiner Unscheinbarkeit vom Dichter trefflich gewählt. Wir empfanden es an uns selbst, daß die beiden Gestalten um so deutlicher und lebensvoller vor uns hintraten, je leerer der Rahmen war, in den sie der Dichter gestellt hatte. Keine Staffage, die irgendwie gestört hätte; eine Wiese, ein Flußstreifen und still zur Rechten der See von Vennachar. Rasch ging es nun am Nordufer des Sees entlang, an Landrick Height vorbei, dem Musterungsplatz der Mac-Gregors, bis wir die Ufer Loch Vennachars mit denen des nachbarlichen Loch Achray vertauschten.

Aber noch ehe wir die Ufer des Loch Achray zur Seite haben, hält unser Wagen aufs neue; wir haben die »Türkenbrücke«, Bridge of Turk, erreicht, steigen ab und machen diesmal, statt dem Wirtshaus selber, nur seinem Schilde die Reverenz. Nach englischer Art befindet sich dasselbe nicht über der Eingangstür, sondern ist bildartig in einen Rahmen gespannt, der seinerseits auf einem Holzpfeiler steht; das Ganze einem vergrößerten Licht- oder Ofenschirm nicht unähnlich. Das Schild der Türkenbrücke beherbergt ein Doppelschild in seinem Rahmen, zu dem natürlich wie zu allem, auf das man hier stößt, die Scottsche Dichtung Stoff und Veranlassung gegeben hat. Gleich im ersten Gesange der »Lady of the Lake« heißt es:

> And when the Brigg of Turk was won,
> The headmost horseman rode alone,

Worte, von denen es nur seltsam gewesen wäre, wenn sie einem schottischen Gastwirt nicht den Gedanken nahe gelegt hätten, die Türkenbrücke zu einer goldnen Brücke für sich selber zu machen. Wir sind verbunden, ihm besten Erfolg dabei zu wünschen; denn er hat sein Geld nicht gespart und sich's vielmehr angelegen sein lassen, ein wirkliches Bild zu seinem Wirtshausschilde zu machen, eine Gesinnung, an der sich viele unserer Gastwirte ein Muster nehmen könnten, denen doch die Malerateliers um einiges näher liegen als ihrem Kollegen an der »Türkenbrücke«.

Die Kehrseite des Bildes hat ein anderes Zeilenpaar aus dem ersten Gesange der Dichtung herausgegriffen und den König darstellend, wie er nach stundenlang vergeblicher Jagd jetzt neben seinem zusammengestürzten Grauschimmel steht, trägt es die Unterschrift:

> Then through the dell his horn resounds,
> From vain pursuit to call the hounds.

Die Örtlichkeit aber dieses zweiten Bildes befindet sich bereits weit jenseits der Türkenbrücke und mahnt uns daran, daß noch ein Teil der Reise vor uns liegt. Und sei es nun, daß der zusammengestürzte Grauschimmel uns zur Milde stimmt, oder daß die Worte des Kondukteurs mit ganz besonderer Wärme uns einen Spaziergang am Loch Achray empfehlen, gleichviel, wir pflücken uns einen Heidekrautbüschel am Wege und »die blaue Blume« Schottlands an Hut und Mütze steckend, ziehen wir singend am Loch Achray entlang, dem berühmten Paß der Trossachs entgegen.

Was das Wort »Trossachs« meint, weiß eigentlich niemand. In den Reisebüchern steht, es bedeute »Borstenweg«; doch habe ich unterwegs ein halbes Dutzend Ableitungen und Erklärungen gehört, die mir um kein Haar breit unzuverlässiger erschienen sind. Aber wie immer auch die Ansichten darüber geteilt sein mögen, was Trossachs bedeutet und was nicht, darüber sind alle Schotten einig, daß die Sache selber zu den schönsten und sehenswertesten Punkten ihres Landes zählt. Wie Oban an der Westküste, so sind auch die Trossachs seit etwa zehn Jahren eine Sehenswürdigkeit par excellence geworden und erfreuen sich, namentlich auch in London und dem südlichen England, eines Schönheitsrenommees, das fast zum Widerspruch auffordert. Die Trossachs sind unbedenklich ein glänzender Punkt, aber wenn nicht zu Nutz und Frommen einiger Hotelbesitzer, so doch mindestens aus an und für sich löblicher Begeisterung für den Dichter und Schilderer dieser Lokalität um einiges überschätzt worden. Der Irrtum, der dabei begangen worden ist und noch begangen wird, ist der, daß man die Schilderung mit dem Geschilderten verwechselt und die Unübertrefflichkeit jener auf die Sache selber übertragen hat. Es ist genauso, wie wenn man diejenigen Mädchen für die schönsten halten wollte, auf die zufällig die schönsten Lieder gedichtet worden sind.

Was aber sind nun die Trossachs? Sie sind ein Paß, eine Schlucht, ein Hohlweg, der sich an einem Flüßchen entlang zwischen den zwei Felsmassen des Ben A'an und Ben Venue hinzieht, die wie Wächter neben dem Loch Katrine stehen und, ihre Häupter in seinem Wasser spiegelnd, ihre breiten Rücken bis zum Loch Achray hin zurückstrecken. Wir haben hiernach zwei Partien zu unterscheiden, eine längere (die eigentlichen Trossachs), zwischen den beiden Felsrücken gelegen, und eine kürzere (Beal-an-Duine) zwischen den beiden Häuptern der Berge. Der Fahrweg durch die eigentlichen Trossachs folgt nicht dem Laufe des in der Tiefe schäumenden Flüßchens, sondern zieht sich in halber Höhe des nördlich gelegenen Felsrückens als eine völlige Kunststraße hin. Unmittelbar zur Rechten steigen die schweren Felsmassen des Ben-A'an, bald mehr, bald weniger steil in die Luft, während wir nach links hin eine doppelte Nachbarschaft haben, zunächst die abschüssige Tiefe, dann aber jenseits derselben die mächtigen Flanken des Ben Venue. Die Höhe dieser Bergwand ist sehr bedeutend, und die reichen Waldungen, die sie bis zur höchsten Spitze schmücken, tragen nicht wenig zur Schönheit des Bildes bei. Schichtenweis wechselt die Vegetation, und während Birken und Espen die Schlucht fast überdecken, grüßt von der Mitte des Berges her ein Eichenwald, aus dessen grünen Kronen allmählich die schwarzen Tannen aufschießen, um bis zur Höhe des Berges emporzuwachsen.

All dies ist sehr schön, aber doch durchaus nicht das, was die Modevorstellung der letzten fünfzehn Jahre daraus gemacht hat. Was diesen eigentlichen Trossachs fehlt, das ist der Stempel des Besonderen. Man sieht rechts und links, vor- und rückwärts, stimmt in die »Beautifuls«, die mit der Regelmäßigkeit von Pendelschwingungen überall laut werden, nach bester Überzeugung ein, hat aber das Gefühl, sehr ähnliche landschaftliche Physiognomien schon oft gesehen zu haben, und wendet sich endlich von all der Herrlichkeit wie von einem Frauenkopfe ab, dessen Schönheit man gelten läßt, aber dessen Reiz man leugnen kann, weil die Art seiner Schönheit nichts ist als eine höhere Form der Alltäglichkeit.

So sind die Trossachs, aber so ist nicht jener Punkt, Beal-an-Duine geheißen, der sich angesichts von Loch Katrine zwischen den Häuptern der beiden Berge erhebt. Die Berge treten sich hier so nahe, daß ihre grünbekleideten Wände eine Riesenlaube bilden, die, nach hinten zu fast geschlossen, nach vorn hin wie durch einen grünumrankten Rahmen einen Durchblick auf den See gestattet. Das Ganze ist ein Kabinettstück landschaftlicher Schönheit, und Walter Scott wußte wohl, was er tat, als er an diesem Punkt den Kahn der Ellen Douglas landen und den König aus dem Gebüsch des Ufers hervortreten ließ. Die Lokalität scheint eine romantische Dichtung fast wie herauszufordern, und keine Jungfrau vom See kann hier ans Land springen, ohne auf Augenblicke für die Seejungfrau selber gehalten zu werden.

Es war die unromantischste Stunde von der Welt (2 Uhr nachmittags und alle Mann hungrig), als wir, den Bergpfad herabkommend, hier in das am Ufer liegende Dampfschiff stiegen, das die Fahrten über den See hin und zurück macht. Es heißt hier alles MacGregor: der nacktbeinige Junge, der seine

Führerdienste uns aufdringt, die beiden Alten, die unser Gepäck an Bord des Steamers bringen, und natürlich auch der Steamer selber. Aber ein bißchen Absichtlichkeit und Spekulation auf hochlandsdurstige »Southrons« kann man hier schon ertragen; die Buchen am Fuße des Ben Venue strecken ihre Zweige weit in den See hinein, und unter dem Laubdach liegt unser Steamer und spritzt von Zeit zu Zeit einen schillernden Wasserregen durch all das Blatt- und Zweigwerk hindurch. Jetzt das Zeichen mit der Glocke, und aus der schattigen Kühle hervor gleiten wir auf der glitzernden Wasserfläche zwischen den Laubwänden und nun, durch den grünen Rahmen des Felsentors hindurch, dem eigentlichen Loch Katrine zu. Gleich zu Anfang des Sees, dem rechten Ufer sich nähernd, liegt *Ellen-Eiland*. Jeder müht sich die Stelle zu erkennen, wo das mit so viel dichterischem Aufwand geschilderte Haus des alten Douglas gestanden haben soll, aber nur Birken und junge Tannen überragen die unwirtbare Fläche.

Mit dem Moment, wo wir Ellen-Eiland passiert haben, ist das Interesse an Loch Katrine so ziemlich dahin. Die Fahrt über diesen vielbesungenen See ist wie ein Diner, das mit Champagner beginnt und nach längerem Verweilen bei schlichtem Rotwein endlich mit Zuckerwasser schließt. Glücklicherweise verhielt es sich, wenn wir von der Metapher absehen und statt dessen die alleräußerlichsten Fakten befragen, gerade umgekehrt; denn am reizlosen Nordufer des Sees harrte unser im »Gasthaus von Stronachlachar« ein wohlbesetzter Tisch, dessen große Taubenpastete nur noch in kümmerlichen Resten auf unsere Nachfolger kam. Hier, vom Nordufer des Sees aus, führt ein vielbenutzter Weg zum Ostufer des Loch Lomond hinüber, und jeder Tourist, der sich, wie viele tun, auf den Besuch der schottischen Seen zu beschränken vorhat, tut am besten, die Stage-Coach zu besteigen, die, ähnlich bepackt wie unser Stirlinger Wagen, eben jetzt Miene macht, über Inversnaid usw. hinaus, die Fahrt nach dem Loch Lomond zu machen. Wir aber, die wir uns Inverneß und das Schlachtfeld von Culloden als unser Reiseziel gesetzt haben, kehren zu unserem »MacGregor« zurück, und das Land der »Lady of the Lake« noch einmal passierend, fahren wir mit dem letzten Schimmer der Abendröte wieder in Stirling ein.

EIN SONNTAG IN PERTH

Ein Sonntag in Schottland ist für den Reisenden wie ein Gewitter bei einer Landpartie. Man regnet ein, man kann nicht weiter, die gute Laune ist hin. Mit den Sehenswürdigkeiten Stirlings waren wir fertig und erschraken vor dem Gedanken, vierundzwanzig Stunden auf ein altes Times-Exemplar und eine schweigsame Table d'hôte angewiesen zu sein. Glücklicherweise erbarmte sich unser ein Frühzug, der uns, trotzdem es in Schottland keine Sonntagszüge gibt, gegen zehn oder elf Uhr vormittags nach dem alten, oft besungenen Perth führte.

Mit diesem Frühzug, der den Sonntag entheiligt, verhält es sich ähnlich wie mit dem Champagner auf der Tafel eines Türken, er geht nämlich unter einem andern Namen. Dieser Sonntagszug ist eigentlich ein Sonnabendszug. Das hat folgenden Zusammenhang. Die große Nordbahn, die England und Schottland von der Sohle bis zum Scheitel durchläuft, hat einen allabendlichen Schnellzug festgesetzt, versteht sich mit Ausnahme des Sonntags. Wer nun am Sonnabendabend in London einsteigt, um über Edinburgh nach Perth und Aberdeen zu fahren, ist begreiflicherweise im Einklang mit Sitte und Gesetz; selbst die Kirchlichkeit eines Schotten kann keinen Anstoß daran nehmen. Ist es doch nicht seine Schuld, daß der Schnellzug nicht noch schneller fährt und der Sonnabend beim Sonntag borgen muß. Nur das Benutzen dieses Zuges, sobald er schottischen Grund und Boden berührt hat, ist natürlich verpönt; doch was wäre *Fremden* nicht erlaubt!

Wir waren nun also in Perth. Als wir aus dem Bahnhofsgebäude heraustraten und auf einen kahlen Platz blickten, auf dem sich Sonnenschein und Staubwolken um den Vorrang stritten, murmelte Freund B. vor sich hin: »Ein Sonntag in Perth scheint noch schlimmer als ein Sonntag in Stirling«, worauf ich nichts Besseres zu erwidern wußte als:

> Schlimmer hier oder schlimmer dort,
> Jedenfalls ein andrer Ort.

Als sich die Staubwolke gelegt hatte, lasen wir an der Giebelseite des Hauses »Mr. Pople's English Hotel«, und da wir soeben von einem echtschottischen Mr. Campbell kamen, so wählten wir, schon des Kontrastes halber, das englische Gasthaus, das in nächster Nähe vor uns lag. Mr. Campbell und Mr. Pople verhielten sich zueinander wie ihre Namen, der eine schroff, selbstbewußt, kriegerisch, der andere still, friedlich, gemütlich. Unsere

Frage nach einem Zimmer wurde rasch bejaht und Koffer und Reisesack in eine Mansardenstube gebracht, an der die Aussicht der einzige Luxus war. Nach wenigen Minuten schon saßen wir wieder unten auf der Steinbank vorm Hause, lachend, fragend und plaudernd mit Wirt und Wirtin. Da hörte man denn manches bittre Wort. Die beiden Leute waren aus dem Süden, aus Devonshire, das der Garten Englands heißt und das so milde Luft hat, daß noch um Weihnachten herum das Land im Schmuck von Myrte und Lorbeer steht. Sie fühlten sich nicht heimisch in Schottland. Klima und Menschen waren ihnen zu rauh und der schottische Sonntag zu streng. »So kann es nicht bleiben; die Schotten fühlen es selbst; sie haben sich eine Rute aufgebunden, als sie den Forbes Mackenzie nach London schickten. Sonntagsfeier ist gut, aber schottische Sonntagsfeier ist nicht gut und ruiniert das Geschäft.« Es interessierte uns höchlichst, diese Engländer über schottisches Leben genau so sprechen und aburteilen zu hören, wie wohl Deutsche zu sprechen pflegen, wenn sie nach England kommen. »Steifheit, Geschäftigkeit, Scheinheiligkeit«, waren die Worte, die mehr denn einmal über die Lippen der guten Leute kamen, und besonders der jungen hübschen Frau sah man die Freude an, die sie empfand, sich einmal »ohne Gefahr« in unverhohlener Bitterkeit äußern zu können.

Inzwischen war ein Führer für uns geworben worden, der es trotz der Sonntagsfeier auf sich nahm, uns durch die Straßen der Stadt und hinterher auf den Kinnoull-Berg zu führen, einen Hügel, der sich am andern Ufer des Tay erhebt und der schönen Aussicht halber berühmt geworden ist, die er über die Stadt, die Flußwindungen und jenen weiten Talgrund gewährt, in dem, wenn auch nur teilweise sichtbar, Scone, Dunsinan und der Birnamwald liegen, Namen, die jeden Macbeth-Leser geläufig sind.

Perth heißt in Chroniken und Liedern das alte Perth, gelegentlich auch das schöne Perth. Zum Überfluß hat Walter Scott noch ein »Schönes Mädchen von Perth« geschrieben und, wie ich nicht bezweifle, auch in andern Lesern die Vorstellung erzeugt, daß die reizend geschilderte Stadt kaum minder schön sein könne als das schöne Mädchen selbst. Wer mit so gesteigerten Erwartungen Perth betritt, wird einer Enttäuschung schwerlich entgehen, zumal wenn er, wie wir, an einem Sonntag dort eintrifft und statt des Lebens und der Buntheit der Straßen jener Totenstille begegnet, die ihm eine unwillkommene Gelegenheit bietet, die Häuser in ihrer charakterlosen Dürftigkeit zu sehen. Aber eine alte Stadt ist Perth unbestritten. Schon 1210 ward es durch die Überschwemmung zerstört, ein noch jetzt unvergessenes Ereignis, das in dem poetischen Reimwort fortlebt:

Shochie zum Ordie spricht: sag an,
Wo ich dich wieder treffen kann?
Wir treffen uns wieder, hab acht,
Wo wir schon einmal uns trafen,
Zu Perth in der Nacht,
Wenn alle Menschen schlafen.

Perth war vor der Thronbesteigung der Stuarts ein Lieblingsaufenthalt der schottischen Könige, wiewohl sie keinen Palast in der Stadt besaßen. Sie pflegten in einem reichen Zisterzienserkloster abzusteigen, dessen Reichtum und Gastlichkeit es unnötig erscheinen ließ, noch einen königlichen Palast herzurichten. Das Zeitalter der königlichen Prachtbauten, der Stadt-, Jagd- und Lustschlösser, war damals noch nicht angebrochen, und das arme Königtum nahm noch nicht Anstand, bei dem reichen Klerus zu Gast zu gehen. Mit der Thronbesteigung der Stuarts verlor Perth den Charakter einer jeweiligen königlichen Residenz. Die Königssitze wurden südlicher verlegt, und an die Stelle von Dunkeld, Scone und Perth traten Linlithgow, Stirling und Holyrood. Nur ausnahmsweise und auf kurze Zeit nahmen auch die Stuarts noch ihren Aufenthalt in Perth, und von den sechs Jakobs, die in fast ununterbrochener Reihenfolge das Land beherrschten (nur Maria Stuart schiebt sich zwischen Jakob V. und Jakob VI. ein), wurde Jakob I. wirklich in Perth ermordet, während der letzte (Jakob VI.) den Anschlägen auf sein Leben wie durch ein Wunder entging. Diese Anschläge bilden die sogenannte 'Gowrie-Conspiracy', worauf ich weiter unten in aller Kürze zurückkomme.

Perth ist alt und hat eine schöne Lage am Tay, der, ungefähr 1000 Fuß breit, der Längsseite der Stadt entlang fließt. Die beiden Hauptstraßen, High-Street und South-Street, laufen senkrecht auf den Fluß zu und sind in der Nähe desselben nicht ohne malerischen Reiz. Da, wo die Straßen, kaum 100 Schritt voneinander entfernt, auf den Kai stoßen, der sich am Tay hinzieht, konzentriert sich das wenige, was Perth von Sehenswürdigkeiten besitzt. Hier, zwischen den beiden Straßen, steht vor allem die alte, an historischen Erinnerungen überreiche Kirche von St. John, die, der landesüblichen Ermordungen an Altar und Altarstufen zu geschweigen, vor allem dadurch eine Berühmtheit erlangt hat, daß die schottische Bilderstürmerei (infolge einer John Knoxschen Predigt) eben hier ihren Anfang nahm. Kaum hundert Schritte von der Kirche entfernt, da, wo High-Street auf den Flußkai ausmündet und einen baumbepflanzten Platz bildet, steht eine Statue Walter Scotts, die die dankbare Stadt dem Dichter des »Schönen Mädchens von Perth« errichtet hat. Was wüßte die Welt von Perth, wenn jenes Buch Sir Walters ungeschrieben geblieben wäre! Mit Rücksicht auf diesen Umstand hätte die Statue wohl besser ausfallen dürfen; eigentlich ist nichts hübsch an ihr als ihre Aufstellung. Von schönen Linden eingefaßt, High Street vor sich und den schönen Strom im Rücken, vergißt man um des hübschen Bildes willen, das sie bietet, was dem Bildwerk selber fehlt. Rechts und links neben demselben stehen ein paar russische Kanonen, Trophäen von Sebastopol her und wahrscheinlich von jenem Hochlandsregimente erbeutet, das in Perth in Garnison liegt. Überall im Lande begegnet man diesen und ähnlichen Siegeszeichen – den einzigen Früchten eines teuer bezahlten Krieges.

Weiter flußabwärts, da, wo South-Street auf den Tay stößt, erhob sich in alten Tagen Gowrie-House, der Schauplatz jenes Mordversuchs, der unter dem Namen der Gowrie-Konspiration bekannt geworden ist. Das Haus ist seit ungefähr fünfzig Jahren niedergerissen, und die Kommunalgebäude (Polizeiamt und Stockhaus), die sich jetzt an der Stelle desselben erheben, teilen in Erscheinung und Geschichte das Prosaische der ganzen Gattung. An Gowrie-House erinnert nichts mehr als ein gegenübergelegenes Bier- und Brandyhaus, das durch Abbildung der betreffenden Mordszene (im Stil unserer Jahrmarktsbilder) die Traditionen des Orts und die Vorteile des Geschäfts gleichzeitig im Auge behält. Es gibt immer noch Naturen, die sich am liebsten da zu Tische setzen, wo die Luft nach Blut riecht.

Die Geschichte der Gowrie-Verschwörung selbst ist die folgende. Jakob VI. (damals noch sehr jung) war von Lord Gowrie zu einer Jagdpartie geladen worden und auf Schloß Ruthven erschienen. Noch andere Lords waren zugegen: Lord Mar, Lord Lindsay, Lord Glamis und deren Anhänger. Der König bemerkte bald, daß man mehr oder minder Schlimmes gegen ihn vorhabe, und machte Miene, das Schloß zu verlassen. Als er sich der Tür näherte, stellte sich Lord Glamis vor dieselbe und rief ihm zu, indem er ihm den Ausgang verwehrte: »Männer verstehen sich auf Kinder, aber nicht Kinder auf Männer.« Hierbei hatte der Angriff sein Bewenden. Jakob VI. indes war nicht der Mann, solche Beleidigung zu vergessen, und zwei Jahre später, vielleicht weil man des Lord Glamis nicht habhaft werden konnte oder weil man in Lord Gowrie den eigentlichen Urheber des ganzen Vorfalls sah, fiel das Haupt des letzteren auf dem Mole-Hill bei Stirling-Castle. Sechzehn Jahre später machten die Söhne Lord Gowries, die bis dahin in selbstgewählter oder erzwungener Verbannung (in Padua) gelebt hatten, den Versuch, den Tod ihres Vaters zu rächen. Sie drangen, instigiert durch andere Unzufriedene, auf den König ein, wurden aber entwaffnet und folgten ihrem Vater in den Tod.

Wir kehrten nun Gowrie-House den Rücken, passierten die schöne Brücke, die über den Tay führt, und schritten zwischen Kreuzdornhecken und Roggenfeldern immer bergan, dem Kinnoullhügel zu, der sich, mit Laubholz und Tannen dicht bestanden, an der Ostseite der Stadt erhebt. Der Aufgang zum Hügel war der strengeren Sonntagsfeier halber mit einem Schlagbaum abgesperrt, was soviel heißt, als wir mußten einen Schilling bezahlen, um das Gewissen des wachthabenden Waldhüters zu beschwichtigen. Ziemlich erschöpft kamen wir oben an und nahmen auf einem großen Steintisch Platz, dessen Sandsteinplatte ein paar hundert eingekratzte Namen trug. Wie viel Federmesserklingen waren hier der Eitelkeit geopfert worden!

Das landschaftliche Bild, das sich uns bot, war hübsch genug, ohne etwas Besonderes zu sein. Das nach Norden hin liegende Macbethland entzog sich, wenigstens in seinen Einzelheiten, noch durchaus unserem Auge, und wir waren auf die üblichen Führerversicherungen angewiesen: »Dort hinter jenem Hügel liegt Schloß Glamis, dort Schloß Dunsinan.« Unsere Mienen ließen dem unsrigen keinen Zweifel darüber, daß wir ziemlich enttäuscht waren, und bestimmten ihn rasch zu der Frage, ob wir noch geneigt seien, das Wallaceschloß und die Wallacehöhle zu sehen. Unser Ja wurde nach so trüben Erfahrungen natürlich an allerhand Bedingungen geknüpft, und erst nachdem uns mehrfach die Versicherung gegeben war, daß es nah sei, gaben wir unsern Tischplatz auf, um einer andern Kuppe des Hügels zuzuschreiten.

Hier fanden wir denn das ehemalige (überdies wenig beglaubigte) Wallaceschloß, das jetzt als Bier- und Vorratskammer dient, wenn an schönen Sommertagen die »schönen Mädchen von Perth« auf den Kinnoullhügel hinausziehen, um daselbst mit ihren Brüdern und Bräutigams bei Reifen- und Zeckspiel den flüchtigen Reiz eines schottischen Sommers zu genießen. Was die Wallacehöhle angeht, so mußten wir uns mit der Versicherung unseres Führers begnügen, daß sie vom Fuß des Berges aus trefflich zu sehen sei und daß er uns eigens hinabführen wolle, wenn wir seinen Worten mißtrauten. Wir erschraken vor diesem Anerbieten so sehr, daß wir durch ein stillschweigendes Übereinkommen diesen Punkt nicht wieder berührten und fest entschlossen schienen, jede fernere Enttäuschung ohne Murren zu tragen. Aber etwas wollten wir wenigstens von unsern Strapazen haben, und einzelne Feldsteinstücke aus dem alten Wallaceschloß herausbrechend, dessen Felsenkeller jetzt nur noch dem Perther Bier zugute kommen, fingen wir an, zu allerhand Wurfexerzitien mit Fallberechnung zu schreiten. Weithin flogen die Steine, »ein, zwei, drei, vier«, zählten wir in Sekundenpausen, dann schlug unten der Stein auf, und in den Tannen drunten schien es lebendig zu werden. Als hätten wir die heilige Mittagsruhe des Waldes unterbrochen, wurden allerhand Klagetöne laut, und ein Adler stieg auf, höher und höher, bis er endlich über unsern Häuptern schwebte und unser Spiel zu mustern schien. Dann, als wisse er, woran er sei, sank er mit ausgespannten Flügeln wieder in die Tiefe nieder, langsam und lautlos, wie er aufgestiegen war.

Wir traten nun unsern Rückweg an, machten im Schatten einer Quelle Station, erlabten unsere Zunge, die fest am Gaumen klebte, durch einen frischen Trunk und saßen endlich wieder auf der Bank vor dem Gasthause, wo uns vier Stunden zuvor die junge Devonshire-Frau zu Mitwissern ihrer Geheimnisse und ihrer schottischen Antipathien gemacht hatte. Der Gang auf die Kinnoullhügel hatte uns nicht besonders befriedigt, aber hungrig hatte er uns gemacht, und das ist ein Segen, den man nicht unterschätzen soll. Eine halbe Stunde später meldete uns der Kellner: »If you please, Gentlemen, dinner is ready«, und wir traten nun in das kühle, luftige Eßzimmer, wo wir heute die einzigen Gäste waren. Alles atmete Gemütlichkeit, und selbst der Kossuth in Husarenuniform, der als Pendant neben dem Bildnis von Queen Viktoria hing, konnte dem paradiesischen Behagen keinen Abbruch tun, das keinen Krieg und keine Gegensätze kennt.

Als das Dessert aufgetragen wurde, Orangen und eingemachte Früchte, vermehrte sich unsere Tischgesellschaft. Zwei Herren traten ein mit den sonnverbranntesten Gesichtern, die ich mein Lebtag gesehen habe, und beide insoweit in einer Art Mauserungszustand, als die alte Gesichtshaut noch wie Flaum und Schuppen auf ihrem Antlitz lag. Es waren Engländer, höchst harmlose Leute und, wie wir bald erfuhren, sogenannte fishing-gentlemen. Wie weit ihr eigentlicher Anspruch auf den »Gentleman« reichte, lassen wir ununtersucht, aber die Angelpassion stand unbestritten bei ihnen fest. Diese Passion, die immer in England zu Hause war, herrscht jetzt mehr denn je. Wer nicht reich genug ist, einen Wildpark zu halten oder weite Strecken Landes (namentlich in Schottland) als Jagdgrund zu benutzen, dem bietet sich wenig Gelegenheit zur Ausübung eines höheren Sports. Dies mag Ursache geworden sein, daß sich die der Nation eigentümliche Waidmannslust einen andern Ausweg gesucht und zur Verallgemeinerung der Angelpassion geführt hat. Die Eisenbahnen haben wahrscheinlich auch das ihrige dazu beigetragen, diese Neigung zu unterstützen. Gleichviel, alljährlich um die Sommerzeit begeben sich Hunderte, vielleicht Tausende von Engländern ins schottische Hochland, um daselbst vierzehn Tage oder vier Wochen lang eine Art Angelkampagne durchzumachen. Bei vielen ist es die bloße Passion, bei andern kommt Erwerb und Gewinnsucht mit ins Spiel. Der Fisch, um dessen Fang es sich dabei handelt, ist beinahe ausschließlich die Forelle, die, soviel ich weiß, in verschiedenen Arten, als Bach-, als See- und Lachsforelle, sich in den Bergwässern Schottlands findet. Die Mehrzahl der Jäger begibt sich an den schönen Loch Lomond, der am südlichsten gelegen ist und nebenher allerhand Komfort bietet. Die eigentlichen Fishing-Gentlemen aber verschmähen den Loch Lomond, wie ein Gemsjäger eine Hasenjagd verschmäht, und begeben sich über den Kamm der Grampians und den Kaledonischen Kanal hinaus bis hinauf zu dem stillen, tief schwarzen See von Roßshire und Inverneß, um dort im Norden des Landes ihre Angelschnüre auszuwerfen. Ein Stück Haferbrot, gedörrtes Fleisch und eine Flasche mit Whisky in ihrem Reisesack, so verbringen sie dort oben Tage und Nächte in dem flachen Fährboot, das abwechselnd am Ufer oder auf der Mitte des Sees liegt, und nur der Hochländer oder der Händler gesellt sich zu ihnen, der flußabwärts die Beute bis zum nächsten Hafen und von dort auf die Marktplätze der großen Städte führt. Die beiden Gentlemen, die an unserem Tische Platz genommen hatten, kamen aus Inverneßshire, wo sie am Loch Neß und Loch Oich tagelang die Angelrute in der Hand gehabt und an guten Tagen fünfundzwanzig Dutzend Lachsforellen gefangen hatten, die kleineren am Ufer, die größeren in der Mitte des Sees. Ich multiplizierte im stillen 25 x 12 und kam zum erstenmal in meinem Leben zu der Betrachtung, daß auch das Angeln ein Vergnügen sein könne. Dreihundert Lachsforellen in zehn oder zwölf Stunden, das ist wie der Fischzug des Petrus, und es mag in der Tat ein Vergnügen gewähren, wenn fast von Minute zu Minute der schwimmende Kork auf der Oberfläche des Wassers zittert und im nächsten Augenblick der silberne Leib der Lachsforelle im Glanz der Sonne blinkt.

VON PERTH BIS INVENESS

Um von Perth nach Inverneß zu gelangen, kann man zwei Wege einschlagen, den einen über Forfar, Montrose und Aberdeen an der Küste entlang, den andern quer durchs Land hindurch über den Kamm der Grampians. Wer Eile hat oder die Bequemlichkeit liebt, wird den ersteren Weg wählen, der, obschon ein Umweg von 10 deutschen Meilen, mittels der eben beendigten Eisenbahn in verhältnismäßig kurzer Zeit zurückgelegt werden kann; wer umgekehrt eine Strapaze nicht scheut, wenn sie nur Lohn und Ausbeute verspricht, wird das Dach der Stage-Coach erklettern, die zweimal wöchentlich zwischen Perth und Inverneß fährt. Touristen also, die etwas sehn und nicht bloß vorwärts kommen wollen, werden sich selbstverständlich des alten Kutschwagens bedienen, der montags und donnerstags auf dem Perther Marktplatz hält und den füllen und packen zu sehen, selbst schon zu den Vergnügungen dieser Reise gehört.

Es mochte gegen 11 Uhr sein, als wir bei glühendem Sonnenbrand die angelegte Leiter hinaufstiegen und auf der hintersten Bank des Wagens Platz nahmen. Wir waren ziemlich die ersten und wiegten uns in der Vorstellung, durch Pünktlichkeit und Zusage eines Trinkgeldes uns einen komfortablen Platz gesichert zu haben. Eitle Träume; was wir auf der Tour von Stirling bis Loch Katrine erlebt hatten, war, wie wir bald merken sollten, ein kaum nennenswertes Vorspiel gewesen. Die vier Plätze der eigentlichen Chaise, die einen etwas höheren Preis zahlten, waren leer, aber die sechzehn Außenplätze, die sich vorn und hinten an den Wagen anklebten, waren besetzt bis auf den letzten Zoll. Auch dieser Ausdruck ist nichts mehr und nichts weniger als eine Beschönigung unserer eigentlichen Lage, da die Fahrgäste, die an den Flügeln der vier Bänke saßen, nur mit der einen Hälfte ihres Körpers auf sicherem Grund und Boden ruhten, während die andere Hälfte mit Hutschachteln und Reisesäcken um die Wette neben dem Wagen hin- und herschaukelte. Wie ich meinen Lesern nicht erst versichern darf, wäre dies Minimum von Reisekomfort auf einer Strecke von 25 deutschen Meilen unerträglich gewesen, wenn nicht von Station zu Station die Flügelmänner jeder Bank die Plätze getauscht und, zwischen links und rechts beständig wechselnd, die ausgeruhten Hälften wie eine immer frische Reserve ins Feuer geschickt hätten.

Ich hatte den rechten Flügel der letzten Bank inne, und wiewohl ich mich der Strapazen jenes Reisetages wie einer durchgemachten Kampagne entsinne, so muß ich doch der Wahrheit gemäß einräumen, daß mein und meiner Kameraden Position noch immer nicht zu den schlimmsten zählte. Sie war wenigstens luftig, und da man nach der Fallseite hin räumlich nicht behindert war, so konnte man sich's durch allerhand Balancier- und Schwebekunststücke relativ bequem machen. Wie anders dagegen die Mittelplätze! Die Sicherheit, die sie boten, war teuer erkauft, und der wahre Reiz des Lebens hing hier wie überall »überm Abgrund der Gefahr«. Aber ich eile in meiner Darstellung voraus. Während ich schon die Schrecken und Gefahren des Weges schildere, halten wir noch auf dem Marktplatz von Perth, und jetzt erst, wo vom alten St. Johannisturm die Mittagsstunde schlägt, knallt die Peitsche des Kutschers über die vier langgespannten Braunen hin, und unser Wagen rasselt durch Straße und Tor in die lachende Landschaft hinaus. Die nächste Station ist Dunkeld, ein alter Bischofssitz, etwa drei Meilen nördlich von Perth gelegen. Der breite, vom Tay durchflossene Talgrund, der sich zwischen beiden Städten ausdehnt, zählt mit zu den vorzüglichsten Schauplätzen schottischer Geschichte. Wir sind hier im eigentlichen Macbeth-Land, und während wir die Grafschaft Fife im Rücken, Schloß Glamis aber zur Seite lassen, fahren wir, unmittelbar an Scone-Palace vorbei, jenem Stückchen Erde zu, das durch die zwei Namen Birnam-Wald und Schloß Dunsinan eine Berühmtheit über die Welt erlangt hat.

Scone-Palace, der alte schottische Königssitz, von dem es am Schluß des »Macbeth« heißt:

> Und uns gekrönt zu sehn mit unsrer Krone,
> Erwarten wir euch im Palast zu Scone,

liegt kaum eine halbe Meile rechts von dem chaussierten Wege ab, den unsere Braunen jetzt rasch entlangtraben, und die Sehnsucht könnte über uns kommen, einem Platze von solchem Alter und so historischer Bedeutung einen kurzen Besuch zu machen. Aber der Scone-Palast, der zu *Shakespeares* Tagen noch in aller Wirklichkeit dastand, existiert nicht mehr, und die weißen Steinwände, die mit Mauerkrone und Normannenturm aus einer Gruppe alter Ulmen zu uns herüber grüßen, sind keine 50 Jahre alt und enthalten vielleicht keinen Stein mehr von dem alten Königshause, das einst hier stand. Der Scone-Palast unserer Tage ist ein Besitztum, ein Sommeraufenthalt der Grafen von Mansfield geworden, und der alte Stein, der hier einst lag und als Stuhl bei der Krönung schottischer Könige diente, ist nach London geschafft, wo er jetzt deutungsreich unter dem Sitz des englischen Thronsessels liegt.

Etwa zwei Meilen nördlich von Scone-Palace, an derselben rechten Seite des Weges, liegen Dunsinan-House und Dunsinan-Hill, in deren Nähe sich die Ruinen des alten Macbeth-Schlosses befinden, das den Birnam-Wald auf sich zukommen sah. Dieser Birnam-Wald liegt links von der Straße, verbirgt sich aber unserem suchenden Auge hinter dem 1500 Fuß hohen *Birnam-Hill*, der seine Felsmauer zwischen uns und den Wald schiebt.

Dieser Birnam-Hill ist bereits wie ein Torwächter von Dunkeld anzusehen, und in demselben Augenblick, wo wir ihn passiert und, statt seiner selbst, seine reich bewaldeten Ausläufer zur Linken haben, hören wir auch schon den lauter werdenden Hufschlag der Pferde, der uns sagt, daß wir die elastische Tenne der Landstraße mit dem harten Straßenpflaster der Stadt vertauscht haben. Von beiden Seiten grüßen jetzt tausend Fuß hohe, mit Laubholz und Schwarztannen besetzte Bergwände in die Stadt hinein, und ehe wir uns noch in dem reizenden Bilde völlig zurecht gefunden haben, hält unsere Kutsche bereits vor dem ziemlich in der Mitte des Städtchens gelegenen »Birnam-Hotel«.

Die Frage »absteigen oder sitzen bleiben« schlägt jetzt an unser Ohr, aber drei Meilen sind erst gemacht und die engagierten Körperhälften noch bei verhältnismäßiger Kraft. So ergibt sich die Antwort von selbst. Kommt uns doch auch die Höhe unseres Sitzes zustatten, um mit größerer Muße und Leichtigkeit das reizende Bild dieser Talstadt überblicken zu können. Aus dem Grunde der Bergabhänge hervor grüßt die alte, bis in die Piktenzeit zurückreichende Kathedrale, fesselnder aber erscheint uns das Bild unmittelbar zu unseren Füßen, wo wir, neben dem üblichen Durcheinander eines Gasthofs, noch das bunte Treiben und die Vorbereitungen zu allerhand Jagdausflügen ins Hochland sehen. Denn Dunkeld ist Rendezvous-Platz; hier finden sich von allen Seiten die Jagdliebhaber, die Freunde des Sports zusammen, um dann, die einzige Hochlandsstraße benutzend, die von Dunkeld aus über den Kamm der Grampians führt, auf den großen Jagdrevieren zwischen Balmoral und Inverneß die Sommermonate bei »deer stalking« und »grouse shooting« zu verbringen.

An den Gasthof lehnt sich eine säulengetragene Veranda; das Gebälk ist in Grün versteckt und die eine Seite des Vorbaues mit aufgeschichteten Reisekoffern, wie ein Repositorium mit Foliobänden, gefüllt. In der Veranda steht ein junges Paar und reicht sich zum Abschied die Hand. Die zurückbleibende Dame, groß und schlank, trägt einen breiten italienischen Hut mit weißer Feder, und die allgemeine Teilnahme an der schönen Erscheinung bekundet sich durch die halb frageweis gesprochenen Sätze: »She is his sister« oder »she is his wife.« Der Kondukteur indes, an den sich diese Worte richten, ist mit wichtigeren Dingen beschäftigt als mit der Beantwortung solcher Bagatellen, und sich durch ein »yes, Sir« das jeder zu seinen Gunsten deuten mag, aller weiteren Fragestellung entziehend, gibt er zwei jungen Hochländern, von denen jeder einen Jagdhund an der Leine hält, ein Zeichen, das auch alsbald mit zustimmendem Kopfnicken erwidert wird. Inzwischen sind an beiden Seiten unseres Wagens Leiter und Tritt gestellt worden, und ehe wir noch die Gefahr erkennen und energisch dagegen protestieren können, stehen beide Hochländer bereits mit ihren Jagdhunden unterm Arm auf der höchsten Leitersprosse, und die geängstigten Tiere wie zwei Scherbeutel unterm Arm hervorlangend, lassen sie jetzt auf das dichtverfahrene Defilee unserer Beine niederfallen. Ein Schrei der Entrüstung schallt über den Platz fort, auf dem wir halten, aber die im trockensten Ton gesprochenen Worte des Kondukteurs: »They are kind beasts, you may take them as foot-stools« stellen mit einem Schlage unsere gute Laune wieder her, um so mehr, als die Versicherung des Kondukteurs eine Wahrheit wird und die anfangs unruhigen Tiere sich wirklich wie eine Fußbank zu unsern Füßen legen.

Aber eine Überraschung drängt die andere. Auf derselben Leiter, auf der eben noch einer der Wildhüter stand, um seinen Überfall auszuführen, steht jetzt der Gentleman, dem die Hunde zugehören, und trotz der schönen Dame, die immer noch unter dem grünen Dach der Veranda verweilt, läuft jetzt ein nicht mißzuverstehendes Murren durch unsere Reihen. Es ist wahr, der Gentleman, der vor uns steht, hat das einnehmendste Gesicht von der Welt und lüftet seine schottische Mütze allerfreundlichst zum Gruß, aber wenn er noch viel freundlicher grüßte und dreinblickte, so können wir ihm nicht geben, was wir selbst nicht haben. Ich zeige auf mein rechtes Bein, das völlig in Lüften schwebt, und bemühe mich, ihm anzudeuten, daß dem Unmöglichen gegenüber auch der beste Wille zuschanden wird. Er nimmt meine Andeutungen freundlich auf, zeigt aber statt aller weiteren Erwiderung auf den Kondukteur hin, der eben den Deckel eines hinter uns befindlichen Wagenkastens auf- und zurückschlägt und im nächsten Augenblicke in die Tiefe dieser Versenkung hinabsteigend, allerdings den Platz frei läßt, auf dem er selbst bis dahin gesessen hatte. Ehe noch unser Staunen vorüber, knallt die Peitsche und ziehen die Pferde an, und über das Pflaster Dunkelds hintrabend, rasselt und lärmt der aufgeklappte, wie ein Bedientenbrett dastehende Wagenkastendeckel und scheint unserer geängstigten Phantasie die Frage vorzulegen: »Wann werd' auch ich meinen Passagier finden?«

Hinter Dunkeld zieht sich der Weg am rechten Ufer des Tay entlang und zeigt uns außer Landhäusern, die hier und da aus dem Grün hervorblicken, nichts, was unsere Aufmerksamkeit in Anspruch nehmen könnte. Etwa eine deutsche Meile hinter Dunkeld verlieren wir den Tay aus dem Auge, und statt seiner wird nunmehr der Garry-Fluß, der von den Grampians kommt, auf viele Meilen hin unser Begleiter. Seine Ufer sind nirgends lieblich, aber überall bedeutend und charakteristisch und gleich zu Anfang von imposanter Schönheit. Nachdem wir kaum tausend Schritt an der rechten Seite des Flusses bergan gefahren sind, passieren wir jenes Felsentor, das uns nunmehr zu dem berühmten Passe von Killiecrankie führt.

Der Paß von Killiecrankie hat eine dreifache Bedeutung, als Verbindungsstraße, als Punkt von hervorragender landschaftlicher Schönheit und drittens durch die blutige Schlacht, die hier am 27. Juli 1689 zwischen den Anhängern der Stuarts unter Claverhouse und den Truppen Wilhelms von Oranien geschlagen wurde. Das landschaftliche Bild, das der Paß bietet, erinnert sehr an die Trossachs. Diese haben den Ruf größerer Schönheit und werden jährlich von Tausenden um ihrer selbst willen besucht, während den Paß von Killiecrankie nur derjenige kennen lernt, den Neigung oder Geschäfte in den eigentlichen Norden Schottlands führen. Man passiert ihn, weil man ihn passieren muß; er ist Weg, nicht Ziel. Dies nicht wegzustreitende Faktum basiert auf einer Ungerechtigkeit. Der Killiecrankie-Paß ist imposanter als die Trossachs. Der Grund dafür scheint mir darin zu liegen, daß die Felswände sich noch näher und schroffer gegenüber stehen, daß der Garry, der ganz den Charakter eines lauten und reißenden Bergwassers hat, die romantische Szene mehr belebt als das unbedeutende Wässerchen, das die Trossachs mehr durchschleicht als durchschäumt, und daß drittens und letztens das Vorwiegen des Laubholzes über das Nadelholz den Wettstreit zugunsten des Killiecrankie-Passes entscheidet. Auch der blutige Kampf, der hier stattfand und von ungleich größerer Bedeutung war als ein halbes Dutzend Clanschlachten der Rinder und Schafe stehlenden MacGregors, sollte füglich diesem mehr nördlich gelegenen Punkte zugute kommen; aber die Schilderungen Walter Scotts, der es nun mal für gut befand, den Schauplatz seiner Dichtung an die Ufer des Loch Katrine zu verlegen, haben ein für allemal zugunsten der Trossachs entschieden, und solange die »Jungfrau vom See« begeisterte Verehrer an aller Welt Ecken und Enden haben wird, so lange wird auch der Killicrankie-Paß darauf Verzicht leisten müssen, die Rechte seiner Erstgeburt gegen den bevorzugten jüngeren Bruder geltend zu machen.

Ich stand (versteht sich auf einem Fuße) aufrecht im Wagen, als wir den Paß hinauffuhren. Das ganze Bild war so reizend, daß ich begierig war, nichts von seiner Schönheit zu verlieren. Dann und wann entzog sich der unten schäumende Garry unserm Blick, und nur unser Ohr vernahm ihn; dann wieder sahen wir ihn in breiten Wasserfällen über das felsige Terrain wie über eine Steintreppe herniederschäumen. Als wir fast den Nordausgang des Passes erreicht hatten, legte der Kondukteur aus der Tiefe des Wagenkastens her seine Hand auf meine Schulter und rief, nach rechts hin mit dem Kopf nickend: »Look, there's the battlefield«. Da lag es denn halb vor, halb neben uns, nicht größer als eine Gemeindewiese oder der Spielplatz einer englischen Schule. Die Form des Platzes ist ein Oblong; an der einen Längsseite fuhren wir hin, die drei anderen Seiten waren dicht mit Laubholz umstanden. Ziemlich am nördlichsten Punkt der Wiese gewahrten wir einen Stein, aufrechtstehend und von der Größe eines gewöhnlichen Mauerpfostens. An dieser Stelle fiel der Sieger des Tages, William Graham, Herzog von Claverhouse und Marquis von Dundee. Über diesen Sieg und die Person des Siegers sei mir gestattet, hier folgendes einzuschalten.

Unter den Parteigängern, die nach der Entfernung Jakobs II. (1688) die Sache der Stuarts zur ihrigen machten, steht Graham von Claverhouse, Graf von Dundee, oder »bonnie Dundee«, wie er in jakobitischen Liedern heißt, obenan. Was der große Montrose 40 Jahre früher in den Tagen Karls I. gewesen war, der Champion für Loyalität und Königtum gegen Whiggistischen Puritanismus, das war jetzt bonnie Dundee nach der Vertreibung der Stuarts. Schon während der Regierungszeit Jakobs II. hatte er sich rücksichtslos auf die Seite des wenig geliebten Königs gestellt, und jetzt nach seinem Sturze war er der erste, der die Hochlands-Clane um sich sammelte und dem neuen Regiment in London den Krieg erklärte. Wie Montrose gehörte er zum Clan der Grahams, ein Name, an den sich während der zweiten Hälfte des 17. Jahrhunderts ebenso sicher die Vorstellung einer unerschütterlich royalistischen Gesinnung knüpfen durfte, wie an den Namen Argyle die Überzeugung eines unveräußerlichen Puritanismus. Der Sieg schwankte damals fünfzig Jahre lang zwischen den von tödlichem Haß erfüllten Parteien, und die Häupter beider fanden nur zu oft Gelegenheit, ihre Hingebung und Treue mit dem Tode zu besiegeln. An derselben Stelle, wo die Häupter der Argyles in der Treue gegen den Puritanismus fielen, fiel auch das Haupt des großen Montrose im Dienste des Königtums; bonnie Dundee aber, glücklicher als die Mehrzahl der Parteihäupter jener Epoche, starb den Heldentod auf dem Felde von Killiecrankie, in demselben Augenblick, als der Sieg zugunsten seiner Sache entschieden war. Als er mit erhobenem Arme vorsprengte, um die Fliehenden zu verfolgen, traf ihn eine Kugel in die Armhöhle und tötete ihn auf der Stelle. Der aufrechtstehende Stein, von dem ich sprach, bezeichnet den Ort, wo er fiel. Mit ihm lag vorläufig die Stuartsche Sache am Boden. Der Sieg, den er gewonnen, hörte auf, ein Sieg zu sein. Die Whigs triumphierten; ihr bitterster Feind, der ihnen bis dahin als unbesieglich und unverletzlich gegolten hatte, war nicht mehr. Der Glaube an seine Unverletzlichkeit (wie sich von selbst versteht, infolge eines Paktes mit dem Teufel) war damals allgemein verbreitet im schottischen Volke. Es hieß, daß kaltes Wasser zu dampfen und zu zischen beginne, so oft er seine Füße hineinstecke, und die Kugel, die ihn endlich getroffen, sei überhaupt keine Kugel, sondern ein silberner Knopf gewesen, den einer seiner Diener vom Rocke seines Herrn losgelöst und auf ihn abgeschossen habe. *Nur was von ihm selber kam, konnte an ihn.* Der Degen

Dundees befindet sich im Besitze von Lord Woodhouselee; das Lederwams aber, das er bei Killiecrankie trug, wird zu Penicuik-House in der Nähe von Edinburgh aufbewahrt. Das Gedächtnis an seine Siege lebt noch bis diesen Augenblick im schottischen Volke fort, und für allerhand bedenkliche Situationen, die einen Helfer wünschenswert machen, existiert die sprichwörtliche Redensart: »Nur eine halbe Stunde Dundee.«

Kurze Zeit nachdem wir die Nordspitze des Killiecrankie-Passes passiert hatten, erreichten wir Blair Atholl, ein Dorf mit etwa 300 Einwohnern, das nichtsdestoweniger auf allen Karten mit großen Buchstaben verzeichnet ist. Wir nähern uns nämlich jetzt dem großen Berg- und Heideterritorium der Grampians, das, ein paar hundert Quadratkilometer groß, wie eine unwirtbare Fläche sich zwischen das fruchtbare Land des Tay- und des Moray-Busens hineinschiebt, und, wie wir bald sehen werden, von solcher absoluten Öde und Kahlheit ist, daß das an seinem Südrande gelegene Dörfchen Blair zu einer unbestrittenen Residenz dieser Gegenden wird. Unter Blinden ist der Einäugige König. Wir wechseln hier die Pferde und unsere Plätze, machen die erste Bekanntschaft des echten, unverfeinerten Haferbrotes (oat-cake) und fahren nun weiter nordwärts immer am Garry-Fluß entlang, der noch bis zum Kamm der Grampians hin unser Begleiter bleibt. Die Zeichen menschlicher Kultur ersterben allmählich; kein Dorf mehr, das wir passieren, nur von Viertelmeile zu Viertelmeile begegnen wir einem Weiler hart am Wege, elenden Hütten, weniger dazu da, um darin zu wohnen, als um den Weg zu zeigen, der aus dieser Öde in bessere Gegenden führt. Aus Torf und Rasen bauen sich diese Wohnungen auf, und das Stroh- und Lehmhaus unserer ärmsten Gegenden kommt dieser Armut gegenüber wieder zu Ehren. Aber so kümmerlich die Reste sind, die sich einem hier bieten, es sind doch immer noch Reste, und der Wanderer, der hier des Weges kommt, erfreut sich dieser Zeichen, wie sich der verschlagene Schiffer der harten Brotrinde freut, die seinen Tag und vielleicht sein Leben fristet.

Der weit vorgeschobenste Punkt heißt Dalnacardoch-Inn; nördlich von ihm beginnt die Grampian-Wüste. Ich habe nie Einsameres durchschritten. Und doch machten wir die Fahrt zur guten Jahreszeit, an einem heiteren Tage. Das Leben war über diese Gründe wenigstens hingeflogen und hatte seinen Lichtstrahl auf sie fallen lassen. Uns zur Linken schäumte der Garry, rechts von den hohen Berglehnen sickerte das Schneewasser herab, an den Wasserrinnen entlang leuchtete das Grün und Rot des Heidekrauts, und aus dem moosigen Gestein flog von Zeit zu Zeit ein Bergvogel oder auch ein Volk Hühner auf. Wie muß es hier sein, wenn der Sommer seine warme Hand von diesen Feldern nimmt und der Wind das schwache Lebensflämmchen ausbläst, das hier still und geschäftig wirkt? So fragt' ich, und als ob die Grampians mich verstanden hätten, gaben sie Antwort auf meine Frage. Wolken zogen über den Himmel hin, und das warme Blau verwandelte sich in ein schwüles Grau, der Garry hörte auf zu schäumen, Moos und Heidekraut verschwanden, auch das Wasser schwieg, das von den Bergen gekommen war – wir hatten den großen Friedhof dieser stillen Gegenden erreicht. Ein meilenweites Blachfeld lag vor uns, über das der Tod – wenn nicht ein Schlimmerer - im Grimme hinweggegangen schien, mit zorniger Hand die Felsenzacken abreißend, wie der Sturm die Ähren von den Halmen reißt, und sie ausstreuend weit über das Feld hin. Es graute uns, als wir an diesem Saatfeld des Schreckens vorüberkamen, und das Gespräch stockte, das bis dahin so munter von allen Lippen geflossen war.

Wie einer, der einen finstern Traum gehabt und mit einem »Gott sei Dank« erwacht, weil eben alles ein Traum gewesen, so fiel es wie eine Last von uns ab, als, plötzlich fast, das Steinfeld sein Ende erreichte und nur noch das bequem zur Hand liegende Material gewesen zu sein schien, um ein *steinernes* Gasthaus mit *steinernen* Scheunen und einer hohen *steinernen* Mauer um beide herum daraus aufzuführen. Wie jubelten wir, als wir unter den blühenden Lindenbäumen dahinfuhren und aufspringend unsere Köpfe in die Blatt- und Blütenfülle hineinsteckten; keine Orangerie auf Terrassen und Freitreppen hatte uns je so herrlich gedünkt wie diese Lindenbäume, die das Wirtshaus Dalwhinnie umstanden. Mit einem Gefühl unverstellter Freude sahen wir über die hohe Gartenmauer in den Obst- und Küchengarten hinein, wo rot schillernde Kohlköpfe die Beete einfaßten und selbst ein paar Kirschen im Laub der Bäume steckten. Und nun das Haus selbst erst! Die alten Eckschränke mit Rokokoschnitzwerk und verschossenen Gardinen, das steinalte Mütterchen im Lehnstuhl, der Kamin, drin jahraus jahrein das Feuer prasselt, als gäb' es keinen Sommer hier, wie tut das alles wohl, und es hätte kaum noch »des Einzugs der Prinzessin Friedrich Wilhelm in Berlin« bedurft, der (den Illustrated London News entlehnt) in Buntfarbendruck an den Wänden hing, um uns, unter dem Vorteil des Kontrastes, den kurzen Aufenthalt in Dalwhinnie-Inn zum Glanzpunkt des Tages zu machen. Es hat einen Sinn, wenn sich auf den schottischen Hochlandskarten die Hütten und Weiler dieses Plateaus mit einer größeren Gewissenhaftigkeit verzeichnet finden als die Städte und Dörfer südlicher Distrikte. Denn im Süden können wir eines Dorfes, einer Stadt entbehren; die allernächste schon läßt uns den Verlust kaum noch als solchen empfinden; aber das einsame Haus an unwirtbarer Küste, in der Einöde des Gebirges, läßt uns erkennen, was es mit einer Menschenwohnung auf sich hat.

Halben Weges zwischen Dalnacardoch-Inn und Dalwhinnie-Inn, ziemlich genau da, wo man aus Perthshire in die Grafschaft *Inverneß* eintritt (ein

Wechsel, den man nur an den verschieden verfärbten Wegweisern wahrnimmt), befindet sich auch die Wasserscheide der Grampians, und an die Stelle des Garry, den wir stromaufwärts verfolgten, tritt nun der Spey-Fluß, der seinen Abfluß nach Norden hat und uns fast bis an die Tore von Inverneß begleitet. Von Dalwhinnie-Inn bis Inverneß sind noch zehn bis zwölf deutsche Meilen. Je mehr wir uns Inverneß nähern, oder mit andern Worten, je mehr wir von der Steinöde der Grampians loskommen, desto fruchtbarer wird wieder das Land. Es ist, als ob der Norden seinen alten Charakter verlöre und statt ein Sitz der Öde ein Sitz des Lebens und der Freude würde. Eine Niederung ist es und ein Küstenland, in das wir jetzt hineinfahren, und die natürlichen Segnungen, die ein flußdurchströmtes Küstenland bietet, machen sich auch an dieser Stelle geltend und fallen schwerer ins Gewicht, als der Breitengrad, der wir, wie eine Stufe gegen Norden hin, eben hinansteigen.

Dalwhinnie-Inn war nur erst ein Haus; eine Meile nördlicherhaben wir schon eine Gruppe von Häusern, die Häuser werden zum Dorf und das Dorf endlich zu einem Städtchen. Wir haben Newtown (Neustadt) erreicht und traben über das Pflaster des Städtchens hin, als war' es das einer Residenz. Und was ist es? Zwei Reihen Häuser, die zwischen gelben Haferfeldern liegen. Ohne Aufenthalt fahren wir hindurch und sind mit untergehender Sonne in Kingussie. Kingussie ist ein altes Hochlandsdorf, eine Art Hauptstadt der Macphersons, die hier herum ihre Sitze haben. Hier, in unmittelbarer Nähe, lebte auch James Macpherson, der Herausgeber des »Ossian«, für dessen völlige Echtheit oder völlige Unechtheit ein halbes Jahrhundert lang so viele kritische Lanzen gebrochen worden sind.

Als wir vor Kingussie-Inn hielten, sahen wir, daß Jahrmarkt im Dorfe war. Hochlandssöhne, zum Teil noch in die Farben ihrer Clans gekleidet, standen in Gruppen vor einer aufgestellten Drehorgel, an deren Hinterseite sich, wie auch auf unseren Jahrmärkten, eine bemalte Leinwand erhob. Allerhand Szenen aus dem Krimkrieg waren darauf abgebildet, zumal die Kavallerieattacke von Balaklawa und das Hochlandregiment (Sir Colin Campbell), an dem sich der Angriff der russischen Reiterei brach. Dazu spielte der Leierkasten eine Arie aus Flotows »Martha«, und die heiseren Kehlen der Umstehenden stimmten mit ein. Es mochten hundert oder hundertundfünfzig Menschen sein, die sich hier vergnügten, auf mein Gemüt aber übten sie die Wirkung, als hätt' ich nie ein größeres Menschengedränge gesehen, so frisch und so stark noch waren die Eindrücke, die das öde Steinfeld der Grampians auf mich gemacht hatte.

Gern hätten wir uns in dieses Treiben hineinbegeben, aber eine andere Stimme machte sich geltend, die von gebieterischem Klange war. Es waren nun fast zwölf Stunden, daß wir im Englischen Hotel zu Perth unser Frühstück eingenommen hatten, und mit Ausnahme eines Stückchens oat-cake und eines Glases Toddy (Whisky und Wasser) war den ganzen Tag über nichts über unsere Lippen gekommen.

Das erzeugte denn freilich Stimmungen, in denen einem ein Hammelschlegel aus dem Clan der Macphersons weit über die Art und die Bedeutung ihrer Volksfeste geht, zumal wenn man im Hochland reist und durchaus nicht weiß, was die nächste Stunde bringen wird und was nicht. Wir eilten in das Gasthaus hinein, dessen Flur und Eingänge mit allerhand Laubgewinden festlich geschmückt waren, und fanden uns ins Unvermeidliche, als wir unseren Imbiß, ein Stück Hammel mit einem Glase Bier, mit fünf Schilling bezahlen mußten.

Es war schon spät Abend und die Augustsonne längst unter, als wir mit jenem süßen Gefühl des Gekräftigtseins, das man auf Reisen von jeder Mahlzeit mitbringt, unsere Turmplätze wieder erkletterten und in die Sommernacht hineinfuhren. Die abendliche Kühle lief uns wie ein Bad wohltuend über den Rücken, und alles war heiter und gesprächig, als ein Feuerwerk eigener Art unsere Fahrt unterbrach. Aus der Achse des einen Vorderrades schoß und sprühte es hervor wie ein zischender Schwärmer. Ich hatte das Schauspiel gerade vor mir und rief dem Kutscher zu: »Stop, the wheel burns!« Jeder sah das Sprühfeuer, das hell in die Nacht hineinleuchtete. Der Wagen hielt, der Kondukteur sprang aus dem Wagenkasten, goß allerhand rätselhafte Flüssigkeiten, über die wir nie aufgeklärt worden sind, auf die Schraubenmutter und erklärte dann mit mehr Gleichmut als Wahrheit, daß alles in Ordnung sei. Aber es war nicht alles in Ordnung, und eine Fahrt begann, wie ich sie vorher nicht durchgemacht habe und auch nicht wieder durchzumachen wünsche. Zwischen Brennen und Löschen ging es vorwärts. Der Kondukteur nahm seinen Stand auf einem Wagentritt unmittelbar neben dem Feuerrade, und jedesmal, wenn die Funken wieder zu sprühen begannen, erschallte sein »stop!« Dann kurze Pause, etwas Gespräch, etwas Flüssigkeit, und wieder ging es weiter in die Nacht hinein. Unsere gute Laune hätte schwerlich ausgehalten, wenn wir nicht gewußt hätten, daß die nächste Station binnen einer guten halben Stunde erreicht werden mußte. In der Tat, wir kamen wohlbehalten an und hielten vor dem Wirtshaus von Aviemore. Inzwischen war es völlig Nacht geworden, und jeder kennt das komisch-romantische Treiben, das auf einsamen Posthöfen auf eine Viertel- oder halbe Stunde zu herrschen pflegt, wenn ein verspäteter Kutschwagen die Ruhe solcher Höfe unterbricht. Aus Verschlafenheit und Holzschuhen, aus Stallaternen und Wichtigkeit setzt sich ein wunderliches Bild zusammen, das natürlich an Reiz und Interesse wächst, wenn »etwas vorgefallen ist«, und jeder glaubt, durch seinen Rat und seine Laterne die Sache bessern zu können. Ein solches Bild hatten wir auf dem Wirtshaushof von Aviemore. Nachdem mit

Hebebäumen und Schraubstöcken, mit Raten und Taten eine halbe Stunde vertrödelt, endlich aber mit Hilfe von aufgestreutem Schwefel die Frage »Feuer oder Nicht-Feuer« zugunsten von »Nicht-Feuer« beantwortet war, trieb uns der Kondukteur mit einem ermutigenden »all safe« wieder auf den Wagen, und aufs neue ging es in die Nacht hinein. Schlaftrunken saßen wir auf unsern Plätzen, gleichgültig dagegen, ob das Vorderrad abermals brennen oder ein Nicken nach der Fallseite hin uns aus dem Unkomfort unserer Lage, freilich auf Kosten gesunder Glieder, ein für allemal befreien werde. Nur als die Mitternachtsnebel neben uns über die Heide zogen und der Kondukteur, der bemerkt haben mochte, daß es mit unsereinem nicht ganz richtig sei, mir vertraulich ins Ohr flüsterte: »Look, Culloden-Moor«, rafft' ich mich auf, um mit poetischem Grauen auf das Blachfeld zu blicken, das neben uns lag. Dann wieder siegte die Müdigkeit, bis das Gerassel auf dem Straßenpflaster uns weckte und wir alsbald beim Schimmer zweier Gaslaternen die Worte lasen: »Union-Hotel«. Wir waren in Inverneß. Es war drei Uhr morgens.

INVERNESS

Die Strapazen am Tage vorher hatten uns einen langen und festen Schlaf eingetragen. Die Frühstücksstunde war längst vorüber, als wir im großen Speisesaal des Union-Hotels zu Inverneß erschienen, um unser Breakfast einzunehmen. An der langen Tafel, die nach englischer Sitte mit Silberkannen und anderem blinkendem Geschirr reichlich besetzt war, saßen einige der Herren, die am Tage vorher unsere Reisegesellschaft gebildet hatten. Wir kamen uns jetzt ein wenig näher, und statt der üblichen Redensarten, auf die sich während der Fahrt unsere Unterhaltung beschränkt hatte, brachten wir es jetzt zu einer wirklichen Konversation. Es waren fast ausschließlich englische Gardeoffiziere, junge Kavaliere aus reichen und vornehmen Familien, die von einem Jagdvergnügen etwas mehr verlangen als die bequeme Gelegenheit zu massenhaftem Niederschießen jener Gold- und Silberfasanen, die in den Parks der englischen Großen so dicht und so bunt wie die Gold- und Silbernüsse an einem Weihnachtsbaum zu sitzen pflegen. Die echte Waidmannslust gibt begreiflicherweise den weiten Heidestrecken des Hochlands den Vorzug, wo Geschick, Kraft und Mut dazu gehören, den Hirsch zum Stehen zu bringen. Es waren feine, liebenswürdige Männer, besonders der schlanke Gentleman aus der Gasthofsveranda in Dunkeld, dessen zwei Jagdhunde auf viele Meilen hin unsere geduldigen Fußkissen abgegeben hatten. Sein Name war Sir John Metcalfe, ein Enkel jenes Sir Charles Metcalfe, der, nach der Abdankung Lord Bentincks, eine kurze Zeit hindurch als Generalgouverneur von Indien eine hervorragende Rolle spielte. Dies gab Veranlassung zu einem Gespräch über Indien, das uns um so lebhafter interessierte, als der junge Offizier selbst jahrelang im indischen Dienst gestanden hatte und erst seit kurzem von Delhi und Lucknow her wieder in London eingetroffen war.

Nach dem Frühstück machten wir zunächst einen Gang durch die Stadt. Man merkt hier allerdings, daß man sich im Hochland befindet. Zwar herrschen Frack und Überrock, Hose und Filzhut vor, aber die alte Hochlandstracht ist doch noch nicht insoweit aufgegeben, daß sie einem wie ein Kuriosum erschiene, wenn man ihr ausnahmsweise begegnet. Gleich neben dem Union-Hotel befindet sich das große, im In- und Auslande berühmte Geschäft Mr. Macdougalls, dessen alle Etagen des Hauses füllenden Warenlager am besten zeigen, wie stark noch immer die Nachfrage nach Artikeln ist, die das schottische Hochland repräsentieren. Allen diesen Artikeln ist das gemeinsam, daß sie in den Clanfarben auftreten; im übrigen sind die Gegenstände, die sich in diese Farben kleiden, so verschieden wie möglich.

Von der schweren Seidenrobe an bis herunter zum Zwirnwickel und Stahlfederhalter findet sich alles bei Mr. Macdougall zusammen, was nur irgend die Farbenmischung von rot und blau und grün ertragen kann. Plaids, Tartans, Mützen und Strümpfe füllen einen Saal, Quincailleriesachen einen andern; Waffen, Schmuck und allerhand Gerät einen dritten und vierten. Vieles davon geht sicherlich ins Ausland, aber die Plaids und Tartans, soweit sie nicht von Seide sind, bleiben wohl überwiegend im Lande. Wenn der Leser dabei ins Auge fassen will, daß Mr. Macdougall *jeden* Clan (deren immer noch über 50 existieren), seine Ehre gönnt, so wird ihm das am besten einen Begriff von der außerordentlichen Ausdehnung dieses Handelshauses geben.

Inverneß ist überhaupt eine vorwärtskommende Stadt, »a thriving town«, wie die Engländer sagen, und weist so viel von Handel und Wandel auf, wie an so nördlicher Stelle und bei so dünn gesäter Bevölkerung nur irgend erwartet werden kann. Etwas zu seiner Blüte hat wohl der Kaledonische Kanal beigetragen, der, bei Inverneß beginnend, mit Hilfe des Loch Neß und Loch Lochy, die Ostküste Schottlands mit der Westküste, also mit Glasgow verbindet. Dennoch haben sich die Erwartungen, die man an das Zustandekommen dieses Kanals knüpfte, nicht völlig erfüllt. Der von Osten kommende Handel hat an der englisch-schottischen Ostküste eine Menge anderer Häfen und Stapelplätze, die mindestens nicht schlechter gelegen sind als Inverneß und eine rasche Eisenbahnverbindung vor diesem voraus haben. Als der Kanal vorgeschlagen und ausgeführt wurde, wußte man freilich noch nichts von einer Konkurrenz, die so nah und so drohend bevorstand.

Nichtsdestoweniger ist Inverneß der bedeutendste Punkt im ganzen Norden von Schottland (Aberdeen wird dem Osten zugerechnet) und heißt mit Recht die Hauptstadt des Hochlandes. Das immer spärlicher werdende Leben rafft sich hier noch einmal zusammen, schafft Komfort, Luxus und Geselligkeit und treibt Blüten der Wissenschaft und selbst der Kunst. Die Stadt hat drei Zeitungen, was bei einer Bevölkerung von 15000 Menschen zeigt, welch reges geistiges Leben an dieser Stelle noch tätig ist.

Die Sehenswürdigkeiten der Stadt reduzieren sich auf einen einzigen Punkt, auf den unmittelbar neben der Stadt gelegenen Hügel, wo jenes Schloß *Macbeths* stand, in dem König Duncan ermordet wurde. Von dem alten Schlosse existiert keine Spur mehr. Nachdem es durch die Jahrhunderte hin zahllose Änderungen und Erweiterungen über sich hatte ergehen lassen müssen, wurde es im Jahr 1746 von den Anhängern des Prätendenten in die Luft gesprengt. An der Stelle, wo es stand, befindet sich jetzt ein im Kastellstil gebautes Grafschafts- und Gerichtsgebäude, das nach drei oder vier Jahrhunderten das alte Macbeth-Schloß ziemlich gut veranschaulichen wird. Die Aussicht von diesem Schloßhügel aus ist sehr schön und doch wiederum noch anziehender und reizvoller, als sie schön ist. Ein romantischer Zauber liegt über dieser Landschaft, ein Zauber, gegen den sich auch der nicht verschließen kann, der keine Ahnung davon hat, daß jemals ein König Duncan lebte und ein Feldherr Macbeth, der ihn ermordete. Ein Ton stiller, rührender Klage durchklingt das Ganze, wie das Gefühl eines scheidenden Frühlings, eines kurzen Glücks. Fruchtbare Täler, in denen das Korn reift, dehnen sich in gelben Streifen nach Ost und West hin; aber die Fülle, der Segen ist nur ein Gast hier, ängstlich schüchtern, immer bereit, den eingebornen Gewalten das Feld zu räumen, dem Sturm und der Öde. Nur die hohen Berge, die von Norden her auf die Fruchtbarkeit herabblicken und unmittelbar vor uns die mächtigen Wasserflächen des Moray-Busens sind hier die Herren und Regierer und breiten sich aus mit der stattlichen Sicherheit des Zuhauseseins. Die Natur nördlicher Gegenden kommt über ein Herbstgefühl nicht hinaus. Es war mir, als müßten die Sommerfäden still und geschäftig an mir vorüberziehen.

Kehrt man dem schönen Meerbusen, den wir eben überschauten, den Rücken zu, so haben wir zunächst die Stadt zu unsern Füßen. Jenseits derselben blicken wir in das Grampian-Land hinein, das wir am Tage zuvor in seiner ganzen Ausdehnung, aber auch in seiner ganzen Öde und Traurigkeit passiert haben. Dies breite mächtige Stück Land zwischen dem Busen des Tay und dem Moray-Busen ist das alte Herz des Landes, wo sich die Geschichte desselben abspielte zu einer Zeit, als Edinburgh noch ohne alle Bedeutung und das schöne fruchtbare Land im Süden der jetzigen Hauptstadt noch ein Landstrich von unbestimmtem politischen Charakter, mehr eine Republik von Wegelagerern als ein königlicher Besitz war. Das alte Grampian-Land ist deshalb zu gleicher Zeit auch das Land der alten schottischen Könige, zumal König Macbeths. Wir finden ihn bald im Süden, bald im Norden von Perth und Inverneß, aber doch immer in nächster Nähe beider. Das Land um den Meerbusen des Tay herum war seine eigentliche Heimat; er tritt auf als Glamis und Than von Fife. Sein Sieg über die Dänen aber führt alsbald zu seiner Belehnung mit nördlich gelegenen Schlössern und Landstrichen. Er wird Than von Cawdor und kommt als solcher wahrscheinlich in Besitz des in der Nähe von Cawdor gelegenen Schlosses von Inverneß, in dem dann die Ermordung König Duncans stattfindet. Als König, so scheint es, gibt er seine nördlichen Besitzungen wieder auf und macht statt dessen das in seiner heimatlichen Grafschaft Perth gelegene Schloß von Dunsinan zu seiner Residenz. Hier unterliegt er dann seinem Geschick und dem Schwerte MacDuffs, »der aus seiner Mutter Leibe geschnitten war«.

Das Heidemoor von Forres, drauf die Hexen dem Macbeth mit ihrem verführerischen »hail Macbeth, who shall be king« erschienen, liegt fünf Meilen östlich von Inverneß, am Meerbusen des Moray entlang. Wer in einem

Dampfboote die Fahrt nach Aberdeen macht, kann, wenn er abends Inverneß verließ, um Mitternacht rechts hinüberlugen nach der Hexenheide und einen Einblick tun in die unheimlich-gespenstische Welt, wo Moornebel und Mondlicht ihre Gestalten brauen.

CULLODON MOOR

Drumossie-Moor, Drumossie-Tag,
O bittrer Tag, o blut'ges Moor.
R. Burns.

Von Inverneß führt eine alte Fahrstraße in fast ununterbrochen östlicher Richtung an der Küste entlang. Die Namen der Städte und Schlösser, die diese Straße passiert, sagen einem am besten, daß man sich im eigentlichen *Macbeth-Land* befindet: erst Cawdor-Castle, dann Forres, endlich Banff und Macduff.

Wir verfolgen diese Straße nicht ihrer ganzen Länge nach, begnügen uns vielmehr mit einem Besuch von Culloden-Moor, jenem meilenlangen Blachfeld, das fast unmittelbar vor den Toren von Inverneß beginnend, von der oben genannten Fahrstraße durchschnitten wird.

Culloden-Moor ist das berühmte Schlachtfeld, auf welchem die Stuarts, nachdem sie dreimal den Versuch ihrer Wiedererhebung gemacht hatten, endlich für immer unterlagen. Ich verweile einen Augenblick bei den nötigen historischen Fakten.

Prince Charlie, der vielbesungene Sohn des Prätendenten, war am 27. Juni 1745 in Schottland gelandet. Die Clane hatten sich beinahe ausnahmslos um ihn gesammelt. Am 10. September zog er in Perth, am 19. in Edinburgh ein und schlug zwei Tage später die ihm entgegenrückenden Engländer auf der Ebene von Prestonpans. Ganz Schottland war Sieg und Jubel. Anfang November begann der Zug gegen England. Man nahm Carlisle und war bereits bis Leicester vorgedrungen, als Uneinigkeit und Eifersüchtelei zwischen den Clanen, besonders aber die Nachricht von der Rückkehr des Herzogs von Cumberland, der bis dahin mit den besten englischen Regimentern in Deutschland gestanden hatte, dem Siegeszug ein Ende machte und zur Umkehr zwang. Anfang Januar passierten Prince Charlie und seine Clane die schottische Grenze auf dem Rückwege. Gehoben durch die Vorstellung, wieder heimatlichen Boden unter den Füßen zu haben, fochten sie noch einmal siegreich auf dem alten Schlachtfelde von Falkirk; dann neigte sich ihr Stern, rascher und plötzlicher noch, als er aufgegangen war.

Überlegene Streitkräfte schlossen sie ein, und durch die Grafschaften Perth und Inverneß hin ging es jetzt in eiliger Flucht. Auf Culloden-Moor machten sie einen letzten Stand. Es ist viel darüber hin- und hergestritten worden, warum die Hochlandsarmee gerade hier ihre Aufstellung nahm, wo sie von Anfang an alle Chancen gegen sich hatte; die Sache ist aber die, daß die ganze

Insurrektion bereits in ein Stadium getreten war, wo nichts so sehr fehlte als ruhige Anordnung und Überlegung. Man folgte den Eingebungen des Moments und floh und focht, wie es die Stimmung des Augenblicks mit sich führte. Noch andres kam hinzu. Die tapfersten und zuverlässigsten Clane, die sich um die Fahne des Prätendenten geschart hatten, die Frazers und MacDonalds, die MacPhersons und Macintosh, waren ebenhier zwischen Aberdeen und Inverneß zu Hause und zeigten sich wenig geneigt, Weib und Kind dem nachrückenden Feinde ohne Schwertstreich zu überlassen. So entspann sich die Schlacht. Der Ausgang derselben war von Anfang an wenig zweifelhaft; zwei Umstände aber vervollständigten die Niederlage der Hochländer. Zunächst das unerwartet frühzeitige Eintreffen des Herzogs von Cumberland, dann die Haltung der MacDonalds, die jede Teilnahme am Kampf ablehnten, weil ihnen die Ehrenstellung am rechten Flügel, die sie beanspruchten, versagt worden war. Dazu kam das Terrain, das flach und hart wie eine Tenne, der überlegenen englischen Reiterei alle nur möglichen Chancen bot. Alle Tapferkeit der einzelnen Clane war umsonst. In wenigen Stunden war die Niederlage vollendet. Gegen 800 Hochländer lagen tot auf der Heide. Die dem Norden angehörigen Clane flohen über Inverneß hinaus; die andern hielten sich südwestlich und trafen andern Tages mit der Abteilung zusammen, die Prince Charlie am Nairn-Fluß zur Verteidigung einer Furt zurückgelassen hatte. Es waren ihrer immer noch gegen 8000 und bereit, den Kampf aufs neue aufzunehmen. Prince Charlie selbst aber hatte seine Sache bereits verloren gegeben und entband die Clanführer ihres Eides. Er selbst nahm Abschied und eilte auf unwirtbaren Wegen dem Westen zu. Diese Flucht ist berühmt geworden. 30000 £ St. waren auf seinen Kopf gesetzt; Hunderte von Hochländern wußten, wo er sich verborgen hielt, aber nicht einer brach die Treue und zeigte Lust, das Blutgeld zu verdienen. Der Prinz selbst entkam endlich von der Insel Skye aus. Die Niedermetzlung der einzelnen Clane begann nun und befleckte den Namen des Herzogs von Cumberland, der in seinen Kämpfen mit dem berühmten Marschall von Sachsen wenigstens Ehre, wenn auch nicht Sieg davongetragen hatte. Galgen und Rad räumten auf zwischen Aberdeen und Inverneß, und jene Klage wurde lebendig, der Burns in seinem schönen Liede Ausdruck gegeben hat:

> Die schöne Maid von Inverneß,
> Wie freudlos ihr der Tag vergeht.
> Sie schafft und spinnt und webt, indes
> Ihr dunkles Äug' in Tränen steht
> »Drumossie-Moor, Drumossie-Tag,
> O bitterer Tag, o blut'ges Moor,

Wo kalt und starr mein Vater lag
Und ich der Brüder drei verlor.
Sie liegen tief in Sand und Blut,
Im ersten Grün die Gräber stehn,
Der beste Bursch daneben ruht,
Den Mädchenaugen je gesehn.
Weh Sieger dir, der nach der Schlacht
Noch die Geschlagnen niedertrat,
Du hast manch Herz betrübt gemacht,
Das dir doch nichts zu Leide tat.«

Ich habe bis hierher in kurzen Worten die Schlacht von Culloden beschrieben; ich führe nun den Leser auf das Schlachtfeld hinaus. Der Weg führt von Inverneß zunächst zwischen Gärten und Ahornbäumen, dann zwischen Hecken und Hügeln hin, die hier und dort den Weg verengen und eine Art Schluchtenterrain bilden.

Wir mochten eine gute Viertelstunde gegangen sein, als sich plötzlich der Blick nach allen Seiten erweiterte und unser Führer, mit der vollen Hand ins Blaue deutend, ausrief: »There's Culloden-Moor.« Ziemlich zu unseren Füßen und das Hügelterrain umzirkelnd, aus dem wir eben heraustraten, floß ein Bach, halb Graben, halb Bergwasser, und bezeichnete die Grenze zwischen dem diesseits gelegenen Gartenland von Inverneß und der Öde des Moorlandes, das jenseits lag. Sogar die abschüssigen Wände des Baches selbst schienen an dieser Scheidung teilzunehmen; die eine Wand war dicht mit Disteln bestanden, die andere war kahl, und die Vergißmeinnicht am untersten Rande derselben gehörten mehr dem Wasser als dem Boden an. Wir passierten eine alte Feldsteinbrücke, die über den Bach führte, und standen nun auf Culloden-Moor. Dies berühmt gewordene Moorland dehnt sich meilenweit in nordöstlicher Richtung aus und würde an sich selbst nicht verfehlen, durch seine Stille und Öde einen Eindruck auf den Reisenden zu machen, auch wenn man nicht wüßte, daß es ein Schlachtfeld und die Grabstätte so vieler tapferer Männer sei. Es erinnert in gewissem Sinne an das Steinfeld der Grampians, das ich in einem früheren Kapitel beschrieben habe. Freilich fehlen hier die Züge, die jenem Steinfeld den Charakter des Großartigen leihen; aber die absolute Öde dieses meilenlangen Moors, darauf nicht Baum und Strauch gedeiht, wirkt kaum minder ängstigend und bedrückend, auch ohne die Attribute eines besonderen Schreckens. Es ist schwer zu sagen, was furchtbarer sei, die Einsamkeit auf einem stillen oder einem empörten Ozean.

Die große östliche Fahrstraße nach Forres, Banff und Macduff, wie bereits hervorgehoben, führt mitten durch dieses Moor hindurch. Sie führt nicht bloß mitten durch das Moor, sondern auch mitten durch das Schlachtfeld. Alle Punkte, an denen mit Erbitterung gekämpft wurde, liegen dicht am Wege. Zunächst in unmittelbarer Nähe der Brücke passieren wir einen Turm, der den Namen führt: The tower of the last encounter, d. h. Turm der letzten Begegnung. Die nördlichen Clane, die ihre Flucht über Inverneß nahmen, setzten sich hier noch einmal zur Wehr. Aus welchem Grunde sie gerade diesen Punkt zur Wiederaufnahme des Kampfes wählten, ist schwer zu sagen, da das Terrain so ungünstig gewählt erscheint wie nur irgend möglich. Man fragt unwillkürlich: warum nicht jenseits der Brücke? Der Bach in ihrem Rücken konnte nur das Mißliche ihrer Lage steigern und tat es. Wahrscheinlich waren sie zu erschöpft, um den Wettlauf mit den verfolgenden Dragonern noch länger möglich machen zu können, und kämpften nur, weil Nichtkampf noch sicherer zum Verderben geführt hätte. Wenige entkamen, nur um die Botschaft von der Niederlage nach Roßshire und dem Norden zu bringen. Der Turm, der den Platz »der letzten Begegnung« bezeichnet, hat ohngefähr die Form einer holländischen Windmühle – wogegen nicht viel zu sagen wäre, wenn man nicht gleichzeitig auf die geschmacklose Idee gekommen wäre, den untern Dachrand mit 6 oder 8 hölzernen Kanonen zu garnieren, die nun nach allen Seiten hin ihre Zunge ins Land hineinstrecken. Ich wähle diesen Vergleich absichtlich, denn das Ganze nimmt sich aus wie Spott und Verhöhnung. Wo wirkliche Kanonen aufgeräumt haben, ist solche Spielerei nicht am Platz.

Wir haben den armen Schuhflicker, der unten im Turm wohnt und sozusagen den Türhüter von Culloden-Moor macht, unseren Besuch abgestattet und marschieren nun weiter feldeinwärts, bis wir eine Art Rondell, eine Oase, erreichen, die, etwa eine halbe Meile hinter dem Turm, die Öde des Moores wie eine Parkanlage unterbricht. Dies ist, wenn nicht das eigentliche Schlachtfeld, so doch der Punkt, wo am heißesten gestritten und die Niederlage der Hochländer entschieden wurde. Geb' ich eine Beschreibung dieses Platzes. Er ist viel größer als der uns wohlbekannte »Große Stern«, der auf halbem Wege zwischen Berlin und Charlottenburg liegt. Wie diesen Großen Stern die Charlottenburger Chaussee durchschneidet, so führt dort die große Fahrstraße mitten durch die Oase hindurch. Der Platz, wie er der Punkt war, an dem sich der Tag entschied, ist natürlich auch die Hauptbegräbnisstätte geworden und trägt völlig den Charakter eines verödeten und verfallenen Kirchhofes. Eine niedrige Feldsteinmauer umgibt die ganze Rundung, zu der sich an der einen Seite noch ein seichter Graben und eine Einfassung von Brombeersträuchern gesellt. Jeder Zug ist hier charakteristisch, und man kann diesen Platz, der Schlachtfeld und Kirchhof zugleich ist, nicht passieren, ohne sich das Bild für immer eingeprägt zu fühlen.

Ich bin über viele Schlachtfelder gegangen, aber keines hat einen so bestimmten Eindruck in mir zurückgelassen. Das macht, weil es ganz bestimmte Züge hat, die viel größeren und bedeutsameren Schlachtfeldern oftmals fehlen. Ich entsinne mich des Tages, als ich zum ersten Male über das Leipziger Schlachtfeld schritt. Wir kamen von Markkleeberg her und passierten das berühmt gewordene Plateau von Wachau. Im Dorfe selbst hatte sich ein alter Totengräber zu uns gesellt und machte nun unseren Führer. »Ich hab' hier mit begraben helfen« - sprach er trocken vor sich hin – »immer sechs Pferde und dreißig Mann, so war die Ordre. Es war schwere Arbeit. Dann kamen fünf schlechte Jahre für unser Dorf. Der Weizen schoß mannshoch in die Höh', aber alle Körner waren verbrannt. Dann wurd' es besser; jetzt haben wir gute Zeit.« So erzählte damals der Totengräber, und seine Rede ist mir 20 Jahre lang im Gedächtnis geblieben; aber das Wachauer Feld hat kein bestimmtes Bild in mir zurückgelassen. Es ist ein Feld wie andere Felder. Der Pflug ist über den Boden hingegangen und hat alles hinweggenommen, was sichtbar und handgreiflich an jenen blutigen Oktobertag erinnern könnte. Nicht so auf Culloden-Moor. Der Boden hatte hier keinen Wert, und so ließ man das Schlachtfeld fortbestehen. Wo doch kein Kornhalm aufgegangen wäre, war es keine Enthaltsamkeit, sich an den Gräbern der Toten nicht zu vergreifen. Sonst stieg das Ackerfeld über das Schlachtfeld; hier aber ist der grüne Rasen des Grabes Sieger geblieben.

Das Rondell, das die Steinmauer einfaßt, zerfällt in zwei sehr verschiedene Hälften. Rechts vom Wege haben wir den Kirchhof, links die Monumente. Der Kirchhof besteht aus vier deutlich erkennbaren Gräberreihen, die in der Ausdehnung eines mäßigen Gartenbeetes fast parallel nebeneinander herlaufen. Zu Kopf und Fuß stehen Ginsterbüsche. Hier wurden die Frazers, die Macintosh, die MacPhersons und die MacDonalds bestattet. Ob diese Angabe richtig ist, muß dahingestellt bleiben. Es sind dies nämlich die Namen jener vier Clane, die noch bis diesen Augenblick um Inverneß herum ihre Sitze haben. Man darf daraus wohl mit einigem Rechte den Schluß ziehen, daß die Gräber in einer späteren Zeit von den Umwohnenden beliebig benannt worden sind, wenn man nicht, vielleicht unmittelbar nach der Schlacht, nur jene Stelle des Schlachtfeldes mit einer Steinmauer umgeben und zu einem Kirchhof hergerichtet hat, wo diejenigen im Blute lagen, die den Bestattern besonders nahe standen.

Die Monumente links vom Wege beschränken sich auf einen Haufen Steine. Sie *sollten* ein Monument werden, liegen aber jetzt nur da als ein Monument der Schmach, der Roheit und des Betruges. Es hat damit folgende Bewandtnis. In der Mitte der vierziger Jahre trat in Inverneß ein Komitee zusammen, das die Absicht aussprach, auf dem Schlachtfelde ein Culloden-

Denkmal zu errichten. Die Idee fand Anklang; ziemlich bedeutende Summen wurden gezeichnet, Pläne eingesandt und Feldsteine in langen Wagenreihen bereits hinausgefahren, um vorweg Baumaterial und Fundament zu haben. Als die Begeisterung auf ihrer Höhe war, geschah, was in England nur allzuoft geschieht: Sekretär und Kassierer wurden unsichtbar. Jetzt erfolgte ein Umschlag in der Stimmung. Das Volk von Inverneß, gleichviel, ob es beigesteuert hatte oder nicht, schickte sich an, wenigstens ein Culloden-Fest an Stelle des Culloden-Denkmals zu haben und zog zu Tausenden auf das Schlachtfeld hinaus. Die ersten Stunden vergingen ohne Exzesse, und einige Redner suchten das Volk für die Idee zu begeistern, aus dem bereits vorhandenen Material eine Steinpyramide aufzuschichten. Man begann auch, aber eh' noch irgendein Resultat gewonnen war, fing der Whisky an, seine Wirkung zu äußern. Der Steinhaufen, der schon dalag, wurde auseinandergerissen; dem Sekretär und Kassierer wurden Hochs gebracht, »weil sie gescheite Leute gewesen seien«, die Gräber wurden zu Zech- und Tanzplätzen, und eine von Lärm, Übermut und Whisky berauschte Menge zog endlich wieder in die Stadt zurück. Wie jene wüste Nacht das intendierte Monument ließ, so ist es geblieben, ein Haufen Steine, teils noch aufgeschichtet daliegend, teils umhergestreut, das Ganze eine Stätte der Verwüstung. -

Wir schieden gern von dieser Hälfte des Friedhofs, die zu so viel unerfreulichen Betrachtungen Veranlassung gab, und setzten unsern Weg noch ein paar tausend Schritt bis über diese Stätte hinaus fort. An einem Granitblock von der Form eines Riesenkiesels machten wir halt. Dieser Stein, der zugleich die äußerste Grenze des Schlachtfeldes bezeichnet, heißt der Duke's Stone, »des Herzogs Stein«. Er liegt hart am Wege wie ein Meilenstein. Als die Grampians noch jung waren, müssen längst verronnene Fluten diesen Felsblock losgelöst und, mit ihm spielend, ihn endlich an dieser Stelle niedergelegt haben. Der Stein ist beinah mannshoch und von solchem Umfang, daß 24 Personen mit Bequemlichkeit daran essen könnten. Es heißt, daß der Herzog von Cumberland von seiner Höhe aus die Bewegungen der Schlacht leitete. Es wird auch erzählt, daß er nach einem rasch gewonnenen Überblick, der ihm vielleicht die ganze Rat- und Hilflosigkeit der Gegner verraten haben mochte, den Wunsch äußerte, vor Beginn der Schlacht ein Frühstück einzunehmen. Seine Offiziere aber baten ihn aufs dringendste, vor jeder sorglosen Unterschätzung seiner Gegner auf der Hut zu sein, da diesen »Teufels von Hochländern«, nie zu trauen sei. So begann denn die Schlacht unmittelbar, und eh' zwei Stunden vorüber waren, war alles entschieden.

Wir erkletterten den Stein nicht ohne Mühe. Man sieht von seiner Höhe aus etwas weiter ins Land hinein und wird des Moray-Busens ansichtig, dessen blauer Streifen sich nordöstlich zieht; sonst verändert sich das landschaftliche Bild in nichts, da es eben nur kahle Fläche ist, was hier auf Meilen hinaus nach allen Seiten sich dehnt.

Der Tag war grau, und der Himmel drohte mit Regen; so traten wir, nachdem wir den Herzog von Cumberland aus dem Felde geschlagen und auf seinem eigenen Stein das Frühstück eingenommen hatten, das ihm unterm Zwang der Umstände versagt geblieben war, unsern Rückzug an. Als wir die eingefriedigte Stelle wieder passierten, wo wir nunmehr zur Rechten den wirren Steinhaufen und zur Linken die Gräber hatten, kniete ich nieder, um einen vollen Ginsterbusch von dem Grabe der Frazers und einen Büschel Heidekraut von dem der Mac-Phersons zu pflücken. Es waren Zweige von jener großglockigen Erika-Art, die in Holstein den schönen Namen der »Edelheide« führt. Aus beiden hab' ich seitdem einen Kranz gewunden, zur Erinnerung an *Culloden-Moor*.

Der Tag von Culloden hat noch ein Nachspiel. Fünfzig Jahre und mehr waren vergangen. Ein Prozeß fand statt. Es handelte sich um die weiten Besitzungen des Lords Glenmore, von dem es hieß, daß er unter Prince Charlie gefochten habe. Die eine Partei stützte ihren Erbanspruch auf die allgemeine Annahme, daß Lord Glenmore bei Culloden gefallen sei; die andere Partei forderte die Feststellung dieser Tatsache, d. h. den Beweis des Todes. Diesen Beweis anzutreten schien unmöglich.

So zog sich der Prozeß durch zwanzig Jahre hin. Endlich - zu einer Zeit, als niemand mehr an seine Erledigung glaubte - fand die Streitfrage rasch und unerwartet ihr Ende. Es war im Mai 1823, als vor dem englischen Oberhause (bekanntlich höchste Gerichtsbehörde) folgende denkwürdige Verhandlung geführt wurde. Der Lord-Oberrichter rekapitulierte die Sachlage, die ohnehin in dem dichtgedrängten Hause jedermann kannte, und schloß dann mit den Worten: »Es hat sich ein Zeuge gefunden, der den Tod Lord Glenmores beschwören will. Ich bitte den Zeugen in Eid zu nehmen.«

Ein steinalter Mann, aber noch rüstig und gekleidet in die rote Uniform der Chelsea-Pensionäre, erhob sich jetzt auf der dem Lord-Oberrichter zunächst befindlichen Bank und leistete den üblichen Zeugeneid auf die Bibel. Dann begann folgender Dialog:

Lord-Oberrichter: Ihr Name?
Zeuge: Adam Graystone, Kapitän außer Diensten, früher bei Enniskillen Dragoner.
Lord-Oberrichter: Ihr Alter?
Zeuge: 95 Jahre.
Lord-Oberrichter: Haben Sie Lord Glenmore gekannt?

Zeuge: Ja, ich habe ihn gekannt.
Lord-Oberrichter: Wissen Sie, daß er tot ist?
Zeuge: Ja, ich weiß, daß er tot ist.
Lord-Oberrichter: Wann und wo ist er gestorben?
Zeuge: 1746, bei Culloden.
Lord-Oberrichter: Woher wissen Sie es?
Zeuge: Weil ich ihn selbst erstochen habe.

So schloß die Sitzung. Wohl das letztemal, daß der Name »Culloden« von einem Manne genannt wurde, der jenen blutigen Tag noch miterlebt hatte.

DER LETZTE HOCHLANDSHÄUPTLING
(UNSEREM CULLODEN-FÜHRER NACHERZÄHLT)

»Ich sehe, die Herren kennen 'Waverley', unseres Sir Walters bestes Buch; ei, da kennen Sie auch den Fergus Mac-Ivor, den Bruder der schönen Flora und den Freund Prince Charlies selber. Nun, die Sache ist die: ein Fergus Mac-Ivor hat nie gelebt, aber einen Fergus Macdonell, den haben unsere Väter gut gekannt; auch Sir Walter hat ihn gekannt. Er nahm den Fergus Macdonell, der sein Freund war, und machte ihn zum Mac-Ivor, wie er im Buche steht. Jeder Zug nach dem Leben. Ich will erzählen, was jedes Kind hier von ihm weiß.

Glengarry – so nennen wir die Häuptlinge der Macdonells, weil sie im Tal Glengarry wohnen – Glengarry, sag' ich, war Gardekapitän in London, aber es behagte ihm nicht im Rauch und Nebel da unten, und er kam wieder heim in die Berge. Jagen am Loch Oich und Loch Neß entlang, die Täler hinauf und hinunter, Glen Moriston heut und Glen Urquhart morgen, und dann mit Freunden niedersitzen in Glengarry-Castle und von Jagd und Krieg und alten Zeiten sprechen, das war es, was ihm gefiel. Er war schon dreißig und darüber und noch unverheiratet. Er sagte, er tauge für keine Frau und keine Frau tauge für ihn; dabei sah er lachend zu seiner Schwester hinüber und die Spitzen seines rotblondes Bartes kräuselnd, verschwor er sich hoch und teuer, daß sie das schönste Mädchen in den drei Königreichen sei. Dann füllten alle die Gläser, und die alten Jagdkumpane aus Roßshire und Sutherland und die jungen Offiziere aus London, die auf Besuch im Schlosse waren, alle stießen sie an und riefen mit ihm: 'Es lebe Barbara Macdonell!' -

Es war um 1811, und der Prinzregent kam nach Edinburgh. Die Lords und die Lairds versammelten sich in der Hauptstadt, und im alten Holyrood-Palace, wo kein Freudenklang gehört worden war, seit Prince Charlie daselbst getanzt hatte, war wieder Empfang und Ball. Glengarry, der von London her dem Prinzen wohlbekannt war, war unter den Geladenen, und mit ihm geladen war Barbara, seine Schwester. Das war ein Drängen auf Flur und Treppe! Aber es bildete sich Spalier wie von selber, als die Geschwister in den Saal traten. Er trug in Huldigung gegen den Prinzen, der ihm immer ein gnädiger Herr gewesen war, die Uniform der Coldstream-Garden; Barbara aber trat ein für Schottland und trug die Farben ihres Clans. Sie war eine große prächtige Frau, keine blonde Puppe, schmal und schlank, sondern breit, voll, alabastern, mit kleinen Händen und großen Augen, und die Augen klar und dunkel wie das Wasser im Loch Neß. Und schön wie die Frau, so schön war ihr Kleid. Sie trug eine schwarze Sammetrobe, aus der ihr Nacken stolz hervorwuchs. Eine

Tartanschärpe, an der linken Schulter durch eine Agraffe zusammengehalten, lief in voller Breite quer über die Brust hin, schürzte sich über der Hüfte zu einem bauschigen Knoten und fiel dann in zwei langen Streifen zur rechten Seite des Kleides herab. Kein Schmuck, weder an Hals noch Arm; nur ein Erika-Strauß, die blaue Blume Schottlands, wuchs aus der silbernen Agraffenschleife hervor, und ein Heideblumenkranz saß voll und rot auf dem glänzenden schwarzen Haar.

Der Ball begann. Der Prinz tanzte dreimal: er tanzte zweimal mit Barbara Macdonell. Als das Fest vorüber war, stand er in der Mitte des Saales, und sich verbeugend, schritten die Gäste an ihm vorbei. Als Barbara vorüberkam, nahm sie den Strauß aus der Agraffe, überreichte ihn mit einem lächelnden ›from the Highlands‹, und kein Auge von ihm lassend, schritt sie ohne dem Prinzen einen Augenblick den Rücken zugekehrt zu haben, unter wiederholten Verbeugungen aus dem Saal. Der Prinzregent war eitel und Kenner genug, um solchen Moment nicht leicht zu vergessen. Als er am andern Tage den Bruder sah, rief er ihn beiseit' und sagte rasch: ›Eure Schwester ist die schönste Dame, die ich all mein Lebtag gesehn: diese blaue Blume sollte woanders blühen als in Glengarry-Castle.‹ Glengarry lächelte und schwieg.

Es war ein Jahr später, Ende September. Der Prinzregent hielt Hof in St. James; keine Lichter brannten in Holyrood, aber in Inverneß war Ball. Alljährlich, wenn die erste Jagdzeit vorüber ist und das beginnende Winterleben Londons die Kavaliere wieder nach dem Süden ruft, beschließt noch ein gemeinschaftliches Mahl, natürlich in Inverneß, die heiteren Weidmannswochen. Dem Mahle folgt ein Ball. Keine strenge Etikette, kein banges Anstandsbedenken steht als Türhüter vor dem Saal; man will heiter sein, man will nicht sehen, man will nicht wissen; jede Dame hat Zutritt, sie sei – Dame oder nicht. Das ist just ein Platz für Glengarry. Der letzte beim Wein, ist er jetzt der erste beim Tanz. Er hat ein Inverneß-Mädchen im Arm und fliegt durch den Saal. ›Die Dirne ist mein‹, ruft Kapitän Lovat und legt seine Hand auf Glengarrys Schulter. ›Euer ist nichts als Eure Torheit‹, antwortet Glengarry und tanzt weiter. Andere legen sich ins Mittel, die Sache scheint vergessen. Den Lovat aber wurmt es (die Feindschaft ist alt zwischen den Frasers und den Macdonells), und er schreibt eine Herausforderung, während sein Gegner noch tanzt. Die Nacht ist da, und Glengarry reitet heim. Ermüdet wirft er sich nieder und schläft im Nu. Nach einer Stunde weckt ihn sein Diener und überreicht ihm einen Brief. Der Brief lautet: ›Kapitän Macdonell hat die Wahl zwischen Pistolen oder – Reitpeitsche. Antwort erbeten. Lovat.‹ Glengarry springt aus dem Bett. Der Brief ist von Inverneß datiert; also dorthin. Er sattelt selbst seinen Pony, dessen Kraft und Schnelle er kennt; in den Halfter steckt er seine Pistolen und ruft dem Boten zu: ›Ich bringe die Antwort.‹ Von Glengarry-Castle bis Inverneß sind 10 Meilen. Der Tag dämmert, als Glengarry vor dem Gasthaus hält; kein Lovat da – also nach Lovat-Castle. Mit der Sonne tritt Glengarry in das Schlafzimmer Kapitän Lovats und bietet ihm die Pistolen. Dieser kennt seinen Mann, zeigt auf einen Stuhl, steht auf und kleidet sich an. Lovat-Castle hat einen weiten Park, an seinem Westend fließ der Beauly-Fluß, dort ist eine Wiese und ein Eschenbaum; neben der Esche liegt ein Kahn. ›Hier?‹ fragt Kapitän Lovat. ›Hier!‹ antwort Glengarry. Die Schüsse fallen, und Lavot ist nicht mehr.

Glengarry sieht, daß er den Gegner auf den Tod getroffen, löst den Kahn, fährt über den Fluß und eilt zu Fuß nach Inverneß zurück. Am Abend desselben Tages ist er in Glengarry-Castle. Er weiß, was kommen wird, und tut seine Schritte.

Der erste Tag vergeht, ein zweiter, endlich am Mittag des dritten Tages sieht er vom Schloß aus, daß Truppen über den Garry-Fluß kommen; etwa hundert Mann stark umstellen sie sein Haus. Es sind Rotröcke vom Fort Augustus her; ein Besuch, den er seit drei Tagen erwartet hat. Leutnant Collingwood läßt sich melden, bedauert seinen Auftrag und überreicht den Verhaftsbefehl. Glengarry dankt, überfliegt die Ordre und sagt dann: ›Es sei; – darf ich noch ans Fenster treten, um Abschied zu nehmen von meinem Tal?‹ Der junge Offizier verbeugt sich zustimmend. Glengarry tritt in die Nische, öffnet das Fenster, blickt scharf hinaus, als such' er noch einen bestimmten Punkt, zieht dann ein rot und weißes Seidentuch aus der Tasche und weht damit dreimal, wie zum Abschied. »Wie schön dies Bild«, ruft er dem jungen Offizier zu und zeigt auf das Tal. Leutnant Collingwood tritt ans Fenster, blickt hinaus und – sieht, daß er gefangen ist. Hinter dem kleinen Trupp seiner Soldaten wachsen die Gestalten der Macdonells zu Hunderten rasch aus dem Boden; wenige Minuten noch, und der Kreis hat sich geschlossen. ›Sie sehen‹, sagt Glengarry ruhig. ›Sie sind in meiner Gewalt, nicht ich in der Ihrigen. Fern sei es von mir, das Recht des Stärkeren gegen Sie auszubeuten. Sie haben freien Abzug. Gehen Sie nach Fort Augustus zurück, und erzählen Sie, wie Sie den Glengarry gefunden.‹

So geschah's. Aber auch Glengarry zögerte nicht. Mit Kurierpferden ging es nach London, und den Tag nach seiner Ankunft kniete er vor seinem fürstlichen Gönner. Der Prinzregent schwankte, aber der Brief Kapitän Lovats gab den Ausschlag. Leben und Freiheit waren wiedergewonnen. Mit der Gnade des Prinzen kehrte er wieder heim und – mit Grüßen an Barbara Macdonell. Der Prinz hatte den Ball in Holyrood-Palace nicht vergessen.

Glengarry war begnadigt; aber der tote Lovat schien doch von Zeit zu Zeit vor ihn hinzutreten, das abgeschossene Pistol in der niederhängenden Hand und zusammenbrechend unter dem Eschenbaum. Die Jagd reizte ihn nicht mehr, der Wein schmeckte nicht mehr, und in den rotblonden Bart mischte sich das Weiß der Sorge und durchwachter Nacht. Barbara saß ihm gegenüber, schön wie immer; aber sie war keine Labe mehr für sein Herz. War es ihm doch, als habe er den Lovat totgeschossen, nicht um der Dirne willen von Inverneß, sondern aus Übermut, aus Stolz auf die Schönheit seiner Schwester. Barbara wußte wohl, was in ihm vorging. ›Nimm eine Frau‹, sagte sie ihm einst beim Frühmahl; ›aber jung muß sie sein, und still und blond.‹ Er schüttelte den Kopf; aber sie wäre keine Frau und am wenigsten Barbara Macdonell gewesen, wenn sie nicht recht behalten hätte. Eh' ein Jahr um war, war Glengarry ein Gatte, und seine Gattin war jung und still und blond. Zwei Kinder kamen: Töchter. Die eine war der Mutter Ebenbild und hieß Kathleen, wie die Mutter selbst; die zweite aber war eine Macdonell und hieß Barbara und saß und spielte auf dem Schoß der schönen Tante.

So vergingen die Jahre. Eine andere Zeit war gekommen: das alte Hochlandsleben starb hin; viele gingen über das große Wasser, und der erste Dampfer, die englischschottische Flagge hoch in der Luft, schaufelte still den Loch Neß entlang. Auch der alte Glengarry war an Bord, mit ihm seine Töchter, jungfräulich und halbe Kinder noch. Dem alten Herrn war es unheimlich; er sah hinab in die Glut der Öfen und in das Auf und Ab des Räderwerks, und sein altes Herz, dem der Tod in allen Gestalten nahe getreten war, ohne es zittern zu machen, sah jetzt mit wachsender Unruhe diesem Treiben zu. In demselben Augenblick geriet das Schiff auf eine Untiefe und saß fest. Der Kapitän ermahnte zur Ruhe, alles werde gut gehen; jeder glaubte ihm und harrte in Geduld. Nicht so Glengarry. Seine Töchter mit krampfhafter Gewalt erfassend, zog er beide auf den Radkasten hinauf. In diesem Augenblick löste sich das Schiff wieder und streifte dicht an einem Uferfelsen vorbei. Jede Gefahr war vorüber. Aber der alte Mann, nur von dem einen Gedanken nach Rettung erfüllt, umarmte jetzt beide Töchter, und sie fest an sich pressend, sprang er vom Radkasten aus ans Ufer. Der Sprung war gelungen, die Töchter unversehrt, aber der alte Herr selber war mit der Stirn auf ein Felsstück geschlagen. Man brachte ihn an Bord zurück; das Blut tropfte leise herab. ›Gebt mir einen Spiegel,‹ bat er. Man brachte ihm, was er gefordert hatte, und er sah lächelnd hinein. ›Eine Schmarre für einen Hochlanden,‹ das war sein letztes Wort. Der Steamer hißte eine schwarze Flagge auf; so brachte man ihn nach Glengarry-Castle.

Seit jenem Tage gibt es keinen Häuptling mehr in Schottland; sie sind alle hinüber. Dieser und jener nennt sich noch so, aber – kein Glengarry.«

DER KALEDONISCHE KANAL

Mit Inverneß hatten wir den äußersten Punkt unseres Reiseziels erreicht. Die nördlicher gelegenen Grafschaften, Roßshire, Sutherland und Caithneß, entbehren keineswegs des Reizes landschaftlicher Schönheit, aber sie sind verhältnismäßig arm an Plätzen historischer Erinnerung oder romantischen Interesses und wiederholen selbst in landschaftlicher Beziehung nur jene Bilder, die wir zwischen dem Firth of Forth und dem Moray-Busen bereits kennengelernt haben.

Wir geben jetzt den Norden Schottlands auf, und den Kaledonischen Kanal benutzend, der in südwestlicher Richtung das Land durchschneidet, fahren wir jetzt der Westküste zu, die an Fruchtbarkeit des Bodens, Lieblichkeit der Täler und fast mehr noch an historischen Traditionen hinter dem Osten zurückbleibt, an Großartigkeit der Formationen aber ihn weit übertrifft.

Der Kaledonische Kanal ist eine Anlage nach Art des berühmten Trollhätta-Kanals, der in ähnlicher Weise wie der letztgenannte den Bottnischen Meerbusen mit dem Kattegat verbindet, so seinerseits die Verbindung zwischen der Nordsee und dem Atlantischen Ozean unterhält. Er ist 60 englische Meilen lang, wovon 37 Meilen auf natürliche Wasserstraßen (Seen und Flüsse), 23 aber auf den eigentlichen Kanal kommen. Ob er den Hoffnungen entspricht, die man seinerzeit an ihn geknüpft hat, ist eine Frage, die ich schon an anderer Stelle verneint habe. Der ziemlich in der Mitte gelegene Loch Oich (richtiger das Plateau, auf dem er liegt) bezeichnet die Wasserscheide zwischen der Nordsee und dem Atlantischen Ozean. Fahrzeuge, die von Inverneß kommen, werden durch Schleusen bis zur Höhe des Loch Oich emporgehoben und auf dieselbe Weise nach der andern Seite hin herabgelassen.

Auf diesem Kaledonischen Kanal traten wir jetzt unsere Rückreise an. Der Himmel hing voll grauer Wolken, und der leise herabstäubende Regen mischte sich mit dem Wasserstaub des Dampfrohrs, als wir an Bord gingen. Die Kajüte hätte Schutz gewährt, aber jeder zog es vor, auf Deck zu bleiben, um den Anblick der schönen Seeufer nicht zu versäumen, denen wir jetzt entgegenfuhren. In etwa einer halben Stunde erreichten wir Loch Neß. Er ist der längste, wenn auch freilich nicht der größte unter den schottischen Seen; der Loch Lomond übertrifft ihn an Breite und imposanter Erscheinung. Was aber den Loch Neß mehr denn alles andere unfähig macht, mit dem schönen Loch Lomond zu konkurrieren, das ist seine Monotonie; er ist überall derselbe, und die hohen bewaldeten Bergabhänge, die im Schmuck des frischesten und schattierungsreichsten Grüns prangen, hören auf von besonderem Interesse zu sein, wenn man sich zuletzt nicht verhehlen kann, daß jede neue Meile, die man macht, nur das Bild der eben zurückgelegten wiederholt. Diese Monotonie charakterisiert auch unvorteilhaft die historischen Überlieferungen, die sich an die hie und da hervorblickenden Schlösser, Häuser und Hütten knüpfen, die wie ein spärlicher Kranz die Ufer des Sees umflechten. Überall dieselbe Geschichte von einem »Chief« oder Häuptling, der einen andern Chief zu Gaste geladen und ihm den Kopf eines Vaters oder Sohnes als Tafelverzierung auf den Tisch gestellt hat; überall eine Clanschlacht, ein Waten in Blut, bis endlich einmal die Erzählung voll rührender Gewalt oder eine ganz aparte Schreckensgeschichte den gewöhnlichen Schauerroman unterbricht. Es imponiert und prägt sich dem Gedächtnis ein, wenn ein Hochlandchief seinem englischen Gegner die Kehle abbeißt und hinterher versichert, nie einen bessern Bissen gehabt zu haben.

Der Vortrag solcher und ähnlicher Geschichten hat uns an Schloß Urquhart vorbei bis an die Stelle gebracht, wo sich von Südosten her der Foyersfluß in den See ergießt. Der Fluß bildet vor seiner Mündung einen wenigstens 60 Fuß hohen Wasserfall, und der Steamer pflegt an einer benachbarten Stelle anzulegen, um den Reisenden zur Besichtigung dieser Fälle Gelegenheit zu geben. Wir waren ziemlich die ersten am Land und blickten umher, um des Wasserfalls ansichtig zu werden, dessen Brausen wir bereits vernahmen. Eine Frontansicht, vom Ufer des Sees aus, ist aber nicht möglich, da allerhand vorgeschobene, reich bewaldete Felsblöcke das Bild nach vorn hin verschließen. Es ist ein großer Felsentopf, in den sich der Strom zunächst ergießt, dessen Boden ein Loch hat und den Abfluß zum See hin gestattet. Wer also den Wasserfall sehen will, muß die Höhe des Berges erklimmen und sich dort aufstellen, wo die breite Wassermasse in den kochenden Topf hinunterstürzt. Als wir uns nach rechts und links hin vergeblich umgesehen hatten, trat ein halb erwachsenes Mädchen mit einer jüngeren Schwester an uns heran und erbot sich, uns auf nächstem Wege bis an den Rand des Wasserfalls zu führen. Wir nickten ihr zu und stiegen bergan. Sie war nicht hübsch, barfüßig, Gesicht und Arme sonnverbrannt und ein schlichtes blaues Achselkleid der beste Teil ihres Anzugs; aber die großen schwarzen Augen lachten voll Übermut und Schelmerei, und das nach hinten schlicht zusammengenommene Haar hing in einem einzigen langen Zopf über den braunen Nacken. Wie sie so vor uns herschritt, dann und wann innehaltend und sich umschauend, ob wir auch folgten, war es uns, als sei die Kleine der Waldgeist dieser Gegenden oder wenigstens eine seiner Dienerinnen. Nach etwa zehn Minuten hatten wir die Höhe der Berge erreicht und sahen nun von gut gewählter Stelle aus auf die breite Wassermasse, die, einen andern, dreißig

Fuß hohen Fall bereits im Rücken, unmittelbar neben uns in den eigentlichen Felsentopf hinunterschäumte. Schotten behaupten, daß nur die Kaskaden von Tivoli schöner seien. Mag sein; wir aber, ohne damit der Schönheit der Szene zu nahe treten zu wollen, sahen öfter nach dem Mädchen im blauen Kittel, das jetzt auf einem Felsenvorsprung, umschäumt und umdonnert, lachenden Auges dastand, als auf die Wassermasse, die fast an ihren Füßen vorbei in den dunklen Schlot hinabstürzte. Die Staffage ging über die Landschaft. Die stille Betrachtung beider aber ward jetzt durch die Schiffsglocke unterbrochen, die über Baum und Felsen hinweg zu uns heraufdrang und mit ihren scharfen Klängen siegreich den tiefen Brausebaß des Wasserfalls durchschnitt. Eine Silbermünze dem schwarzen Kinde zuwerfend, gingen wir nun wieder, über das schlüpfrige Moos hin, bergab und hatten in wenigen Minuten den Steamer erreicht.

Dieser Wasserfall, der wirklich schön und imposant ist, bildet den besten Teil nicht nur der Ufer des Loch Neß, sondern des Kaledonischen Kanals überhaupt. Die nächste Sehenswürdigkeit z. B., die sich »Fort Augustus« nennt, hat wenig Anspruch darauf, mit dem »Fall of Foyers« an Interesse zu konkurrieren, und steht als Festung auf keiner höheren Stufe als die Blockhäuser in Nordamerika, die etwa um dieselbe Zeit (in der ersten Hälfte des vorigen Jahrhunderts) gegen die Überfälle der Sioux- und Chippeway-Indianer errichtet wurden. Waren doch auch die wilden Hochländer jener Epoche kaum etwa anderes als jene Indianerhorden, gleich arm, gleich roh, gleich kriegerisch, der Jagd und dem Whisky mit gleicher Ausschließlichkeit ergeben und voll gleichen Hasses gegen den Sachsen, »den weißen Mann«. Fort Augustus hatte während der verschiedenen Jakobiten-Aufstände seine Bedeutung und hielt sich siegreich gegen die Aufständischen; jetzt ist es ein gleichgültiger Stationsort, ein Wachthaus, eine Duodezkaserne, wo sechs Gemeine und ein Unteroffizier ein friedliches und vergessenes Leben führen.

Loch Oich, der sehr klein ist, ist schnell passiert, und mit Hilfe von einigen Schleusen steigen wir jetzt in den Loch Lochy hinab. Dieser, etwa halb so groß wie der Loch Neß, gleicht dem letzteren in allem übrigen wie ein Ei dem andern. Schon von der Mitte des Sees aus gewahrt man den Ben Nevis, den höchsten Berg Schottlands, in aller Deutlichkeit und hat nun auf drei, vier Stunden hin den ernst, massig und unwirtlich daliegenden Felsenkegel desselben als beständigen Begleiter. Von der Südwestspitze Loch Lochys bis zur nächsten Meeresbucht (deren der Atlantische Ozean hier unzählige bildet) ist noch eine Strecke von zehn englischen Meilen. Man passiert keinen See mehr, sondern nur die grade schmale Straße des Kanals, die durch eine ziemlich reizlose Landschaft läuft. Der Ben Nevis muß eben alles tun und erinnert an die Dome dieser oder jener alten Stadt, denen auch die Aufgabe zufällt, alle Schönheit für Stadt und Umgebung bestreiten zu müssen.

Am Ausfluß des Kanals in die Meeresbucht liegt Fort William, ein fester Platz, der zu ähnlichem Zweck erbaut wurde wie Fort Augustus und hinsichtlich seiner jetzigen Bedeutung zu denselben Betrachtungen Veranlassung gibt. Der Platz ist jetzt ungleich wichtiger als Hauptstationsort der Dampfschiffahrt zwischen Inverneß und den Häfen der Westküste als durch seine Befestigungen, die sich, im Fall einer ernsten Probe, kaum noch als solche bewähren würden.

Zwischen dem letzten und vorletzten Schleusentor des Kanals hält der Steamer, der die Bergfahrt zwischen Inverneß und Fort William zu bestreiten hatte, und deshalb den Namen des »Bergsohnes« (The Mountaineer) führt. Es erfolgt nur eine Umladung. Omnibusse führen Menschen und Gepäck auf nächstem Wege bis an den Hafendamm, an dessen hoher Wandung bereits ein anderer Steamer liegt, größer, von mehr Tiefgang und stark genug, mit den Wellen des Ozeans sich siegreich herumzuschlagen.

Es ist hier, denk' ich, der Ort, ein paar Worte über Mr. Hutcheson, den Besitzer aller dieser Dampfboote, zu sagen, dem die Hochlande und die Westküste von Schottland so viel von dem Aufschwunge verdanken, den sie in den letzten Jahren genommen haben. Das Entstehen neuer Städte und Ortschaften hängt damit zusammen. Wie es kaum eine Übertreibung sein dürfte, Heringsdorf und namentlich Misdroy als mittelbare Schöpfung der Berlin-Stettiner Eisenbahn anzusehen, so ist das Städtchen Oban, das wir bald des näheren kennenlernen werden, eine Schöpfung der Dampfschiffahrtslinien, mit denen Mr. Hutcheson die Westküste, wie mit einem Netzwerk, umsponnen hat. In den schönen Sommermonaten aber hat es bei dieser Hochlandstour, die selber wieder zu allerhand Abzweigungen, z. B. von Fort William aus, Veranlassung gibt, durchaus nicht sein Bewenden, und Oban wird zu einem Knotenpunkt, wo der von Süden kommende Reisende noch im letzten Augenblick sich entscheiden mag, ob er, statt des Kaledonischen Kanals, nicht lieber die Westküste zum Ziel und Schauplatz seines Ausfluges machen will. Entscheidet er sich dafür, so bleiben ihm außer allerhand Besuchen in die zunächst gelegenen Gegenden noch zwei größere Touren, die eine nach den Hebridischen Inseln, die andere nach Staffa und Iona übrig. Man muß wissen, von welcher äußersten Unwirtbarkeit und Unzugänglichkeit diese schottischen Westküsten noch bis vor zwanzig Jahren gewesen sind, um die ganze Bedeutung der Verbindungsstraßen einzusehen, die Mr. Hutcheson hier geschaffen hat. Ein Besuch dieser, durch ihre grandiosen Basaltformationen berühmten Küsten war bis ganz vor kurzem nicht nur mit Schwierigkeiten, sondern mit unleugbaren Gefahren verknüpft, während der

Besuch aller dieser Plätze jetzt einer Rheinfahrt zwischen Köln und Straßburg gleicht, mit einigen Ausflügen in den Main oder die Mosel hinein. Hätten diese prächtigen Küsten ein milderes Klima oder wenigstens einen etwas längeren Sommer, binnen kurzem würde hier ein neues, reiches Leben aufblühen, reicher, wenn auch nicht poetischer, als es die Tage Ossians gesehen.

Es war in den ersten Nachmittagsstunden, als wir die schöne Bucht, die sich von Fort William aus nach Südwest dehnt, entlang schaufelten. Der allgemach unserem Blick entschwindende Ben Nevis und die immer breiter und fester sich heranwälzenden Wellen sagten uns, daß wir uns mehr und mehr aus der Bucht entfernten und atlantisches Wasser unter den Kiel bekamen. Die Zahl der Seekranken wuchs. Wie Verwundete einherschwankend, wurden sie rechts und links von der Ambulanz der Stewards und Kajütenjungen in Empfang genommen. So vergingen Stunden, bis wir gegen Abend uns wieder der Küste näherten und die Meeresstraße entlangfuhren, die sich in ziemlicher Breite zwischen dem Festland und der Insel Lismore hinzieht. Als wir an Inseln und Vorgebirgen vorbei, wie durch einen Irrgarten, uns in die schöne Bucht von Oban hineinwanden, hing der Ball der Sonne rotglühend über dem Ozean. Wenige Minuten später legten wir an, sprangen vom Radkasten aus ans Land und trabten mit einigen Schotten um die Wette den Kai entlang, um uns durch einen Sieg im Wettlauf ein Zimmer in dem stets überfüllten Caledonian Hotel zu sichern. Leider vergebens. Wir siegten nur, um doch zu spät zu kommen.

OBAN

Das Caledonian Hotel war besetzt bis unters Dach. Da standen wir mit unsern Reisesäcken ziemlich ratlos und wischten uns den Schweiß von der Stirn. Andern, die nach uns kamen, ging es nicht besser; endlich rief eine heisere Stimme: »Let us try it at Mrs. Mackay's, some yards farther down; I know her well, kind people.« Einige schüttelten den Kopf, wir aber, die wir nicht in der Lage waren, zwischen den Tugenden und Untugenden Mistreß Mackays abwägen zu können, folgten der Aufforderung des Heiseren und standen nach zwei Minuten vor der Haustür besagter Dame. Über dem Eingang hing ein Hochländer als Wirtshausschild, alle Fenster waren offen, und aus der halb offenen Küchentür kam uns der Fettbrodem einladend, aber etwas zudringlich entgegen. Dem Brodem folgte endlich Mrs. Mackay selber, eine Frau von fünfzig, halb Brunhild, halb Marketenderin. Groß, breit und stark stand sie vor uns, mit allen Abzeichen des Herdes, von dem sie kam; ihr einziger Schmuck ein Schnurrbart, an dem kleine Schweißtröpfchen hingen. Wir fragten nach einem Zimmer, erhielten eine halb bejahende Antwort und wurden endlich, nachdem wir verschiedene Höfe passiert hatten, in einem Hinterhause bei einer zimmervermietenden alten Waschfrau untergebracht. Unter uns war ein Pferdestall, der sich bald unangenehm bemerklich machte, während die Aussicht, das Panorama, auf das wir gerechnet hatten, sich auf die Brandmauer eines Nachbarhauses beschränkte. Das ist nun einmal so Herkommen in überfüllten Badeörtern, und wir waren nicht Neulinge genug, uns das Alltägliche verdrießen zu lassen. Hatten wir doch auch den »Salon« des Mrs. Mackay zu unserer Verfügung, wo wir bereits zum Tee und Abendimbiß erwartet wurden. Wir machten also unsern Weg zurück, drangen von hintenher ins Haus ein, belauschten wider Willen die Küchengeheimnisse (ein anderer Durchgang war nicht zu finden) und nahmen oben im Gastzimmer Platz, wo bereits das Tischtuch ausgebreitet lag, ein Tischtuch ganz wie Mrs. Mackay selber, groß, breit und dauerhaft und mit schwarzen Schnurrbärten an jedem Zipfel. Wir nahmen keinen Anstoß daran und auch an manchem andern nicht, das über den Tabagiecharakter unseres Hotels keinen weiteren Zweifel ließ; hatten wir doch das offene Fenster und vor dem Fenster die schöne Meeresbucht, die jetzt im vollen Glanze des Mondes uns wie zu Füßen lag.

Oban selbst zieht sich im Halbkreis an der Bucht entlang; unmittelbar im Rücken seiner weißen Häuser steigen bewaldete Felspartien in die Luft, hier und dort mit Villen geschmückt oder von Schlössern überragt. Was aber dieser Bucht eine besondere Schönheit gibt, das ist nicht der Reiz und die

Weitgespanntheit ihrer Ufer, sondern umgekehrt, der Blick von diesen Ufern aus aufs Meer. Zu der ewigen Schönheit des Ozeans gesellt sich hier ein so besonderer Reichtum von flachen Inseln und hohen Vorgebirgen, daß man zweifelhaft wird, wem denn eigentlich das Terrain gehört, dem Land oder dem Meer, und in den Bühnenraum eines Riesentheaters zu blicken glaubt, dessen ohnehin weit gedehnte Perspektive durch allerhand Seitenkulissen bis ins Unendliche zu wachsen scheint.

Wir genossen noch in stiller Andacht des herrlichen Schauspiels, als das oft gehörte: »If you please, Gentlemen, tea is ready«, unsern Blick von der mondbeschienenen Bucht zurück in unser Zimmer lenkte, dessen Tisch inzwischen zu einer leidlich wohlbesetzten Tafel geworden war. Andere Gäste gesellten sich alsbald hinzu, gälisch sprechende Handwerker aus Oban selbst und verschiedene Fremde aus England und Südschottland, die gleich uns in diese Tabagie verschlagen waren. Unter den letzteren interessierte uns zumeist ein wohlbeleibter Handelsmann aus Newcastle, der durch die offenherzigsten Bekenntnisse bald der Mittelpunkt aller Unterhaltung wurde. Er sei ein wohlhabender Mann (a man of some means), so begann er, der in dreißig Jahren etwas vor sich gebracht und diesen Sommer den unglücklichen Entschluß gefaßt habe, seine Heimat wiederzusehen. Er sei nämlich mitten im Hochland zu Haus, in Glen Moriston, einem jener Täler, die von Norden her auf den Loch Neß ausmünden. Er habe so viel von Heimweh und Vaterlandsliebe hören müssen, immer im Tone des Vorwurfs, daß er es schließlich für Gewissenssache gehalten habe, dem Drängen seiner Freunde nachzugeben. Diese Nachgiebigkeit beklage er jetzt bitter. Er sei nun fünf Tage von Frau und Kindern fort und sehne sich weit mehr nach Newcastle zurück, als er sich all sein Lebtag nach Glen Moriston gesehnt habe. Diese kahlen Basaltküsten seien ihm über die Maßen langweilig; was er liebe, sei ein Kornfeld mit langen Ähren; von Malcolm Canmore und Robert Bruce wisse er nichts und wolle er auch nichts mehr lernen. Er werde morgen früh aufbrechen, aber nicht nach dem Loch Neß hin, sondern nach »dear old Newcastle« zurück, wo jedes Kind ihn kenne und wo er nicht fürchten müsse, alle Tage sechsmal geprellt zu werden.

Man sieht, der Philister gedeiht überall. Das war also ein geborener Hochschotte, einer aus jenen Clans, die wir uns gewöhnt haben mit jeder Mannestugend auszuschmücken, mindestens aber im Glorienschein unausrottbarer Vaterlandsliebe zu sehen. Freilich seine Jugend schien keine bevorzugte gewesen zu sein; er habe von Haferbrot und Whisky gelebt, so versicherte er mehr denn einmal. Als wir das Zuträgliche dieser Diät bezweifelten, nahm das Gespräch plötzlich eine andere Wendung, und er fing nun an für die Hochlanderziehung eine Lanze zu brechen. »Ich sehne mich nicht zurück nach Glen Moriston und noch weniger nach Oatcake und Whisky; ich bin's jetzt besser gewöhnt; aber Oatcake und Whisky geben Kraft und Zähigkeit und schaffen bessere Männer als Milchkaffee und saurer Wein.« Wir schlossen aus dieser letzteren Wendung, daß er uns (was einem ja in England immer passiert) für Franzosen halte, und nahmen Veranlassung, ihn über unsere Abstammung aufzuklären. »Deutsche also?« fuhr er jetzt fort. »Ja die Deutschen! Ich war in Hamburg; kind people those Germans and I like them, but I beg your pardon, Sir, all effeminate.« Also »alle verweichlicht!« und die Hamburger an der Spitze, die doch halb englisch sind. Wir lachten herzlich, beklagten den versäumten Whisky unserer Jugend und gingen zu andern Dingen über.

Es war spät, als wir bei der mangelhaften Beleuchtung, die der untergehende Mond gab, vorsichtig über den Hof hintappten und im Putzzimmer der Waschfrau unsere Betten hergerichtet fanden. An den Wänden hingen zwei eingerahmte Bilder (»Bombardement von Sebastopol« und »Schiffbruch«), die an bekannter Stelle die Worte zeigten: »Verlag von Zawitz, Druck von Hesse in Berlin.« Aber weder Sebastopol, noch Zawitz, noch Hesse hielten uns länger wach, selbst das Gestampfe und Gepruste der Pferde unter uns verhallte bald ungehört, und ein fester Reiseschlaf, ohne Traum und Sorge, kam über uns.

Der andere Morgen sah uns bei guter Zeit wieder an Bord des »Stork«, eines Hutchesonschen Steamers, der für diesen Tag einen seiner regelmäßigen Ausflüge nach Staffa und Iona vorhatte. Mr. Hutcheson selbst war an Bord, um, wie er oft tut, dem Komfort und Wohlbefinden der Reisenden nach Möglichkeit Vorschub zu leisten.

Die ersten Punkte von Interesse, die wir passieren, sind Dunolly-Castle und Dunstaffnage-Castle, zwei Schloßruinen in fast unmittelbarer Nähe von Oban selbst. Die Geschichte, die sich an diese Schlösser knüpft, zeigt deutlich, daß diese unwirtbaren Küsten nicht immer politisch bedeutungslos waren und trotz einer dünngesäten Bevölkerung (damals wie heut) mehr denn einmal mit eingriffen in die Geschicke des Landes. Robert Bruce, zu Anfang des dreizehnten Jahrhunderts, drang bis in diese Gegenden vor, um einen Widerstand zu brechen, der zu ernst war, um ihn unberücksichtigt zu lassen, und noch drei Jahrhunderte später hausten hier die Soldaten Cromwells und stürmten Schlösser und feste Plätze. In Dunolly-Castle befindet sich eine Kuriosität aus der Zeit der erstgenannten Kämpfe, und zwar eine Brosche König Robert I. (Robert Bruce) selbst. Diese Brosche kam auf folgende Weise in die Hände der MacDougalls, der damaligen und heutigen Besitzer von Dunolly-Castle. Robert Bruce, auf seinem Kriegszuge gegen die Westinseln, wurde von den MacDougalls angegriffen und zurückgedrängt. Er selbst deckte den Rückzug der Seinen. Drei von den Clansleuten der MacDougalls, ein Vater und seine zwei Söhne, erkannten den König und gelobten sich, ihn tot oder lebendig in ihre Hände zu bringen. Sie drangen an einer schmalen Stelle, die kein Entkommen zuließ, gemeinschaftlich auf ihn ein. Der älteste Sohn faßte den Zügel, ein Hieb des Königs aber trennte ihm den Arm vom Rumpf. Der jüngere Bruder hatte gleichzeitig den Fuß des Königs gepackt, um ihn mit aller Kraft aus dem Sattel zu wuchten, der rasch eingedrückte Sporn des Königs aber ließ das Roß wild anspringen, und der niederstürzende Angreifer fiel unter die Hufe des Pferdes. In diesem Augenblick griff der Alte nach dem Mantel König Roberts und war eben im Begriff, ihn selbst herabzuzerren, als dieser mit schneller Geistesgegenwart die Brosche öffnete, die den Mantel zusammenhielt, und sich mit Zurücklassung beider befreite. So kamen Mantel und Brosche in die Hände der MacDougalls; nur die letztere existiert noch.

Dunstaffnage-Castle ist noch von größerer Bedeutung. Hier befand sich ursprünglich der schottische Krönungsstein, der später nach Scone und von dort aus, nach der Vereinigung beider Königreiche, nach der Westminsterabtei geschafft wurde. Über den eigentlichen Ursprung dieses Steins existierten und existieren noch allerhand Sagen und Legenden. Jakob (wohlverstanden keiner der schottischen Könige, sondern der Sohn Isaaks) sollte darauf geschlafen und seinen Traum von der Himmelsleiter gehabt haben. Jetzt weiß man zur Genüge, daß das vorgebliche Kopfkissen des Patriarchen aus demselben Kalkstein besteht, den die nachbarlichen Felsen von Dunstaffnage-Castle aufweisen, und daß mithin guter Grund vorliegt, den schottischen Königsstein als echt schottisches Landesprodukt anzusehen.

Unser Steamer führt uns zunächst in westlicher Richtung über einen breiten Meerbusen hinüber, der das schottische Festland von der Insel Mull und der Halbinsel Morven trennt. Zwischen den beiden letzteren liegt eine schmale Wasserstraße, der Sund von Mull, in die wir eben auf dem Punkt stehen einzubiegen. Der Kapitän tritt freundlich an uns heran, um uns an der Südostspitze der Einfahrt eine nur hausgroße Insel zu zeigen, die den Namen Lady's Rock (Ladys-Felsen) führt. Auf diesem Felsen, der zur Flutzeit von den Wellen überschäumt wird, setzte ein Häuptling der Macleans seine Gemahlin aus, um mit Hilfe der nächsten Flut sich ihrer auf immer entledigt zu sehen. Ihre Brüder indes erhielten Nachricht von diesem Akt raffinierter Bosheit und erschienen zeitig genug, um die Unglückliche zu retten. Maclean selbst wurde später von einem der Brüder auf offener Straße in Edinburgh ermordet.

Während der Kapitän uns diese Vorgänge mit der Ruhe eines Führers von Fach zum besten gibt, sind wir in den schmalen Sund hineingesteuert und haben nun Mull zur Linken, Morven zur Rechten. Wer seinen Ossian einigermaßen in Kopf und Herz mit sich umherträgt und der Könige und

Helden gedenkt, die alle »Morven« ihre Heimat nannten, der wird sich einigermaßen enttäuscht fühlen, wenn er an diesem öden Küstensaum vorüberfährt, der sich weigert, einen Grashalm hervorzubringen, und doch so viele Helden gezeugt haben soll. Es gibt eine Armut des Bodens, die den Mut nicht mehr steigert, sondern ihn bricht. Und doch herrschte hier einst ein buntes, reiches Leben, nicht in Ossianischen Zeiten nur, deren wirkliches Bild sich unserer Kontrolle entzieht, sondern bis tief ins fünfzehnte Jahrhundert hinein, bis in die Zeit der Tudors und Stuarts. Häuptlinge hausten hier, die Bündnisse mit fremden Mächten schlössen und aufhoben, als sei dieses westliche Inselreich ein Reich wie Schottland selbst, und inmitten aller Roheit trieb das Leben hier Blüten, nach denen man jetzt vergeblich die kahlen Bergflächen Morvens oder die Basaltbauten der benachbarten Inselgruppen durchsuchen würde. Der Kreislauf des Bluts geht jetzt durch enger gezogene Kreise, alles drängt den großen Städten, den fruchtbaren Ebenen zu, und die Extremitäten werden blutlos und sterben ab.

Was von den Küsten Morvens gilt, gilt nicht minder von der Insel Mull, die sich baum- und strauchlos, nur selten durch eine Kastellruine unterbrochen, zu unserer Linken entlangzieht. Tobermory, ein Jahrmarktsflecken mit kaum 200 Einwohnern, bildet den Mittelpunkt aller Interessen. Wo jeder Weiler ein Dorf vertritt, wird ein Dorf zur Residenz. Auf der Höhe von Tobermory legt unser Steamer auf Augenblicke bei, um einige Roßkämme und alte Jahrmarktsfrauen ans Land zu setzen; dann aber brechen wir mit gesteigerter Schnelle auf, umfahren rasch die Nordspitze der Insel, und nunmehr den Ozean vor uns, nehmen wir unsern Kurs in südwestlicher Richtung, jenen gleich unscheinbaren und doch gleich berühmten Inseln zu, Staffa und Iona.

STAFFA

Es war um die Mittagsstunde, und die Sonne lag leuchtend auf dem wenig bewegten Ozean, als es auf Deck hieß: »Staffa in Sicht«, und eine Viertelstunde später unser Steamer beilegte, um die Boote auszusetzen. Staffa nämlich, wie alle diese Felseninseln, hat keinen Landungsplatz, und alle Schiffe, die Fahrten nach diesen Eilanden hin unternehmen, sind um der Brandung willen gezwungen, in ehrfurchtsvoller Entfernung Anker zu werfen.

Also die Boote wurden ausgesetzt. Wir drängten uns nicht herzu, um unter den ersten zu sein, und hatten dafür den Vorteil, die Fahrt in einer kleinen, eleganten Jolle und in der heitern Gesellschaft Mr. Hutchesons zu machen, dessen Verdienste um die schottische Dampfschiffahrt ich schon in einem früheren Kapitel hervorgehoben habe. Auf der Fahrt vom Schiff aus bis ans Ufer hatten wir Zeit vollauf, uns die Form und Struktur der Insel einzuprägen. Staffa (Staf-ö, Stab-Eiland) ist klein, von nichts weniger als frappanter Erscheinung und gleicht einer alten, eisenbeschlagenen Truhe, deren Schätze erst sichtbar werden, wenn man den Deckel aufschlägt. Dieser Unscheinbarkeit der Insel muß man es zuschreiben, daß dieselbe erst 1772 für die Welt entdeckt wurde; bis dahin war sie nur den Schiffersleuten der benachbarten Eilande bekannt gewesen. Selbst 1773, also ein Jahr nach ihrer Entdeckung, zählte sie noch so wenig zu den Sehenswürdigkeiten der schottischen Westküste, daß Doktor Johnson auf seiner berühmten Hebridenreise an ihr vorüberfuhr, ohne weitere Notiz von ihr zu nehmen.

Staffa ist kaum eine Viertelmeile lang, etwa 500 Schritt breit und 150 Fuß hoch. Das gibt eine Felsmasse, die auf der weiten Fläche des Ozeans so bescheiden daliegt wie ein Feldstein auf einem Ackerfeld, und wenn die Wellen an einem Sturmtage hoch gehen, muß Staffa kaum zu sehen sein. Als wir uns näherten, erkannten wir deutlich die drei Schichten, aus denen es sich aufbaut. Tuffstein, der die Fläche des Ozeans wenig überragt, bildet das Fundament; auf demselben erheben sich die sechzig Fuß hohen Basaltsäulen, die dann wiederum eine formlose Felsmasse als kompaktes Dach und auf demselben eine dünne Erdschicht tragen. Die schlanken Basaltsäulen würden an jeder anderen Stelle, auch wenn die Insel sonst nichts böte, ausreichend sein, sie zu einer Sehenswürdigkeit zu machen. Die Westinseln Schottlands aber weisen überall fast so großartige Basaltformationen auf, daß das Auge des Reisenden schnell die höchsten Ansprüche zu machen beginnt und entweder gewaltige Proportionen oder ein besonderes Maß an Schönheit verlangt. Diese Schönheit besitzt Staffa, aber nicht nach außen hin; es verbirgt sie in seinem Innern.

Wir hatten mittlerweile die Südspitze der Insel erreicht und fuhren zwischen zwei stumpfwinklig aufeinander gestellten Basalt-Molos in eine Art Wasservorhof ein, der die Auffahrt zur berühmten Fingalshöhle bildet. Hier entscheidet man sich, ob man durch das kaum noch zehn Schritt entfernte Felsenportal in die prächtig dahinter liegende Höhle einfahren und vom Boot aus die Schönheit derselben auf sich wirken lassen will oder ob man es vorzieht, auszusteigen und den Rundgang an den Wänden der Höhle hin zu Fuß zu machen. Man wählt gewöhnlich das letztere, weil es lohnender ist und viel mannigfachere Bilder gibt.

Wir sprangen also ans Ufer und sahen von einer Seitwärtsstellung aus durch das Portal hindurch in die Fingalshöhle hinein. Diese Höhle zu beschreiben, wird jederzeit große Schwierigkeiten haben; nichtsdestoweniger sei es versucht. Bevor ich beginne, rufe ich dem Leser die Naturbeschaffenheit Staffas und den Unterwühlungsprozeß ins Gedächtnis zurück, den unmittelbar nach Bildung der Insel selbst der Ozean mit ihr begonnen und bis diese Stunde fortgesetzt hat. Staffa, als Gott Vulkan sein Werk getan und zehn- oder hunderttausend Basaltsäulen an dieser Stelle ans Licht geschickt hatte, stand da wie ein festgeschnürtes Bündel steinerner Tannen. Der Ozean, der hier von Anbeginn der Tage sein Wesen getrieben und absolut geherrscht hatte, erzürnte über den Sendung aus der Unterwelt und begann mit überlegener Macht an ihm herumzuschlagen. Ganze und halbe Stücke wurden abgerissen und herausgespült, und so entstanden, je nach dem Grad und der Art der Zerstörung, jene Damm- und Höhleninformationen, die dieser Insel eigentümlich sind. Da wo es den Wellen glückte, die steinernen Bündel in ihrer ganzen Höhe abzubrechen und Säule, Dach- und Erdwerk, alles in die Tiefe des Ozeans zu werfen, stehen wie in einem Walde, in dem der Orkan gehaust hat, nur noch basaltene Stümpfe da und bilden ein steinernes Parkett, ein Lütticher Pflaster, wie es an Struktur und Festigkeit kein zweites gibt; da aber, wo der Ozean weniger mit der Kraft eines niederreißenden, die Insel oben am Schopfe fassenden Arms, wohl aber mit der Gewalt eines horizontal abgefeuerten, ewig wiederholten Schusses verfuhr, da sind unter dem Einfluß eines nimmer rastenden Bohrers jene Höhlen entstanden, die sich an verschiedenen Stellen bis tief in den Felsen hineinziehen und unter denen die Fingalshöhle die größte und schönste ist.

Am Portal dieser Fingalshöhle befinden wir uns jetzt. Die Bündelbeschaffenheit des Basalts hat dieser 230 Fuß tiefen Aushöhlung ihre Apartheit und ihre Schönheit gegeben.

Ich schreite nun zur Beschreibung der Höhle selbst, die nach diesem Versuch einer populären Geognosie mir leichter werden wird. Ich habe nicht unabsichtlich den Eingang ein Portal genannt. Er ist in der Tat ein solches, ein

Spitzbogentor, und dahinter das wunderbare Schiff einer gotischen Kirche. Wer London und die Westminsterabtei kennt, den wird der gotisch-phantastische Bau, den die Natur hier gebildet hat, immer wieder an die Kapelle Heinrichs VII. erinnern. Der Basalt lieferte die Säulen, die freilich in ihrer Ineinandergefugtheit mehr den Eindruck einer Wandfläche als eines Pfeiler- oder Säulenganges machen würden, wenn nicht die Wellen, mit einer bewundernswerten Regelmäßigkeit, Nische neben Nische in der Basaltwand ausgehöhlt hätten. Dadurch ist, wenigstens scheinbar, eine Pfeilerreihe entstanden, indem alle konkaven Vertiefungen wie in einem dunklen Hintergrunde liegen, während die lichtbeschienenen Ecken, wie selbständig und losgelöst, sich pfeilerartig in den Vordergrund stellen. Auf diesen Pseudopfeilern ruht nun die Decke. Diese Decke, gotisch gewölbt in ihrer Grundanlage, ist es vor allem, was sofort mit einer nicht abzuweisenden Gewalt das Bild der berühmten Tudorkapelle vor das Auge des Beschauers ruft. Das Charakteristische dieses schönen Tudorbaues (schön trotz seiner Überladung) besteht in jenen reichen, trombenförmigen Ornamenten, die, wie elegant gewundene Riesentrichter, zehn Fuß hoch und mehr, von der Decke in das Schiff herniederhängen. Diese originellen Bildungen wiederholen sich hier in der Fingalshöhle; die Laune eines Künstlers und die Laune der Natur sind denselben Weg gegangen. Die im letzten und tiefsten allerdings ein Gesetz und eine Regelmäßigkeit bekundende Unregelmäßigkeit, mit der der hereinschäumende Ozean die Basaltsäulen höher oder tiefer abgebrochen hat, hat diese Trombenbildung erzeugt. Vielleicht ließe sich die schraubenartige Bewegung daran studieren, mit der die Wellen ihre Skulpturarbeit hier ausgeführt haben müssen.

Wir standen noch immer am Portal und ließen das Schauspiel da drinnen auf uns wirken. Denn es war ein Schauspiel. Die Herren und Damen (erstere zum Teil in schottischen Kostümen), die vor uns das Schiff verlassen hatten, waren bereits bis weit in die Höhle hinein vorgedrungen und standen nun teils auf dem schmalen, basaltenen Steindamm, der etwa zehn oder fünfzehn Fuß hoch das ganze Innere umzieht, oder hatten sich als lebendige Statuen in die dunklen Nischen dieser Felskapelle gestellt.

Die bunten Tartanfarben leuchteten wie Licht aus diesen Vertiefungen hervor, und das Ganze spiegelte sich in dem hellgrünen, meerestiefen Wasserstreifen, der den leise bewegten Boden dieses Kirchenschiffs bildete.

Mit dieser Schilderung schließe ich. Wir machten pflichtschuldigst unsern Rundgang an der Höhlenwandung entlang (eine Promenade, die selbst bei schönem Wetter immer ihr Bedenkliches hat) und kehrten dann bis an den Eingang zurück. Die wenigen Minuten, die uns noch blieben, reichten aus, um den Bergrücken der Insel zu erklettern. Die Aussicht bot nichts Besonderes.

Kümmerliches Gras bedeckte die dünne Erdschicht, die auf dem Basaltfelsen lag, und ein paar Dutzend Schafe, die von den Bewohnern der Nachbarinseln hier ausgesetzt werden, um sich während der Sommermonate ihre Weide zu suchen, nagten an dem gelblichen, halbverwelkten Grase. Die einzige Blume, die hier gedieh, war ein dürres, rötliches Maßlieb, das in langen Büscheln überall an den Abhängen hing, als gefiele es sich darin, von dem Seewinde, der hier niemals schweigt, zerzaust zu werden. Wir pflückten uns ein paar dieser Blumen; dann klang vom Schiff her die Glocke herüber, und wenige Minuten später stießen unsere Boote von dem basaltenen Molo des Wundereilands ab. Einige Enthusiasten schwenkten die Tücher. – Staffa lag hinter uns.

151

IONA ODER ICOMKILL

Kaum zwei deutsche Meilen von Staffa entfernt liegt die Insel Iona. Man sieht die Nordspitze derselben samt ihren Kloster- und Kirchenruinen bereits von der Fingalshöhle aus, ein Bild, das mit Hilfe des dunkeln Rahmens der Höhle, hinter dem man es erblickt, einen nicht leicht zu verwischenden Eindruck macht. Unser Steamer umfuhr zunächst noch Staffa, um uns einen flüchtigen Einblick in die verschiedenen andern Aushöhlungen der Insel zu gönnen; dann steuerten wir südwärts und hatten in einer halben Stunde Iona erreicht.

Iona ist größer als Staffa, aber doch auch nur klein. Seine Länge beträgt etwas mehr als eine halbe, seine Breite kaum eine Viertelmeile. Die Ufer sind flach, sandig, unfruchtbar und nur in der Mitte der Insel erheben sich ein paar kahle Felsen, die gegen vierhundert Fuß hoch sein mögen. Es fehlt diesem Eilande jeder landschaftliche Reiz, und nichts ist da, was an die Schönheitswunder Staffas auch nur erinnern könnte. Nichtsdestoweniger steht diese Insel als eine gleichberechtigte Sehenswürdigkeit neben dem nahe gelegenen Schwestereiland. Was ihr Leben und Bedeutung gibt, das sind ihre geschichtlichen Traditionen, die hier in einem Maße auftreten, das überall Bewunderung erregen würde, doppelt aber an einem Orte, der, weitab von den letzten Stätten der Kultur, nur ein geeigneter Platz für Seeadler- und Möwennester zu sein scheint. Und doch war diese Stätte ein halbes Jahrtausend lang unter den heiligen Plätzen des Landes der heiligste.

Iona ist der Punkt, von wo aus, in der Mitte des sechsten Jahrhunderts, die Christianisierung des bis dahin heidnischen Schottlands erfolgte.

Ums Jahr 560 verließ der Mönch Columba (gälisch: Callum oder Malcolm) mit zwölf Gefährten die irische Küste und segelte in einem offenen Boot nach Schottland hinüber. Er und seine Genossen waren Schüler St. Patricks, mit dem sie in Dearmach, d. h. »nahe den Eichen« gelebt hatten. Die Schlichtheit und der heilige Eifer des irischen Apostels war auch auf seine Jünger übergegangen, zumal auf Columba. Sie wählten die Insel Iona als Aufenthaltsort, weil sie nah genug der Küste lag, um von ihr aus ihr Missionswerk beginnen zu können, und zu gleicher Zeit die Möglichkeit jener völligen Zurückgezogenheit bot, die den Grund- und Lehrsätzen ihres Meisters entsprach. Auf der Insel angelangt, zogen sie sich, wie der Geschichtsschreiber Adamnan berichtet, in einen Kreis auf recht stehender Steine, also mutmaßlich in einen ehemaligen Druidentempel zurück und sammelten dann Zweige, um mit Hilfe von Reisigbündeln ein allererstes Hospiz zu errichten. Ihre

Wohnplätze waren bloße Wigwams, und selbst ihre Kirchen, etwa unsern Blockhäusern entsprechend, waren aus Eichenstämmen zusammengefügt. Sie nannten sich »Culdees«, was nach der Meinung der Gälen »zurückgezogene Leute« bedeutet. In derselben Weise wie ihr Meister St. Patrick zählten sie sich zur griechischen und nicht zur römischen Kirche, zu der sie mehr denn einmal eine feindliche Stellung einnahmen. St. Columba starb 595.

Erst zwei Jahre später (597) betrat der heilige Augustin, als Apostel Roms die südenglische Küste, um die heidnischen Angelsachsen seiner Lehre zu unterwerfen, und begann nun von Süden her das römische Christentum nordwärts zu tragen, während die Nachfolger Columbas ihr griechisches Christentum von Norden nach Süden trugen. Im Laufe der Jahrhunderte erfolgte endlich der Zusammenstoß, in dem die Culdees völlig unterlagen. Diese Niederlage erfolgte aber nicht vor Anfang oder Mitte des dreizehnten Jahrhunderts. Etwa um dieselbe Zeit wurde auch Iona ein römischer Bischofssitz. Die Glanztage der Insel waren nun vorüber. Wohl wurden Klöster und Kathedralen errichtet, stattliche Bauten, die sich bis diesen Tag erhalten haben, aber die alte Bedeutung Ionas als erste Pflanzstätte des Christentums im hohen Norden war dahin. Die besondere Heiligkeit seines Bodens, an die Schottland und Skandinavien fünf Jahrhunderte lang geglaubt hatten, war ihm genommen; es war jetzt ein Bischofssitz wie viele andere noch. Seit der Mitte des dreizehnten Jahrhunderts gibt es keine Culdees mehr, aber die Erinnerung an diese einst so mächtige Sekte lebt bis heute noch im schottischen Volke fort, vielleicht deshalb, weil ihre gegnerische Stellung zur römischen Kirche ihr als Empfehlung dient.

In Abercrombys und Jamiesons Geschichtswerken heißt es von den Culdees wie folgt: »Nur das Seelenheil ihrer Mitmenschen lag ihnen am Herzen. Sie wirkten mehr durch Beispiel als durch Wort. Die Schlichtheit ihrer Kleidung, ihrer Haltung und ihres ganzen Auftretens war ihre Beredsamkeit. Sie halfen überall und beanspruchten nie Lohn; Bevorzugung, Streit, Spaltung, Kabale und Intrige kannten sie nicht. Demütig, einsiedlerisch, arm, keusch, nüchtern und voll heiligen Eifers, so lebten sie ihre Tage.«

Diese Vorbemerkungen werden uns beim Besuch Ionas zustatten kommen. - Der Steamer wirft Anker und wir rudern der Insel zu. Am flachen Ufer derselben ziehen sich etwa vierzig ärmliche Hütten hin, die den gälischen Namen »Baile Mor«, d. h. die große Stadt, führen. Im selben Augenblick, wo wir aus dem Boot springen, sehen wir uns von einer Herde Kinder umringt, die Ionamuscheln und Ionasteinchen zum Verkauf anbieten und die nunmehr, solange wir den heiligen Boden Insel unter unsern Füßen haben, unsere treuzudringlichen Begleiter bleiben. Vergeblich suchen wir uns durch wiederholte Einkäufe sicher zu stellen, vergeblich strecken wir beide Hände aus, um den jungen Hochländern ad oculos zu demonstrieren, daß wir selbst einen Handel beginnen und durch Konkurrenz sie gefährden könnten; alles scheitert, und schließlich gewöhnen wir uns an den Lärm dieser nacktbeinigen Meute, als wären es junge Jagdhunde, die blaffend, heulend und winselnd an uns emporspringen.

Das Dorf oder »die große Stadt« bietet nichts, aber unmittelbar im Norden derselben nehmen die Sehenswürdigkeiten Ionas ihren Anfang und ziehen sich in ununterbrochener Reihenfolge eine Viertelmeile lang am Ufer hin. Man kann drei Gruppen von Kapell- und Klosterruinen deutlich unterscheiden, zwei Gruppen, die den linken und rechten Flügel der ganzen Linie bilden, und zwischen beiden ein Zentrum. Dieses Zentrum, das, wenn auch nicht mit einer Kapellruine (St. Oran's Chapel), so doch jedenfalls mit seinem Kirchhof in das vorige Jahrtausend zurückreicht, ist bei weitem das Wichtigste unter allen Sehenswürdigkeiten der Insel; was die beiden Flügel bieten, ist verhältnismäßig unbedeutend. Ich spreche von ihnen zuerst.

Am linken Flügel, also dem Dorf zunächst, befinden sich die Ruinen eines Nonnenklosters, das frühestens gegen Ende des dreizehnten Jahrhunderts errichtet sein kann, da die Lehre Columbas keine Nonnenklöster gestattete. Die Gebäude selbst sind Feldsteinbauten, ohne Schönheit und Interesse, nur bemerkenswert durch große Basaltblöcke, die sich im Mauerwerk vorfinden und keinen Zweifel darüber lassen, daß den kirchlichen Baumeistern jener Epoche das benachbarte Staffa wohlbekannt gewesen ist. Neben den Klostergebäuden befindet sich eine Kapelle, die als Begräbnisplatz für die vornehmen Frauen der benachbarten Küsten und Inseln diente.

Die kirchlichen Gebäude am rechten Flügel sind nicht zahlreicher, aber größer, zum Teil aus späterer Zeit und jedenfalls besser erhalten. Wie sich am linken Flügel ein Nonnenkloster befand, so hier ein Mönchskloster. Von den eigentlichen Klostergebäuden ist wenig mehr vorhanden , die dazugehörige Kirche aber zählt mit zu den besten Ruinen in Schottland und ist stattlich genug, um den Namen einer Kathedrale, den sie wirklich führte, zu rechtfertigen. Diese Kirche war nämlich nicht nur das vorzüglichste kirchliche Gebäude der Abtei, die hier stand, sondern überhaupt der ganzen bischöflichen Diözese »Iona«, die ohngefähr um die Mitte des fünfzehnten Jahrhunderts von der Diözese Sodor (Insel Man) abgezweigt wurde. Diese Kathedrale, wie alle Gebäude, die sich hier vorfinden, ist aus gehauenem Feldstein aufgeführt und gehört zu jenen kirchlichen Bauten, an denen sich junge Archäologen und Architekten die Sporen verdienen können. Wessen Kritik und Konstruktionstalent hier nicht fehlgreift, der ist ein Meister. Eine wahre Musterkarte von Baustilen! Rund- und Spitzbogen, dünne und dicke Säulen, schwere und leichte Kapitale, gotisch, normannisch, byzantinisch, alles durcheinander und hier und dort ein Giebelfeld, das einem als altsächsisch aufgeschwatzt werden soll. Ich verweile dabei nicht länger. - Die Seitenschiffe dieser Kathedrale dienten als Begräbnisplatz für die mächtigsten Clanhäuptlinge der schottischen Westküste, in derselben Weise wie vornehme Frauen in der Kapelle des Nonnenklosters beigesetzt wurden. Hier befinden sich unter andern die Grabsteine der Macleods und Macleans, zum Teil mit Porträtfiguren, die trotz aller Roheit des Machwerks doch eine gewisse künstlerische Befähigung, was das Charakteristische angeht, verraten. Der besterhaltene unter diesen Grabsteinen ist der des Maclean von Roß, eines Häuptlings auf der Insel Mull, dessen Tapferkeit im Lande sprichwörtlich wurde und seinen Nachkommen den Namen »Eisenschwertskinder« eingetragen hat. Auf dem Schilde des Häuptlings befindet sich die Abbildung eines Schiffs. Diese Schiffsabbildungen, die sich auf anderen Grabsteinen wiederholen, sind, wie mit Recht bemerkt worden ist, wichtiger und interessanter als die Porträtfiguren selbst. Sie zeigen uns genau, wie etwa gegen das Ende des fünfzehnten Jahrhunderts die Schiffe gewesen sind, deren man sich in dortigen Gegenden bediente. Vorder- und Hinterteil sind beinahe gleich geformt und laufen in ziemlich aufrecht stehende Kurven aus, wie viele der römischen Galeonen. Das Hinterteil hat ein gut konstruiertes Steuerruder, das Bugspriet fehlt. Das Segel besteht aus einem einzigen Stück Segeltuch, das in überaus einfacher Weise an einem Mittelmast befestigt ist. Vorkehrungen zum Rudern sind nicht zu bemerken. Diese Schiffe waren mutmaßlich klein, nur große Boote. Wir wenden uns dem Zentrum zu. Die kirchlichen Gebäude am linken und rechten Flügel gehören sämtlich der römisch-katholischen Zeit an, also einer Epoche, wo Iona bereits aufgehört hatte, ein Glanzpunkt, ein berühmter Wallfahrtsort, eine Art »Heiliges Grab des Westens« zu sein. Im Zentrum stoßen wir auf Überreste jener vorrömisch-katholischen Zeit, auf Kreuze und Grabsteine, die an die Zeit der Culdees und jene besondere Heiligkeit erinnern, die vom siebenten bis zum elften Jahrhundert hin diesem Boden eigen war. Es sind drei Dinge, die unsere besondere Aufmerksamkeit hier in Anspruch nehmen: eine Kapellruine (St. Oran's Chapel), zwei mit Relieffiguren überdeckte Kreuze und ein großer Kirchhof. St. Oran's Chapel diente wahrscheinlich als Grabkapelle. Sie ist sehr klein (60 Fuß lang und 26 breit), aus rotem Granit aufgeführt, mit niedrigen Rundbögen, und aller Wahrscheinlichkeit nach zu Anfang des elften Jahrhunderts von den Norwegern errichtet. Die beiden Kreuze, die den Namen »Macleanskreuz« und »St. Martinskreuz« führen, sind die beiden einzigen Überbleibsel von den 360 Kreuzen, die bis in die zweite Hälfte des sechzehnten Jahrhunderts hier standen und auf Befehl einer hyperpuritanischen Synode ins Meer geworfen wurden. Das Meer scheint aber mitleidiger als die Synode gewesen zu sein und hat einige dieser Kreuze wieder ans Ufer geworfen, die sich teils noch als Bruchstücke auf der Insel vorfinden, teils von einzelnen Stadtbehörden (Inveraray und Campbletown), die mehr antiquarisch als puritanisch waren, gerettet worden sind. Das Macleans- und St. Martinskreuz scheinen gleich von Anfang an der Zerstörungswut entgangen zu sein. Ich versuche eine Beschreibung beider. Sie sind beide aus Glimmerschiefer gefertigt, sehr gefällig und selbst graziös in ihren Verhältnissen, und gleichen beide, weil die Schieferplatten, aus denen man sie gefertigt, nur dünn waren (kaum 6 Zoll dick), unsern modernen gußeisernen Grabkreuzen. Das St. Martinkreuz ist 14, das Macleanskreuz nur 11 Fuß hoch; beide stehen auf einem Piedestal von rotem Granit. Sie sind mit jener grüngelben Flechte, die man bei uns an Dachziegeln und alten Holzzäunen trifft, ganz überdeckt, wodurch das Erkennen der Reliefarbeit sehr erschwert wird. Die eine Seite des St. Martinskreuzes indes hat man neuerdings von diesem Flechtenüberzug gesäubert, und was man jetzt erkennt, ist folgendes: auf dem Oberstück sechs Löwen mit paarweis verschlungenen Schwänzen; in dem Rundstück, das die Mitte des Kreuzes einnimmt, die Jungfrau Maria mit dem Christkind und vier Engel um sie her; unterhalb, an dem Stammstück des Kreuzes, vier Reihen von Figuren, die sehr Mannigfaltiges darstellen: ein Abendmahl, eine Exhortation, ein Harfenspiel und mehreres andere noch. Noch weiter nach unten Äpfel, um die sich Schlangen winden.

Das Macleanskreuz gilt für älter und soll, bald nach dem Erscheinen Columbas auf der Insel, an der Stelle eines heidnischen Denkmals errichtet worden sein, das er vorfand. Wieviel hiervon wahr oder erfunden ist, muß dahingestellt bleiben. Daß diese Kreuze indes sehr alt sind und der früheren Glanzzeit Ionas, ich möchte sagen seiner exklusiven Epoche angehören, scheint mir unzweifelhaft. Alle diese Kreuze scheinen mehr den Charakter von Votivtafeln als von Grabkreuzen gehabt zu haben, und schon dieser Umstand allein, für den sich in der römisch-katholischen Zeit schwerlich ein Analogen findet, deutet auf eine frühe Vergangenheit.

Wir betreten nun die große Sehenswürdigkeit Ionas - seinen Kirchhof. Er führt den Namen ›Reilig Ourain‹ oder St. Orans Begräbnisplatz. Eine Mauer schließt ihn ein, und der Tradition wie auch den aufgezeichneten Mitteilungen des Dechanten Monro nach, der um 1590 hier lebte, war dieser Kirchhof viele Jahrhunderte lang der Begräbnisplatz für die schottischen und norwegischen Könige. Monro schrieb um 1594 wie folgt: »Auf dieser Insel Icolmkill befindet sich auch ein Kirchhof, der von den Bewohnern ›Reilig Ourain‹ genannt wird. Eine Steinmauer friedigt ihn ein. Innerhalb dieser Steinmauer stehen drei Grabhäuser, in Form einer Kapelle gebaut, und jedes an einem seiner Giebel mit einer Marmor- oder Steintafel versehen, woran sich Inschriften befinden.

An der Steintafel des einen Grabhauses steht mit lateinischen Buchstaben: Tumulus Regum Scotiae (Gruft der schottischen Könige). Innerhalb dieser Gruft, wie unsere schottischen und irischen Chronikenschreiber erzählen, wurden 48 gekrönte Könige Schottlands begraben. Das am Südende gelegene Grabhaus hat die Inschrift: Tumulus Regum Hiberniae (auch sprechen unsere Chroniken von vier irischen Königen, die hier begraben liegen), und die Tafel am dritten und letzten Grabhaus, das nach Norden hin liegt, zeigt die Worte: Tumulus Regum Norwegiae. Wieviele norwegische Könige hier bestattet wurden, darüber erzählen unsere Chroniken nichts, aber wir erfahren aus ihnen, daß König Coelus von Norwegen seine Edlen bat, sie möchten ihn auf Icolmkill bestatten, wenn er im Kampf gegen die Südschotten fallen sollte. Das spricht dafür, daß auch den skandinavischen Königen daran lag, auf der heiligen Insel ihren letzten Ruheplatz zu finden. Außerhalb dieser drei Grabhäuser, aber innerhalb der Kirchhofsmauer, liegen auch viele der vornehmsten Lords der Westküste: die Macleans, die Mackinnons und die Macquarries, weil jedermann in Schottland und auf den Inseln (d. h. auf den Hebriden) danach strebte, hier begraben zu werden.«

So schrieb Monro 1594. Seine Angaben bildeten das Fundament für alles, was die schottischen Geschichtsschreiber und Archäologen seitdem über Iona und seinen Reilig Ourain veröffentlicht haben. Es liegt kein Grund vor, seinen Angaben irgendwie zu mißtrauen; nur die Frage bleibt unerledigt, aus welcher Zeit die Giebelinschriften hergerührt haben, die er damals mit eigenen Augen an den drei Grabhäusern gelesen hat. Sie können alt gewesen sein, können aber auch ebensogut von der Hand eines Abts oder Mönchs hergerührt haben, der sozusagen Archäologie auf seine eigene Hand trieb und, sich an alte Traditionen und Chroniken anlehnend, vielleicht kaum fünfzig oder hundert Jahre vor Monro das Tumulus Regum Scotiae etc. an die Giebelfelder schrieb. Jetzt noch Licht über diese Streitfragen zu verbreiten ist mindestens schwer, wenn es nicht unmöglich ist. Die Tumuli selbst sind zerfallen, und die Grabsteine liegen verwittert da, nirgends eine Inschrift oder Jahreszahl, die Auskunft geben könnte. Ein Beweis also ist nicht mehr zu führen, daß 48 schottische Könige an dieser Stelle begraben liegen; die höchste Wahrscheinlichkeit indes spricht dafür. Man kann die Begräbnisplätze der schottischen Könige mit historischer Sicherheit bis zum Jahre 1073 zurückverfolgen, in welchem Jahre Malcolm Canmore, der Besieger und Nachfolger Macbeths, in der Kathedrale von Dunfermlin beigesetzt wurde. Von 1073 an bis herab zu uns zeigt sich kaum eine Lücke; entweder existieren die Grabsteine noch (wie z. B. von Robert Bruce), oder der Platz der Bestattung ist durch gleichzeitige Geschichtsschreiber beglaubigt. Die Frage entsteht also: Wo wurden die schottischen Könige (die damals alle noch

Hochlandskönige waren) vor 1073 beigesetzt? Die Tradition antwortet: Auf Icolmkitt (Iona). Und sie wird recht haben. Iona war der heilige Boden, der Apostelsitz, von wo aus das Christentum unter die heidnischen Hochlandskönige getragen worden war (es hieß z. B., daß beim Untergang der Welt durch Wasserfluten Iona wie ein gesegnetes Blatt auf der Sündflut schwimmen werde), und es darf nicht überraschen, daß sie dort im Tode ruhen wollten, von wo ihnen das Licht und das Heil gekommen war. Daß es genau 48 Könige, und nicht mehr und nicht weniger gewesen sind, diesen Beweis anzutreten, wird sich niemand berufen fühlen; die größte Wahrscheinlichkeit aber hat es für sich, daß, wie die Tradition berichtet, König Duncan und König Macbeth die beiden letzten waren, die hier – der Ermordete und der Mörder – im schwarzen Boot über das Wasser kamen, um in heiliger Erde die letzte Ruhe zu finden. Schon zu Shakespeares Zeit muß übrigens diese Tradition lebendig gewesen sein, denn es heißt in Macbeth:

Rosse Wo ist der Leichnam Duncans!
Macduff Fort gen Westen, Nach Icolmkill, dem Beinhaus seiner Ahnen.

Ob über diese mannigfachen Fragen, die sich an die Frühgeschichte Ionas knüpfen, jemals noch das klare Licht historischer Erkenntnis verbreitet werden wird, steht dahin. Solange diese Untersuchungen in Händen wohlmeinender Dilettanten bleiben, ist wenig zu hoffen. Ich habe mich so ausführlich über diesen interessanten Königskirchhof verbreitet, um dadurch vielleicht in Deutschland, namentlich aber auch in Skandinavien, die Lust anzuregen, selbst zu sehen und eine Lösung zu versuchen. Der Nordwesten Schottlands hat damals unbedingt unter normannischem Einfluß gestanden, und teils Historiker, die die Geschichte der normannischen Eroberungen zu ihrem Spezialstudium gemacht haben, mehr aber noch skandinavische Archäologen und Altertumsforscher (denen die Möglichkeit des Vergleichs gegeben ist) scheinen mir die einzigen zu sein, die vielleicht noch ergründen können, bis wie weit diese Schieferkreuze und die verwitterten Grabsteine im Tumulus Regum Scotiae zurückreichen.

VON OBAN BIS ZUM LOCH LOMOND –
RÜCKKEHR NACH EDINBURGH

Noch am selben Abend kehrten wir nach Oban zurück. Wer in Iona bleiben und die Grabsteine des Reilig Ourain einer mehr kritischen Durchsicht unterwerfen will, der findet in den Hütten der Schiffersleute ein notdürftiges Unterkommen, kann aber vor Ablauf von drei Tagen nicht nach Oban zurück, da die Hutchesonschen Steamer nur zweimal wöchentlich die Fahrt nach Staffa und Iona machen.

Wir waren also wieder im Hinterhause der Mrs. Mackay (die uns, wie sich der Leser erinnern wird, bei einer Hintersassin von ihr, einer zimmervermietenden alten Waschfrau untergebracht hatte) und waren just müde genug, um trotz des nachbarlichen Pferdestalls, dessen ich auch schon erwähnte, einen guten Schlaf zu tun. Das Erwachen war minder froh. »Get up, Gentlemen, or you will miss the steamer!« so klang es draußen, während eine geschäftige Hand abwechselnd klopfte und an der Klinke rasselte. Mit Worten, die einem Morgengebet so unähnlich waren wie nur möglich, sprangen wir aus dem Bett, und kaum halb angezogen, griffen wir schon nach unsern Reisetaschen, um die zerstreut umherliegenden Garderobestücke so gut wie möglich unterzubringen. Wir waren noch nicht fertig damit, als wir vom Kai her das Läuten einer Schiffsglocke vernahmen und im selben Augenblick von draußen die wenig variierten Worte hörten: »Make haste, Gentlemen, or you will miss the steamer!« Wer kennt nicht die nervöse Aufregung, in die man verfällt, wenn man beim Packen oder gar im Fiaker schon (die immer doppelt langsam fahren, wenn man doppelte Eile hat) von der Furcht beschlichen wird, den Zug zu versäumen und volle 24 Stunden an einem bereits absolvierten Ort zubringen zu müssen, der nun plötzlich mit einer Physiognomie vor uns tritt, als habe es seit Heinrich dem Städtebauer nie einen langweiligeren Platz gegeben! Dieser »Panic« ergriff uns jetzt. Wir flogen in unsere Röcke und Überzieher hinein, rafften alles zusammen, was noch auf Tisch und Betten lag, stopften es in die Säcke und stürzten fort. An der Hoftür stand die Wirtin, nicht Mrs. Mackay, sondern die Hintersassin, die alte Waschfrau (keine Chamissosche), deren Putzstube hatte aushelfen müssen. Sie trat uns in den Weg, um die ungemütlichen Geldgeschäfte stehenden Fußes abzumachen. »Wieviel?« – »Fünfzehn Schillinge.« - Es war eine enorme Summe für zwei Nachtquartiere und weiter nichts; indes die Schiffsglocke, die eben wieder einsetzte, schnitt jede Unterhandlung ab, und die Schillinge und halben Kronenstücke liefen rasch aus meiner Hand in die Hand der Wirtin. Unerhört!

Es reicht nicht, es fehlt ein Sixpence! Die Silberstücke fallen in meine Börse zurück, und ein Sovereign steigt statt ihrer aus den Tiefen der Ledertasche ans Licht. »Give me change!« rufe ich der Alten zu, die mit der Ruhe des Siegers vor mir steht. Sie nimmt den Sovereign, steckt ihn ein und erwidert nicht ohne Anflug von Hohn: »I have no change, but I will send to the butcher.« Ein letzter Abschiedsgruß fällt unverschleiert von meinen Lippen; dann setzen wir uns, mit Zurücklassung eines unbeabsichtigten Fünf-Schilling-Trinkgelds, in Trab und erreichen das Schiff, das allerdings eben Miene macht, seine Brücke einzuziehen und vom Kai sich loszulösen. Halb ärgerlich noch nehmen wir Platz am Schornstein, um uns soviel wie möglich gegen die Morgenfrische zu schützen; dann aber fliegt a tempo das Lächeln wiederkehrender guter Laune über unsere Gesichter. Wir beginnen unser Herz und unsern Ärger auszuschütten, und im Aussprechen kommt der Trost. Es war kein Zweifel, die Hintersassin der Mrs. Mackay hatte mit uns eine Szene durchgespielt, deren praktische Brauchbarkeit sie längst erprobt haben mußte. Wie an der kurischen Küste ein Edelmann lebte, der falsche Feuer anzünden ließ, um an gescheiterten Schiffen sein Strandrecht zu üben, so war es bei der alten Waschfrau Geschäftsmaxime geworden, ihre Gäste so spät wie möglich zu wecken, um von der panischen Wirkung des »Make haste, Gentlemen, or you will miss the steamer«, den möglichsten Vorteil zu ziehen. Erst am Abend desselben Tages, als wir im Gasthaus zu Balloh einen Blick in unsere Reisesäcke taten, erkannten wir ganz, wie die Hintersassin uns mitgespielt hatte. An Morgenschuhen, Haarbürsten und Nachttüchern, die zurückgelassen waren, übte die Alte nun triumphierend ihr Strandrecht, und ein eben ausgepackter Lackstiefel, der ohne Halt und Gegenlehne auf dem Tisch stand, schien die Frage an mich zu richten: »Wo ist der andere?« Sie haben sich nicht wiedergesehen. Aber das waren die dunkeln Lose, die noch im Schoß der Zukunft ruhten, als wir, unsere Rücken am warmen Schornstein, aus der Bucht von Oban hinausfuhren.

Die Fahrt geht südlich und führt uns zurück wieder an der Insel Mull und ihren Basaltformationen vorbei. An einer Stelle, wo nach meilenweiter Öde ein Grasplatz den Felscharakter dieser Küste unterbricht, deutet der Finger des Kapitäns auf ein ärmliches Häuschen, wo Sir Colin Campbell, der jetzige Lord Clyde, geboren wurde. Sein Vater, ein Zimmermann, starb erst letzten Winter zu Granton bei Edinburgh, neunzig Jahre alt. Nach etwa zweistündiger Fahrt haben wir die Höhe der Insel Jura erreicht und biegen nun scharf östlich ein, um den Crinankanal zu erreichen, der die lange Halbinsel Cantire an ihrem Oberende durchschneidet. Cantire, etwa zwölf deutsche Meilen lang, gleicht einem vorgestreckten Bein des schottischen Festlands, und wer den Kanal verschmäht (der genau der Weichenlinie dieses Beins entspricht), der ist gezwungen, vorausgesetzt, daß er nach Glasgow will, zwölf Meilen hinunter- und fast ebensoviele Meilen wieder hinaufzufahren. Der Unterschied, in Zahlen ausgedrückt, ist wie 1 zu 20. So benutzen denn alle kleineren Fahrzeuge, die von Norden kommen, diesen Kanal, und die Hutchesonschen Dampfschiffe, die vielleicht zu viel Tiefgang haben, helfen sich auf die Weise, daß an beiden Enden des Kanals eine Ausschiffung der Passagiere stattfindet. Ein drittes Boot, in Form eines überdeckten Elbkahns, unterhält die Kommunikation zwischen dem Außen- und Innensteamer, von denen der eine (der Außensteamer) die Fahrt nach Oban, der andere die Fahrt nach Glasgow macht.

Wir haben die Außenseite des Kanals erreicht, verlassen den Oban-Steamer und machen in einer Art Treckschuite, an zum Teil hübsch gelegenen Landsitzen vorbei, die Kanalfahrt bis nach Lochgilphead hin (an der Innenseite der Halbinsel), wo der Glasgow-Steamer eben anlegt, um seine Passagiere an Land zu setzen und uns statt ihrer einzunehmen. Auf der Landungsbrücke begegnen sich die beiden Menschenströme. Es ist dasselbe Leben und Treiben, das jeder kennt, der auf den großen Verwirrungsbahnhöfen von Hecheln, Bamberg, Magdeburg etc. ein Augenzeuge oder Mitspieler modernen Reisetrubels gewesen ist. Was mir nichtsdestoweniger die ganze Szene lebhaft im Gedächtnis erhalten hat, war die Erscheinung zweier Männer in Hochlandstracht, die, während wir von der Menschenmasse vor- und zurückgeschoben wurden, mit festem Schritt vom Kai zur Landungsbrücke herniederstiegen. Die Schönheit des schottischen Kostüms war mir nie so frappant entgegengetreten. Die Hochländer, echt und unecht, denen man in London oder im Süden Englands begegnet, lassen viel zu wünschen übrig. Es sind meist Bettler (echtes Londoner Vollblut aus Clerkenwell und St. Giles), die sich einen Kilt und Dudelsack gemietet haben, oder im günstigsten Falle südschottische Farmerssöhne, die dem Verlangen nicht widerstehen können, dem lang- und dünnbeinigen Londoner zu zeigen, was es mit einer national-schottischen Wade auf sich habe. Diese Londoner Eindrücke, die nicht allzu günstig für das Hochlandskostüm waren, änderten sich freilich bald, als ich nach Schottland kam; nie aber war mir das zugleich Malerische und Imposante dieser Tracht so überraschend entgegengetreten wie in diesem Augenblick, wo die Brücke, auf der wir standen, unter dem herniedersteigenden Taktschritt der zwei Hochlandssöhne zu vibrieren anfing. Der ältere von ihnen war ein Häuptling, das bewies die Adlerfeder, die in der Agraffe seiner Mütze steckte. Beide waren über sechs Fuß hoch, und die Jagdflinte, die auf ihren Schultern hing, nahm sich aus wie ein bloßes Spielzeug. Es waren Londoner Gardeoffiziere (der schottische Adel ist in den Garderegimentern stark vertreten), die vor acht oder vierzehn Tagen die Residenz verlassen hatten, um die Jagdzeit, die »shooting season«, in ihrer Heimat, dem Hochland zu verbringen. Der jüngere von beiden trug die Hochlandstracht nur, wie man ein Phantasiekostüm trägt. Aus jenem graugelben Sommerzeug, das jeder kennt, der einem halben Dutzend reisender Engländer irgendwo in der Welt begegnet ist, hatte er sich einen Kilt und eine Jacke machen lassen, und nichts an ihm war echt schottisch als die dunkelblaue Wollenmütze und der kurze, graukarierte Strumpf. An jeder andern Stelle der Welt wäre er ein schöner Mann gewesen, neben seinem Freunde, dem Häuptling, aber nahm er sich aus wie dessen Milchbruder; ebenso groß, ebenso breit, ebenso frisch, aber rasselos. Der Häuptling schritt, ohne ein direktes Zeichen der Überhebung, durch die Menschenwoge hin, als habe er nicht das geringste mit ihr gemein. Er trug eine weite schwarze Samtjacke und viel Gelb in dem gewürfelten Tartan, war also von dänischer Abstammung , wahrscheinlich ein Macleod. Um den Leib trug er jene eigentümlich schottische Jagdtasche, die fast die Form einer Geldkatze hat, und die sechs langen Geißbärte, die wie ebenso viele Siegeszeichen an dieser Tasche zu hängen pflegen, fielen malerisch über den faltenreichen Kilt. Das kurze schottische Schwert hatte er daheim gelassen, aber das Fangmesser, mit einem großen Amethyst oben am Griff, steckte nach Landessitte im rechten Strumpf und bewies neben der Adlerfeder, wer der Ankömmling sei. Nie habe ich eine schönere Erscheinung gesehen; selbst die wachthabenden Royal Blues, denen man in den Korridoren von St. James und Buckingham-Palace begegnet und die mir in ihren Helmen und Stulpenstiefeln, den Pallasch nachlässig in den linken Arm gelehnt, so oft wie herabgestiegene Kriegsgötter erschienen waren, verschwanden in der Erinnerung neben dem Häuptling der Macleods.

Nach einer halben Stunde waren wir glücklich an Bord des Glasgow-Steamers. Die Fahrt geht von Lochgilphead aus wieder südlich, abwechselnd an flachen und felsigen Ufern vorbei, aber die gedeckte Tafel und die Mahnungen des Stewards rufen uns zunächst von Deck in den Salon und entziehen uns der Naturbetrachtung. Auch nachdem wir unsere alten Plätze auf der Galerie des Steamers wieder eingenommen haben, kommen wir nicht mehr zu einem Festhalten all der Bilder, die an uns vorüberziehen. Die Schuld liegt nicht an dem Gebotenen, sondern an der Unmöglichkeit, die Fülle des Gebotenen aufzunehmen. Die Bilder sind prächtig, reich, grandios und in ihrer Belebtheit fesselnder und reizvoller als die Mehrheit dessen, was wir bisher gesehen; aber es geht im Fluge daran vorüber, und wir ertrinken fast im Stoff. Wir gleichen einem, der das Große Los gewonnen hat und dem es in purem Golde ausgezahlt werden soll; anfangs glitzerte es ihm entgegen, und er lacht und strahlt bei jedem neuen Stück, bald aber bittet er, es ihm tüten- und beutelweise zu liefern. Gold bleibt Gold, und Lust und Fähigkeit sind hin, um nach dem Rande zu gucken oder nachzusehen, welches Potentatenbild die Münze schmückt. Von Rothesay an (die schöne Insel Arran zur Rechten) wächst der Verkehr von Minute zu Minute, bis wir Greenock erreichen, den Hafen Glasgows an der Mündung des Clyde. Von hier an beginnt ein Treiben, das ich nur mit der Einfahrt in die Themse vergleichen kann; selbst die Fahrt den Mersey hinauf bis Liverpool bietet nichts Ähnliches. Stadt drängt sich an Stadt; Hunderte von Schiffen und Dampfern steuern an uns vorüber oder wir an ihnen; die Flaggen aller Nationen sind um uns her; Leben, Fülle, Reichtum, wohin wir blicken, und die Wahrheit zu gestehen, ein Gefühl der Heimatlichkeit kommt wieder über uns. Diese Fahrt den Clydefluß hinauf gleicht einer Themsefahrt von Gravesend bis London, und wenn man auch der Themse und ihren Ufern freilich eine größere Wichtigkeit zugestehen muß, so haben die Ufer des Clyde die größere Schönheit voraus.

Spät nachmittags passierten wir Dumbarton, eine jener vier Felsenfestungen, die, nach dem Wortlaut der Unionsakte, als feste Punkte gehalten werden müssen. Die Sonne ging eben unter, und Felsen und Festung lagen wie ein Wolkenschloß da, um das breite, goldene Lichter spielen. Eine halbe Meile weiter aufwärts erreichten wir Bowling, den Hauptstationsort für alle Reisenden, die, von Glasgow oder dem Süden her, einen Ausflug nach dem Loch Lomond machen wollen. Unser Steamer legte, aus besonderer Freundlichkeit gegen uns, an ebendieser Stelle an, und eine Viertelstunde später führte uns ein Abendzug bis an das Gasthaus von Balloch, am Südwestufer des Lomond-Sees.

Als wir im Gasthaus zu Balloch ankamen, war es bereits zu spät, um noch einen Ausflug auf den See hinaus machen zu können; wir hätten wenigstens Mondschein haben müssen, und der fehlte. So ließen wir denn Tische nach draußen bringen, und nahmen unter einer Gruppe von Kastanienbäumen Platz, die uns just noch einen Blick auf Gärten und Wiesen und dahinter auf einen schmalen Streifen des Lomond-Sees gestatteten. Von Zeit zu Zeit trug der Abendwind eine weiche, kühle Luftwelle wie einen Gruß zu uns herüber. Wir waren unserer vier, seit sich von Bowling aus zwei Schotten, ein Mr. Tait und ein Mr. Henderson, zu uns gesellt hatten. Mr. Tait war aus Melrose, wo er an einem Armen- und Rettungshause, wie es deren in England und Schottland so viele gibt, als geistlicher Direktor angestellt war. Die Salbung, mit der er sprach, ließ kaum einen Zweifel darüber, daß er ein Temperanzprediger sei. Mr. Henderson war noch jung und auf dem Punkt, über den Loch Lomond nach Aberdeen zurückzukehren, wo ihm ein Onkel gestorben war. Diesen Onkel zu beerben, reiste er jetzt nach dem Norden zurück. Die goldenen Aussichten machten ihn gesprächig, und er erzählte viel von seinem früheren Leben, das interessanter war, als ein Leben von 22 Jahren gewöhnlich zu sein pflegt. Er war mit in der Krim gewesen, bei Inkerman leicht verwundet worden und hatte dann während des tatenlosen, trübseligen Winters, der folgte, seinen älteren Kameraden von der Füsiliergarde Romane von Currer Bell und Geschichtskapitel aus Macaulay vorgelesen. Vorher war er in Indien gewesen. Das fällt in England nicht auf, und jeder darf von seinen Reisen erzählen, ohne deshalb der Eitelkeit bezichtigt zu werden. Es ist gleichgültig, ob man in Greenwich oder in Shanghai zu Mittag gegessen hat, und weil es gleichgültig ist, ergibt sich die vollste Unbefangenheit bei Sprecher und Hörer.

Beim Plaudern hatten wir die Abendkühle nicht beachtet, die jetzt anfing, uns frösteln zu machen. Ein Glas »Toddy« indes (Whisky-Punsch) stellte das Wohlbefinden rasch wieder her, und in der besten Laune oder, wie die Engländer zweideutig sagen, »in good spirits«, zogen wir uns endlich in unsere Schlafzimmer zurück.

Der andere Morgen führte uns an Bord des »MacGregor« wieder zusammen, und um zehn Uhr früh begann die Fahrt über den schönen See. Der Loch Lomond ist der Nachbar des Loch Katrine. So befanden wir uns denn nach Verlauf von wenigen Wochen wieder an der alten Stelle, d. h. in jenem vielbesungenen MacGregor-Lande, das wir von Stirling aus bereist hatten. Wieder sahen wir auf Schiff und Boot die wohlbekannten Clanfarben und hörten Geschichten von dem letzten Helden des Clan Alpine, von Rob Roy. »Dort steht die Hütte, wo seine Flinte vorgezeigt wird; dort ist die Höhle, wo er sich verbarg«, so erzählen sich die Passagiere und zeigen hier- und dorthin. – Der Loch Lomond ist eine schöne, noble Wasserfläche, und es kommt ihm zu, daß er »der König der Seen« heißt. Dies ist jedoch mehr sein Ehrentitel als sein Name; die eigentliche Bedeutung von Loch Lomond ist »der inselreiche See«. Er ist groß und wasserreich, und die Inseln schwimmen auf ihm wie große Nymphäenblätter. Selbst die Berge an seinen Ufern scheinen ihn nicht gebieterisch einzudämmen, sondern gleichen Satelliten, die ihn umstehen und begleiten. Die Stellung dieser schönen Berge, die sich bis 3000 Fuß hoch erheben, ist nämlich derart, daß man immer in ihrem Kreistanze bleibt und sie jederzeit um sich hat wie den Mond, wenn man in einer klaren Nacht meilenweit durch die Felder fährt.

Nach etwa zwei Stunden hatten wir die Spitze des Sees erreicht. Die meisten Passagiere verließen uns (auch Mr. Henderson), um nach Loch Katrine oder dem Norden zu gehen; wir aber, die wir Perth- und Inverneßshire kannten und nur erschienen waren, um dem Loch Lomond unsere besondern Honneurs zu machen, waren entschlossen, mit demselben Dampfboot, das uns gebracht hatte, nach Balloch und dem Süden zurückzukehren. Wir hatten ein paar Stunden Zeit, durchzogen die nachbarlichen Schluchten, bis wir müde waren, und warfen uns dann ins Farrenkraut nieder, wo junge Eschen und Hagedornbüsche eine Laube für uns bereitet hatten.

Nachmittags begann die Rückfahrt. Die Gesellschaft war steif und leblos, und wir waren endlich froh, mit einer irländischen Dame ins Gespräch zu geraten, die uns bald völlig in Anspruch nahm. Es war eine echte Tochter Erins: lebhaft, witzig, ungeniert, von bedenklicher Toilette und gleichgültig gegen die üblichen Formen englischer Sitte und englischen Anstands. Ihr Name war Miß Arabella Fitzpatrick; Karten führte sie nicht, aber sie war freundlich genug, auf ein abgerissenes Stückchen Papier uns obige Namen aufzuschreiben. In England wäre das mindestens »shocking« gewesen. »You are Germans?« begann sie, als wir auf der Schiffswand saßen und, der Höhle Rob Roys den Rücken zukehrend, wenig Lust bezeugten, uns den üblichen Ciceronevortrag zum zweiten Male halten zu lassen. Wir nickten. »Es sind noch mehr Deutsche an Bord«, fuhr sie fort und zeigte auf eine Gruppe großer starker Männer, die in lebhaftem Gespräch neben dem Kajüteneingang standen. Sie hatte recht. Es zeigte sich bald, daß sie der deutschen Sprache einigermaßen mächtig war. Wir sprachen nun von der Schönheit des Sees, endlich auch von dem romantischen Charakter Irlands und fügten den aufrichtig gemeinten Wunsch hinzu, »die grüne Insel« mit nächstem bereisen zu können. Das gewann uns ihr Herz. Sie fing nun an, allerhand Beschreibungen und sonstige berühmte Stellen aus Thomas Moore zu zitieren, den sie auswendig zu kennen schien. Als sie endlich anhob:

Erin, thy silent tear never shall cease,
Erin, thy languid smile ne'er shall increase.

konnte ich dem Drange nicht widerstehen, in das wohlbekannte Lied miteinzustimmen, und so folgten denn, wie ein gesprochenes Duett, zwischen ihr und mir, die Schlußzeilen:

Till, like the rainbow's light,
Thy various tints unite,
And form in heaven's sight
One arch of peace.

Sie sah mich groß an und sagte dann: »You are a poet.« Ich lehnte die Ehre ab, zeigte aber auf meinen Reisegefährten und flüsterte vertraulich: »He is.« – »Gut denn«, fuhr Miß Arabella fort, »so wird Ihr Freund es übernehmen, einen hübschen Reim, ein Erinnerungswort hier in mein Buch zu schreiben. Er muß begeistert sein, hier der Loch Lomond und hier – ich.« Sie lachte und gab ihm ihr Notizbuch. Ablehnung wäre wenig am Platze gewesen; so nahm Freund B. denn den Handschuh auf und schrieb in vorbildlicher Weise:

Ich liebte immer den Thomas Moor,
Heut' lieb' ich ihn mehr noch denn zuvor.
Ich hab' ihn gelesen hier und dort,
Hinreißt nur das lebendige Wort.

Die Zeilen waren mit deutschen Buchstaben geschrieben, die der Miß Arabella fremd waren. Sie reichte mir also das Büchelchen zurück und bat mich, ihr die Zeilen langsam vorzulesen. Ich tat es. »Ach«, fuhr sie fort, »ein Impromptu! Es klingt sehr gut; bitte, übersetzen Sie es mir.« Ich wollte eben eine simple Prosaübersetzung beginnen, als mirs durch den Kopf schoß, wohl oder übel die Übersetzung in ein paar englischen Reimen zu versuchen. Es ging leichter, als ich dachte, und in nicht allzu langen Pausen deklamierte ich:

I ever liked your Thomas Moore,
I like him more now than before.
The Irish harper's full accord
Sounds mightier in the spoken word.

Sie hatte aufmerksam zugehört, lachte schelmisch und sprach dann rasch:

Deceiver, deceive no longer me!
You are a poet as well as he.

Der »He« war Freund B., auf den sie zeigte. Der letztere, begierig sich für die Verlegenheiten zu revanchieren, die ich ihm bereitet hatte, stimmte mir zu, und das vorgehaltene Notizbuch ließ mir zuletzt keine Wahl mehr. Ich schrieb also folgendes oder wenigstens ähnliches:

Es hat geklippt, es hat geklappt,
Ich seh' es wohl, ich bin ertappt;
Erst Dichter, Leugner dann – so geht's,
Ein Übel gebiert das andre stets.

Impromptuschreiber sind wie Kinder, die beim Spiel nicht müde werden, und wer weiß, wohin diese Vierzeilen geführt und wieviel Notizblätter sie noch gekostet hätten, wenn nicht eben jetzt der würdevolle Mr. Tait an uns herangetreten wäre, um über die alte Vogelflinte Rob Roys eine schätzenswerte Mitteilung zu machen. Die Impromptus (als wäre die Vogelflinte selber losgegangen) flogen davon wie ein aufgescheuchtes Volk Hühner.

Mr. Tait war salbungsvoll, aber gastfreundlich. Der Moment war nahe, wo wir scheiden mußten, und der würdige alte Herr wollte sich nicht von uns trennen, ohne uns vorher mit liebenswürdiger Dringlichkeit nach Melrose hin, und zwar zu einem »plain Scotch dinner« an seinem eigenen Tische, eingeladen zu haben. Wir sagten zu, hielten aber nicht Wort. Freund B. und ich pflegten uns später gegenseitig vorzuwerfen, daß wir den Besuch aus Furcht vor einem Temperanz-Diner unterlassen hätten, in Wahrheit aber trug »Melrose-Abbey« die Schuld, deren wunderbar schöne Ruinen uns Mr. Tait, sein Rettungshaus und sein »plain Scotch dinner« vergessen ließen.

Gegen sieben Uhr waren wir wieder in Balloch, am Südufer des Sees. Eine Stunde später führte uns ein Schnellzug zunächst nach Bowling, dann ostwärts mit wachsender Raschheit nach Glasgow. Die Sonne war längst unter, als wir uns der reichen Hauptstadt des schottischen Westens näherten, aber die dunklen Häusermassen traten doch noch deutlich aus dem grauen Abendschimmer hervor. Die Frage entstand: bleiben oder nicht? Die Schilderungen, womit uns ein lokalpatriotischer Glasgower während der Fahrt unterhalten hatte, waren an Ohr und Herz meines Reisegefährten nicht spurlos vorübergegangen; ich meinesteils sehnte mich aber zurück nach Canongate und der High-Street von Edinburgh. Statt aller weiteren Antwort zeigte ich nur auf einige der dreihundert Fuß hohen Fabrikschornsteine, deren eben mehrere, wie erstarrte Dampfsäulen, hoch in den Himmel stiegen. Der Schornstein ist das Wahrzeichen Glasgows. Dieser Hinweis genügte. Von einer Seite des Bahnhofs eilten wir rasch nach der andern hinüber, wo der Edinburgher Zug bereits ungeduldig wartete und seine Ungeduld durch Murren und Zischen zu erkennen gab; dann ein lang anhaltender Pfiff, und an Falkirk und seinen Schlachtfeldern vorbei, ohne Gruß für Linlithgow, das wie ein Schattenbild neben uns verschwand, bogen wir nach kaum einstündiger Fahrt um den Schloßfelsen Edinburghs herum und sahen seine Häuser rechts und links emporsteigen, phantastisch nebelhaft wie immer, eine Wolkenstadt, aus der die Lichter blitzten.

LOCHLEVEN-CASTLE

Die Fackeln längst erloschen, deren Glut
Lichtfurchen zog auf dieses Sees Flut;
Das Leben längst erloschen, hin der Klang,
Der hier im Echo von den Mauern sprang;
Die Mauern selbst zerbröckelt, öd der Turm
Und im Kamine heimisch nur der Sturm.

Michael Bruces »Lochleven«

Lochleven-Castle, mit alleiniger Ausnahme von Holyrood-Palace, steht obenan unter den schottischen Schlössern, die, mit in die Geschichte Maria Stuarts verwebt, durch eben diese Verwebung auch ihrerseits berühmt geworden sind. Im Schlosse von Lochleven saß die schöne Königin fast ein Jahr lang gefangen, jenes letzte Jahr auf schottischem Grund und Boden, das ihrer unheilvollen Flucht nach England vorausging.

Was zur Auflehnung des schottischen Adels gegen die Königin und schließlich zu ihrer Gefangensetzung in Lochleven führte, war bekanntlich ihre Verheiratung mit Bothwell. An der Spitze der Unzufriedenen stand ihr Halbbruder, der Graf von Murray. Bei Carberry-Hill stießen die feindlichen Parteien aufeinander; Bothwell, auf die Anklage hin, »der Mörder Darnleys« zu sein, wurde zum Zweikampf gefordert, lehnte aber schimpflich ab und floh; mit ihm das Heer der Königin. Diese selbst überlieferte sich den Siegern und wurde als Gefangene nach dem der Douglas-Familie zugehörigen Schlosse von Lochleven gebracht.

Dies Schloß von Lochleven zu sehen, war seit vielen Jahren mein Wunsch gewesen, und ich hätte Edinburgh nicht verlassen mögen, ohne zuvor einen Ausflug nach diesem reizenden Punkt gemacht zu haben. Es ist eine Unsitte, die, wie überall, so auch in Schottland herrscht, dem Reisenden gleichsam eine bestimmte Reiseroute, eine bestimmte Reihenfolge von Sehenswürdigkeiten aufzudrängen. Irgendeine Eisenbahn- oder Dampfschifffahrt-Kompagnie findet es für gut, diesen See, diesen Berg, diese Insel als das Schönste und Sehenswerteste festzusetzen; regelmäßige Fahrten werden eingerichtet, bequeme Hotels wachsen wie Pilze aus der Erde, Stellwagen und Postillone, Bootsführer und Dudelsackpfeifer, alles tritt in den Dienst der Gesellschaft, und der Reisende, der ein Mensch ist und in möglichst kurzer Zeit mit möglichst wenig Geld das Möglichste sehen möchte, überläßt sich wie ein Gepäckstück diesen Entrepreneurs und bringt sich dadurch um den vielleicht höchsten Reiz des Reisens, um den Reiz, das Besondere, das Verborgene, das Unalltägliche gesehen zu haben. Eine kleine Schönheit, die wir für uns selber haben, ist uns lieber wie die große und allgemeine.

Den Entrepreneurs hat es bisher nicht beliebt, den Leven-See, überhaupt die Grafschaft Fife, unter jene Punkte aufzunehmen, die gesehen werden müssen; es lag außerhalb des Weges, und wenige kümmerten sich darum. Das wird jetzt mutmaßlich anders werden. An demselben Tage, an dem wir aufbrachen, um unsern Besuch auf dem alten Schlosse abzustatten, wurde die Eisenbahn zwischen Edinburgh und Lochleven eröffnet, und ich hege keinen Zweifel, daß die betreffende Aktiengesellschaft Sorge tragen wird, den halbvergessenen Punkt wieder zu Ehren zu bringen und mit Hilfe der Romantik die Aktien steigen zu machen.

Wir brachen früh auf von Edinburgh. Ich werde dieses schönen Tages nicht leicht vergessen. Wenn es schon ein Glück war, die ersten zu sein, die auf einer bis dahin ziemlich beschwerlichen Tour die eben eröffnete Eisenbahn benützen konnten, so war dies günstige Ungefähr doch nur das Zeichen, das Vorspiel eines glücklichen Tages. Wer kennt nicht die Stimmung, die uns beschleicht, wenn wir zur Sommerszeit am Abhänge eines Waldes ausruhen, hinausblicken auf eine sonnenbeschienene Wiese, hinaufblicken in den Himmel, daran dünne Wolken ziehen, und aus Wald und Feld her rätselhafte Laute vernehmen, als spräche die Natur? Ein Träumen kommt über uns; wir denken nichts Bestimmtes, wir fühlen nichts Bestimmtes, aber die süße Gewohnheit des Daseins zieht wie mit doppelter Süße durch unser Herz. Diese Stimmung war es, die mich den Tag über begleitete; die Klänge eines alten Liedes schmeichelten sich in mein Ohr.

Die Fahrt von Edinburgh bis zum Städtchen Kinroß, in dessen unmittelbarer Nähe Lochleven gelegen ist, dauert auch jetzt noch drei bis vier Stunden, wiewohl die Entfernung in gerader Linie kaum fünf deutsche Meilen beträgt. Aber die Eisenbahn beschreibt die wunderlichsten Linien, und man springt vor und wieder zurück, wie ein Springer auf dem Schachbrett. Man fährt zunächst von Edinburgh bis Leith und passiert dann in einem Dampfboot den breiten Meerbusen des Forth. Im Hinüberfahren gewahrt man rechtshin das Dorf Aberdour. An den Namen desselben knüpft sich eine der schönsten und ältesten schottischen Balladen, die Ballade von »Sir Patrick Spens«:

> Der König sitzt in Dunfermlin-Schloß;
> Er trinkt blutroten Wein:
> Wer ist mein bester Segler,
> Er muß in See hinein!

Höflinge, falsche Freunde des Sir Patrick, antworten dem Könige: »Wer anders könnt' es sein als Sir Patrick.« Nun wird eine Fahrt beschlossen, ein Winter-Seezug (um die Sturmzeit) gegen die Dänen. Die Ehre verbietet dem Sir Patrick, das Kommando abzulehnen, und die ganze Flotte, wie erwartet, scheitert in der Nähe von Aberdour. Niemand wird gerettet.

> Nun sitzen viel schöne Frauen
> Bei Aberdour am Strand
> Und stützen die weiße Stirne
> Auf ihre weiße Hand.
> Sie tragen goldene Kämme
> Und starren hinaus aufs Meer,
> Doch sie erharren keinen
> Und sehen keinen mehr.

Wir sind glücklicher in unserer Fahrt als der arme Sir Patrick, und erreichen wohlbehalten North-Queens-Ferry, von wo uns die Eisenbahn zunächst nach dem alten Dunfermlin führt. Dies ist dasselbe Dunfermlin, wo der eben zitierte alte Balladenkönig den »blutroten Wein« trank. Es ist eine der ältesten Städte Schottlands und war lange Zeit vor Edinburgh und selbst vor Perth eine königliche Residenz. Malcolm Canmore, der Besieger und Nachfolger Macbeths, hatte hier ein Schloß, dessen Ruinen noch sichtbar sind. Von höchstem Interesse ist die alte Abtei, leider durch Um- und Neubauten sehr verunstaltet. Sie ist das Campo Santo der schottischen Könige von Malcolm Canmore (um 1070) bis etwa zur Thronbesteigung der Stuarts. Die Könige vor 1070 liegen auf der Insel Iona (dicht bei Staffa) in langer Reihe begraben; Macbeth beschließt den Zug. Die meisten Grabsteine in der Abtei von Dunfermlin zeigen keine deutlichen Namen mehr, so daß es als besonderes Glück angesehen werden muß, das interessanteste der vorhandenen Königsgräber durch einen Zufall wohlerhalten zu finden. 1818, bei Hinwegschaffung eines Trümmerhaufens (der Jahrhunderte lang das darunter verborgene Grab beschützt hatte), entdeckte man den Grabstein des Robert Bruce mit der Jahreszahl 1329. Man öffnete und fand das Skelett des großen Königs (groß auch körperlich) in Blei gehüllt; selbst ein Teil seines Grabtuches war noch vorhanden. Die Stadt ist auch dadurch interessant, daß Karl Stuart in einem ihrer vielen Paläste geboren wurde.

Von Dunfermlin aus zieht sich die Eisenbahn, statt direkt nach Kinroß zu gehen, meilenweit östlich hin und läuft eine lange Strecke an der Meeresküste entlang. Das Land ist flach, aber nicht reizlos und gewinnt namentlich da, wo man des Loch Leven oder des Leven-Sees ansichtig wird, einen eigentümlichen

Zauber. Überhaupt wird der Osten Schottlands ohne Not auf Kosten des Westens vernachlässigt. Was dieser an Großartigkeit der Formationen voraus hat, ersetzt der Osten reichlich durch Lieblichkeit und Leben in der Landschaft und durch jenen Reiz, den ihm Sage und Geschichte verleihen.

Kinroß ist eine anspruchslose kleine Stadt, unmittelbar am See gelegen. Ihr Reiz besteht in ihrer Stille und Abgeschiedenheit, worin sie's dem stillen Linlithgow noch zuvortut. Kein königlicher Palast, kein figurenreicher Brunnen geben dem Orte Bedeutung; er hat nur seinen See, seine Lachsforellen und sein zerfallenes Schloß. Ein solcher Ort hat natürlich nur ein Hotel und spart dem Reisenden die Wahl. Im Salutation-Inn stiegen wir ab, was ungefähr sagen will, im Gasthof zum freundlichen Gruß. Die lachende Wirtin blieb hinter dem Versprechen ihres Hauses nicht zurück, und nachdem wir ein Mittagbrot von Lachsforellen bestellt hatten, die dem Leven-See eigentümlich sind und von jedem gegessen werden müssen, der Kinroß besucht, brachen wir auf, um dem »Schloß im See« unseren Besuch zu machen. Die Mittagssonne stand am Himmel, als wir in das Boot stiegen, das für spärlich eintreffenden Besuch die Kommunikation zwischen dem Ufer und dem Schloß im See unterhält. Der See, der ungefähr eine Drittelquadratmeile umfassen mag, hat zwei kleine Inseln, die übrigens in ziemlicher Entfernung voneinander liegen. Auf der einen befinden sich die Trümmer eines alten Klosters, auf der andern das Schloß von Lochleven.

Diesem fuhren wir jetzt zu. Zwei Leute handhabten die Ruder, ohne sich besonders zu übereilen; der eine ein breitschultriger Bootsknecht, der andere ein blasser, kränklich aussehender Mann, mit etwas Träumerischem im Auge. Er war der Besitzer des Boots, hieß Mr. Marshall und fungierte zugleich als Fremdenführer. Was diesen Mann weit über all die Hunderte von Führern erhebt, die ich kennengelernt habe, war seine unaffektierte Begeisterung für den See und das Inselschloß, dem wir jetzt zuruderten. Zunächst verhielt er sich schweigsam, weil er nicht wissen konnte, ob wir zu den frivolen oder den pietätsvollen Reisenden gehörten, und sein See und Schloß ihm viel zu heilig waren, um eine Profanierung derselben mutwillig herauszufordern; kaum aber, daß er aus meinen Fragen ein ungeheucheltes Interesse und ein gewisses Vertrautsein mit der Geschichte des Orts erkannt hatte, so floß ihm das Herz über, und zu den Ruderschlägen, die im Takte auf- und niedergingen, klangen jetzt die Versrhythmen aller derer, die je ein Lied zu Ehren Lochlevens gesungen haben. Unter all den Zitaten, mit denen er nicht sparsam war, vermißte ich nur eines, ein Zitat aus jener alten Ballade, die von dem Aufenthalt des Grafen Percy auf diesem Schloß spricht. Ich fragte den Rhapsoden von Kinroß, ob er jenes alte Lied nicht kenne, und als er es verneinte, erzählte ich ihm, wie Graf Percy, der aus England fliehen gemußt, auf diesem Schloß Schutz gesucht und gefunden; wie William Douglas aber ihn verraten habe und wie alle Warnungen von Mary Douglas, die den Percy geliebt und das Benehmen ihres Bruders verabscheut habe, umsonst gewesen seien. Vergeblich habe sie ihn an den See geführt und ihm auf dem Grunde desselben, mit Hilfe eines Zauberrings, die Bilder seiner Zukunft und seines Todes gezeigt: den Marktplatz von York, das Schafott, den Lord-Oberrichter und das Beil in der Hand des Henkers. Allen Warnungen und Versicherungen gegenüber habe er immer nur geantwortet:

>>Die Douglas waren immer treu,
Auch William Douglas muß es sein.<<

und habe endlich das Vertrauen in die Treue der Douglas mit seinem Leben bezahlt. Während ich sprach, konnte ich deutlich wahrnehmen, daß Mr. Marshalls Herz von zwei entgegengesetzten Gefühlen bewegt wurde: das erste war ein Gefühl der Zerknirschung darüber, daß es einem Fremden vorbehalten sein mußte, ihm neuen Stoff zur historischen Belebung seines Sees und Schlosses zuzutragen; die zweite Empfindung aber, die jener unmittelbar auf dem Fuße folgte und sie verdrängte, war die der Freude und des Dankes. Um der Sache willen, die ihm vor allem am Herzen lag, vergaß er rasch und gern, was er im ersten Augenblick als das Bittere einer persönlichen Niederlage empfunden hatte.

Während dieses Gespräches hatten wir die Insel erreicht. Sie war in alten Zeiten so klein, daß sie nur eben den Raum zur Erbauung eines Schlosses hergegeben hatte, das dann wirklich wie aus dem Wasser emporwuchs und von den Wellen des Sees bespült wurde. So war Lochleven-Castle zu den Zeiten der Maria Stuart, so war es noch (wenn auch bereits im Trümmer zerfallen) während der ersten dreißig Jahre dieses Jahrhunderts.

Erst im Jahre 1831 hat eine Kanalanlage, die, ich weiß nicht zu welchem Zwecke, unternommen wurde, den schönen See um seinen Wasserreichtum gebracht und das Niveau desselben um mehr denn vier Fuß erniedrigt. Dadurch haben Schloß und Eiland ihren früheren Charakter verloren, und allmählich sich abflachend, zieht sich jetzt ein breiter tannenbewachsener Gürtel um den alten Mittelpunkt herum.

Dieser ehemalige Mittelpunkt ist durch eine Feldsteinmauer, die ihn einfaßt, noch deutlich erkennbar; die einzelnen Baulichkeiten aber sind zerfallen, mit Ausnahme von zwei Türmen, einem runden und einem viereckigen. An diese beiden Türme knüpft sich jenes Bruchstück aus dem Leben Maria Stuarts, das die Überschrift trägt: Schloß Lochleven. In dem runden Turm, der der kleinere ist und nach Westen blickt, saß sie gefangen. Der Turm bestand aus einem

Souterrain und drei Stockwerken, die sich noch alle sehr wohl unterscheiden lassen. Das Souterrain hat Walter Scott in seinem Romane: »Der Abt« als eine Schmiedewerkstatt dargestellt, was, wie Mr. Marshall ernsthaft versicherte, zu den schlimmsten der poetischen Lizenzen gehöre, deren sich der große Dichter jemals schuldig gemacht habe. Es sei eben ein Keller gewesen und weiter nichts. – Die Wölbung über diesem Keller existiert noch, so daß es möglich wird, in dem darüber gelegenen Hochparterre-Raum einen Besuch zu machen. Dieser Raum war das Wohn- und Empfangszimmer der Königin; ich bedaure, seinen Umfang nicht ausgemessen zu haben, doch erschien es mir kaum größer als der durch seine Kleinheit ausgezeichnete »supping-room« im Palaste von Holyrood. Das Zimmer hat zwei Fenster, ein größeres und ein kleineres, mit deren Hilfe die Königin beständig allerhand Zeichen zwischen sich und ihren Anhängern am Westufer des Sees ausgetauscht haben soll. Das Deckengewölbe dieses ersten wie auch des zweiten und dritten Stockwerkes ist eingestürzt, so daß man, die Augen nach oben richtend, wie durch einen geräumigen Schornstein hinauf ins Blaue blickt. Die beiden oberen Stockwerke sind indes durch Fenster- und Kaminnischen noch deutlich markiert. Das Zimmer im zweiten Stockwerk, durch eine schmale Treppe mit dem sitting-room in Verbindung stehend, diente als Schlafzimmer der Königin; über demselben, also im dritten und letzten Stockwerk, befand sich eine Art Wachtlokal, da die mehrfach sich wiederholenden Fluchtversuche der Königin es nötig machten, beständig auf der Hut zu sein. Einmal war es ihr bereits geglückt, in der Verkleidung ihrer Waschfrau die Wächter zu täuschen und glücklich in das Boot zu gelangen, das bestimmt war, die wirkliche Wäscherin nach Kinroß zurückzurudern; als man indessen abstieß und das Boot heftig zu schwanken begann, griff die Königin nach der Bootswand, um nicht das Gleichgewicht zu verlieren. In demselben Augenblick war alles verraten; – diese weiße Hand gehörte keiner Waschfrau von Kinroß. Noch andere Versuche zu ihrer Befreiung hatten stattgefunden, so daß immer größere Strenge, immer peinlichere Überwachung nötig geworden war. Diese Quälereien indes führten schließlich zu einem Bruch in der Douglas-Familie selbst und dadurch mittelbar zur Befreiung der Königin. Ehe ich die Geschichte dieser Befreiung erzähle, führe ich meine Leser nach dem viereckigen Turm, der am Ostrande der Insel liegt und damals von der Familie Douglas bewohnt wurde. Es ist ein interessanter alter Bau, ohne einen andern Eingang als durch die Küche, woraus Mr. Marshall geschlossen hat, daß vornehmer Besuch in Trag- und Schwebesesseln hinaufgewunden worden sei, – eine Hypothese, für die ich nicht die Verantwortung übernehmen mag. An der vom Wasser bespülten Außenwand des Turmes lief auf Pfahl- und Plankenwerk ein Steg hin, an dem das Boot lag, das die Kommunikation zwischen Schloß und Ufer unterhielt. Dieser Steg war nicht anders als durch ein Gittertor zu erreichen, das in dem Winkel lag, wo die Schloßmauer auf den großen Turm stieß. Die Schlüssel zu diesem Gittertor waren in Händen der alten Lady Douglas. Diese saß am Abend des 2. Mai 1568 an der Familientafel, die Schlüssel, die sie immer bei sich führte, neben ihrem Teller auf dem Tisch gelegt. Sie war seit einundzwanzig Jahren Witwe, führte aber immer noch das Regiment. Um den Tisch herum saßen ihre Kinder und Enkel, hinter ihrem Stuhl aber stand ein Page, kaum sechzehn Jahre alt, der ein illegitimer Sohn ihres ältesten Sohnes William war. Sie nannten ihn Willy Douglas und rechneten ihn mit zur Familie. Als es dunkel geworden war, rötete ein Feuerschein den Himmel. Drei Personen im Schloß wußten, was es damit auf sich habe. Diese drei waren: die Königin, deren Freundin und Gesellschaftsdame Mary Seaton und – Willy Douglas. Er trat ans Fenster, wohl wissend, daß er dem Feuerschein begegnen würde, und rief dann wie bestürzt: »Feuer in Kinroß!« Die alte Lady erhob sich von ihrem Platz und sah hinaus; alle anderen folgten. Diesen Augenblick benützte Willy, warf ein Tuch über die Schlüssel, um sie geräuschlose aufheben zu können, und verschwand im nächsten Moment. Als er hinaustrat, schritt vom runden Turm her die Gestalt Mary Seatons über den Schloßhof. Die Wache am Tor hatte sich täuschen lassen – es war die Königin. Im Nu war das Gittertor geöffnet und von außen wieder geschlossen; den Steg entlang eilend sprangen beide ins Boot, und im nächsten Moment schon fielen die ersten Ruderschläge ins Wasser. Nach wenigen Minuten war alles entdeckt, aber das Gitter war geschlossen und kein anderes Boot zur Hand, als eine Art Fährboot, das auf dem Schloßhof stand. Ein Vorsprung von einer Viertelstunde war gewonnen. Als man im Schlosse einstieg, um die Flüchtigen zu verfolgen, landeten sie bereits am Ostufer des Sees und wurden unter lautem Jubel von den dort harrenden Reitern Lord Seatons empfangen. Die Schlüssel aber warf Willy Douglas in den See; dort sind sie von im Sande spielenden Kindern zu Anfang dieses Jahrhunderts gefunden worden.

Diese Geschichte, dem Munde unseres Führers nacherzählt, (der auch hier die Walter Scottsche Version verschmähte) , vernahmen wir bruchstückweise, während wir in dem Wohn- und Eßzimmer der Lady Douglas auf und ab schritten und bald berechneten, wo die Alte gesessen haben müsse, bald an das Eckfenster traten, an dem Willy Douglas ausgerufen hatte: »Feuer in Kinroß!« Die zur Küche führende Treppe hinuntersteigend, gelangten wir wieder ins Freie. Die Nachmittagssonne brannte auf dem grünen, mit Stein und Trümmern überdeckten Schloßhof; so setzten wir uns denn in den Schatten einer dicht am Ufer stehenden prächtigen alten Esche, um das Bild der beiden Türme von Lochleven nochmals auf uns wirken zu lassen; dann sprangen wir ins Boot und fuhren in derselben Richtung zurück, die das flüchtige Paar in jener Nacht genommen hatte. Die Tage von Lochleven waren die letzten Tage Marys auf schottischem Grund und Boden. Am 2. Mai floh sie über den See, am 15. entschied sich ihr Schicksal an jenem Unglückstage von Langside. Willy Douglas bezahlte seine Liebe mit seinem Leben, die Königin aber floh und betrat in Carlisle den Boden Englands.

MELROSE-ABBEY

Und willst du des Zaubers sicher sein,
So besuche Melros' bei Mondenschein;
Die goldne Sonne, des Tages Licht,
Sie passen zu seinen Trümmern nicht.
Wenn die Bögen und Nischen im Schatten stehn,
Die Ecken und Pfeiler wie Silber sehn,
Wenn das weiße, kalte, zitternde Licht
Um den Mittelturm seine Girlanden flicht,
Wenn die Strebepfeiler sich wechselnd reihn,
Halb Ebenholz, halb Elfenbein,
Wenn's schneeig auf allen Gräbern liegt
Und die weißen Figuren noch weißer umschmiegt,
Wenn das Rauschen des Tweed, weitab gehört,
Wie Summen die nächtige Stille stört, -
Ja, dann tritt ein; bei Mondenschein
Besuche Melros' und - *tu es allein.*

Wir konnten diesem guten Rate Walter Scotts (Gesang 2 in »The Lay of the last Minstrel«) leider nicht nachkommen; denn es dämmerte kaum, als wir von Edinburgh aufbrachen, und schon um 10 Uhr vormittags trafen wir an Ort und Stelle ein. Das Städtchen Melrose, nur etwa vier deutsche Meilen von der englischen Grenze entfernt, liegt am Tweed, zum Teil an den Abhängen malerischer Hügel, die hier zu beiden Seiten den Fluß einfassen. Das Tweed-Tal gilt an dieser Stelle für außerordentlich fruchtbar, und um so mehr muß es überraschen, daß das Wort Melrose nicht »Honigrose« (wie man angesichts so üppiger Landschaft glauben sollte), sondern vielmehr »Kahlenberg« bedeutet. Die alte Schreibart war nämlich »Mullroß«, ein gälisches Wort, das etwa »unfruchtbares Vorgebirge« meint und sich auf der Insel Mull in richtiger Form erhalten hat, wo die südliche Felsenöde der Insel den Namen »Roß of Mull« oder Mullroß führt. Vielleicht, daß der alte Teil der Stadt auf einer eingeschobenen Sandscholle errichtet wurde.

Das Städtchen selbst ist im übrigen interesselos, und man passiert es ohne Verzug, um erst hinter demselben, an dem Kirchhofstore haltzumachen, durch dessen Gitterstäbe man bereits die Abtei erblickt. Melrose-Abbey ward zwischen 1136 und 1146 vom König David I. gegründet, also ungefähr um dieselbe Zeit, wo die Abtei von Holyrood errichtet wurde. Melrose war ein

Zisterzienser-Kloster und größer, reicher, schöner als irgendeine andere Abtei im Lande. Drei große Feinde indes haben an der Zerstörung dieses Baudenkmals gearbeitet: der Krieg, das Puritanertum und der Vandalismus der letzten Jahrhunderte. Melrose-Abbey wurde zu einem Steinbruch, dessen Wände und Pfeiler man zerschlug, um nachbarliche Stallgebäude aufzuführen. Aber auch unter den Ruinen des Landes ist sie die schönste geblieben.

Ein ziemlich breiter Kirchhof, mit alten Grabsteinen überdeckt, zieht sich an der Südfront der Ruine hin, und von dem südöstlichsten Punkt dieses Kirchhofs aus hat man den schönsten Überblick über dieselbe. Im Norden zwischen Hauptschiff und nördlichem Querschiff befanden sich die Klostergebäude; der Turm wuchs aus der Mitte des Kreuzes empor, und Chor und Oberschiff waren von ungewöhnlicher Länge.

Turm und Dach sind eingestürzt, nur die Westseite des Turms erhebt sich noch 84 Fuß hoch; der Chor (der überhaupt am besten erhalten ist) und einzelne Seitenschiffe tragen noch ganz oder teilweise ihre alten Gewölbe. Das große Westschiff mit seinen acht Strebepfeilern und den Überresten von ebenso vielen Seitenkapellen ist am völligsten seines alten Glanzes beraubt, besonders da, wo die Hand des Puritanismus nicht bloß niedergerissen, sondern in dem ihm eigentümlichen Nüchternheitsstil auch aufzubauen und zu restaurieren versucht hat. Die eine Hälfte des Westschiffs, und zwar die dem Turm zunächstgelegene, trägt nämlich einen Überbau aus dem Jahre 1618; aber es ist ein Rundbogen, wie wenn man einen Keller wölbt, und nicht die Abtei von Melrose.

Kein Teil des Gebäudes, der nicht schwere Schädigungen erfahren hätte; vieles fehlt, einzelnes ist verunstaltet, nichtsdestoweniger bietet sich dem Auge, neben der Schönheit der Proportionen, noch eine solche Fülle wohlerhaltener Einzelheiten dar, daß es weder eines besonderen Geschicks noch einer besonders lebhaften Phantasie bedarf, sich die Ruine wieder als ein Ganzes zu denken und aufzubauen. Ich mag nicht bei den Einzelheiten verweilen, nicht die Portale und Nischen, die Simse und Friese beschreiben, selbst die besonders berühmten Fenster nicht, die sich in mächtiger Breite im Chor und über dem Südportal erheben; ich begnüge mich mit der Erklärung, daß diese Ruine zu jenen großartigen Schönheitswundern gehört, die einmal gesehen und in sich aufgenommen, nicht wieder vergessen werden. Sie ist nicht nur unter den schottischen, sondern überhaupt unter allen Ruinen, die ich kennengelernt habe, durchaus die schönste und fesselndste. Worin ihr besonderer Zauber besteht, ist schwer zu sagen. Lage, Material (ein feinkörniger rotgrauer Sandstein), imposante Dimensionen, historische Erinnerungen und Reichtum und Eleganz des Details (wovon auch ein flüchtiger Blick schon überzeugen muß), wirken zusammen; den Ausschlag aber gibt wohl jene rätselhafte

Schönheitslinie, die man an ihrer Wirkung eher erkennt, als Auge oder Urteil sie nachzuweisen vermögen.

Die Details des Baues sind von ungewöhnlicher Schönheit und Sauberkeit; diese aber in vollem Umfang zu würdigen, ist es nötig, unsern Kirchhofsplatz aufzugeben und in die Kirche selber einzutreten.

Man erkennt hier alsbald eine Ausbildung des Ornamentalen, wie sie, selbst in der höchsten Blütezeit der Gotik, nur ausnahmsweise gefunden wird. Mit feinem Sinn für noble Gesamtwirkung ist die quantitative, unerbittlich ins Auge fallende Überladung vermieden, und nur qualitativ begegnen wir einem äußersten Maß, das an Raffinement grenzen und vielleicht ein Zuviel sein würde, wenn es nicht mit jener Reserviertheit Hand in Hand ginge, die es in den Willen des Beschauers legt, ob er den Reichtum sehen will oder nicht. Unter diesen Detailarbeiten zeichnen sich vor allen die Kapitale der Säulen aus. Es ist, als ob die Meister jener Epoche den Zweck verfolgt hätten, ein in Stein gebildetes Herbarium scoticum auf die Nachwelt kommen zu lassen. Alle möglichen Blumen und Blätter, Lilien, Distel, Eichenlaub, Kleeblatt und Raute finden sich vor und sind mit soviel Studium und Sauberkeit ausgeführt, daß es z. B. möglich ist, einen Strohhalm durch die reichdurchbrochene Blumenarbeit, wie durch ein Gewebe von Maschen und Ringen, hindurchzuziehen. An jeder Stelle der Kirche laden diese Kapitale zu sorglicher Betrachtung ein, ganz besonders aber im Nordostteil derselben, wo sich's der Steinmetz an einzelnen Stellen hat angelegen sein lassen, die krausen Blätter des schottischen Grünkohls mit überraschender Treue nachzubilden. Dieser Grünkohl, gemeinhin Scotch kail genannt, muß entweder auf Melroser Grund und Boden in ganz besonderer Vortrefflichkeit gediehen sein oder irgendwelche mysteriöse Beziehungen zur Abtei gehabt haben, da noch ein altes Volks- und Spottlied existiert, worin es von den Melroser Mönchen heißt:

Und sie hatten vom besten schottischen Kohl
Alle Freitag auf ihrem Teller,
Und taten an Braten und Bier sich wohl
Aus ihrer Nachbarn Keller.

Mehr aber als selbst die gelungensten Kapitalornamente der schönen Abteiruine nehmen die unscheinbaren, halb weggetretenen Grabsteine unsere Aufmerksamkeit in Anspruch, die sich im hohen Chor der Kirche, zum Teil in unmittelbarer Nähe des Altars befinden. An der wenig beglaubigten Gruft König Alexanders II. schreiten wir vorüber, jener Stelle zu, wo verschiedene Mitglieder der Familie Douglas, besonders Graf Jakob und Lord William Douglas begraben liegen. Nicht die verwitterten Steine fesseln uns, aber die

Männer, die unter ihnen ruhen. Wir treten zunächst an das Grab des Grafen Jakob.

Es ist dies derselbe Jakob, Graf von Douglas, der in der berühmten Chevy-Chase-Ballade die Ehre höchster Tapferkeit mit dem Grafen Percy von Northumberland teilt; zwei Namen, die fortleben und einen Zauberklang für Ohr und Herz behalten werden, solange noch ein Vogel im Walde singt und die Menschen sich freuen, wenn der Frühling kommt. Die alte Ballade (von der übrigens eine sehr abweichende schottische Version existiert, die den geschichtlichen Hergang um vieles genauer wiedergibt) erzählt bekanntlich von einem Jagdzug, den Graf Percy auf schottischem Grund und Boden unternahm, nur um den Grafen Douglas durch diesen Jagdzug, wie durch einen hingeworfenen Handschuh, zum Kampf herauszufordern. Graf Douglas war nicht der Mann, auf sich warten zu lassen. Aus dem Jagdzug wurde eine Schlacht. Beide Führer fielen; Douglas wurde von einem »verräterischen Pfeil« getroffen, Percy aber gleich darauf von dem Speere Lord Montgomerys durchbohrt. So das Gedicht, das man vergeblich versucht hat, mit den historischen Kämpfen jener Epoche, d. h. mit der Schlacht von Otterburn, die um dieselbe Zeit zwischen Douglas und Percy stattfand, in Einklang zu bringen. Die Ballade spricht aufs unzweideutigste von dem Tode beider Führer; der historische Percy aber, sooft er auch seinem schottischen Rivalen, dem Grafen Douglas, gegenüberstand, fiel nicht in der Schlacht von Otterburn, sondern erst 13 Jahre später bei Shrewsbury, wo er zufällig und ausnahmsweise nicht gegen einen Douglas, sondern umgekehrt an der Seite eines Douglas gegen Heinrich Monmouth kämpfte und unterlag. Die Chevy-Chase-Ballade und ihre Fiktionen haben nahezu den zugrunde liegenden geschichtlichen Hergang vergessen gemacht, und doch steht derselbe an innerlich-poetischer Macht kaum hinter der Erfindung der Dichtung selbst zurück. Die schottischen Geschichtsschreiber berichten über die Schlacht von Otterburn wie folgt: »Jakob Graf von Douglas und sein Bruder, der Graf von Murray, fielen an der Spitze von 3000 Mann in Northumberland ein und drangen, ohne Widerstand zu finden, bis Newcastle vor, wo Graf Percy Heißsporn in Verschanzung lag. Vor den Toren der Stadt kam es zu einem persönlichen Gefecht zwischen den beiden Rivalen, in welchem der Douglas das Glück hatte, seinem Gegner das Fähnchen von der Lanzenspitze abzureißen. Er hob sich sofort hoch im Sattel empor, wies auf das Fähnchen, das er in Händen hielt, und rief vor Freund und Feind laut über das Feld hin, daß er diese Beute nach Schottland heimtragen und auf dem Turmknauf seines Schlosses von Dalkeith befestigen wolle. Percy antwortete: »Das sollst du nun und nimmermehr.« Im Einklang mit diesem seinem Wort suchte Percy jetzt dem heimziehenden Douglas den Rückzug abzuschneiden und überfiel in selbiger Nacht noch das schottische Lager bei Otterburn, sieben Meilen nördlich von Newcastle. Der Mond stand am Himmel, und man focht mit Mut und Verzweiflung. Endlich hoffte der Douglas, den Kampf zur Entscheidung bringen zu können, und mit einem Streitkolben bewaffnet, der so schwer war, daß wenige ihn schwingen konnten, stürmte er in den dicksten Knäuel der Engländer hinein. Nur drei Genossen waren mit ihm, sein Schloßkaplan und zwei Diener. Ehe der Rest der Schotten folgen konnte, war es um ihn geschehen; drei tiefe Wunden warfen ihn vom Pferde, neben ihm lagen die beiden Diener in ihrem Blute, und nur der Priester stand noch aufrecht und schützte seinen gefallenen Herrn vor Schimpf und Unbill. »Ich sterbe, wie alle Douglas gestorben sind«, rief Graf Jakob dem Priester zu, »verheimliche meinen Tod; eine alte Prophezeiung sagt: dem toten Manne gehört das Feld.« So starb Douglas. Die Schotten erneuten den Angriff und machte die alte Prophezeiung wahr, mit der ihr Führer das Zeitliche gesegnet hatte. Ralph Percy, der Bruder des Percy Heißsporn, wurde von Lord Marischal und gleich darauf Heinrich Percy selbst vom Lord Montgomery gefangen genommen. Das war am 15. August 1388. Douglas fiel, aber nicht Percy; das ist der Unterschied zwischen der historischen Überlieferung und der Balladen-Version. Froissart, der diese Schlacht beschreibt, sagt von derselben folgendes: »Unter allen Kämpfen, groß und klein, deren ich bisher erwähnt habe, steht die Schlacht von Otterburn als die bestgekämpfte obenan; schwache Herzen und Feiglinge gab es nicht.« Die Leiche des Douglas aber trug man vom Schlachtfelde mit allen kriegerischen Ehren heim und setzte sie bei in der Abteikirche von Melrose. Abt und Mönche standen umher und zelebrierten die Messe und sangen die Litaneien.

Der andere Douglas, der im Chor von Melrose-Abbey begraben liegt, ist William Douglas, bekannter unter dem Namen »der schwarze Lord von Liddisdale«. Er besaß den Mut, der in seiner Familie erblich war, befleckte aber seinen Namen durch die Grausamkeit, mit der er seinen frühern Freund und Waffenbruder, Sir Alexander Ramsay, ermordete. Ramsay war durch königliche Ordre zum Sheriff von Teviotdale ernannt worden, ein Amt und eine Würde, das William Douglas glaubte beanspruchen zu dürfen. Voll Rachedurst überfiel er den Ramsay in der Nähe von Hawick und nahm ihn gefangen. Roß und Mann führte er dann mit eigenen Händen heim und warf beide in den Turm seines Schlosses. Dort sollten sie verhungern. Man erzählt sich, daß der unglückliche Ramsay eine Woche lang sein Leben gefristet habe mit Hilfe von Futterkörnern, die aus einem über ihm befindlichen Kornboden durch allerhand kleine Ritzen und Spalten spärlich in seinen Kerker herabfielen. Das Herz des schwarzen Lords blieb unerweicht, und Ramsay starb; sein Mörder aber, eben unser Lord William Douglas, wurde wenige

Wochen später auf der Jagd erschlagen. Sein Grabstein in Melrose verschweigt die dunkle Tat seines Lebens und seines Todes.

In der Nähe dieser beiden Douglas-Gräber befindet sich ein dritter Stein, unter dem das Herz König Roberts, bekannter unter dem Namen Robert Bruce, begraben liegt. Die in alten Historienbüchern überlieferte Geschichte, die sich an dieses Herz knüpft, ist abermals eine Douglas-Geschichte. Graf Strachwitz hat dieselbe in seiner schönsten Ballade »Das Herz von Douglas« (an der alles schön ist, mit Ausnahme des Verwirrung stiftenden Titels) benutzt und verherrlicht. Ich gebe die Geschichte hier in aller Kürze. Robert Bruce, als er zu sterben kam, schickte Boten und ließ Lord Douglas an sein Sterbebett rufen. Er nahm Abschied von ihm und legte ihm die Verpflichtung auf, sein (des Königs) Herz gen Jerusalem zu tragen und in heiliger Erde beizusetzen. Der König starb und Douglas brach auf. Seine Vasallen aus den Grafschaften Angus und Lothian folgten ihm; das Herz des Königs aber trug er in einer silbernen Kapsel. Immer glücklich in seinen Kämpfen mit den Sarazenen, fing er an, ihre Kriegskunst zu verachten und sich übermütig in jedes Abenteuer und jede Gefahr zu stürzen. Endlich von überlegener Macht auf allen Seiten eingeschlossen, warf er die Silberkapsel mitten in die Feinde hinein und rief: »Nun geh voran, Herz, wie du immer getan, und Douglas folgt dir oder stirbt.« Gleich darauf empfing er die Todeswunde. Die Überlebenden brachten seine Leiche heim und mit ihm die Silberkapsel mit dem Herzen des Königs. Graf Douglas ward beigesetzt in der Gruft seiner Väter; König Roberts Herz aber fand seine letzte Ruhe in Melrose-Abtei. So hat denn Robert Bruce, der Held und Liebling seines Volkes, ein doppeltes Grab gefunden. Unterm Altar in der alten Kathedrale von Dunfermlin liegt König Roberts Leib, dreimal in Blei gehüllt, und trägt auf seinem Stein die Inschrift: »Hic jacet Robertus Rex«. Sein Herz aber liegt in der Abteikirche zu Melrose, die besten jener Douglas' um sich her, auf deren Lehnsschwert, in Erinnerung an ihren berühmten, viel besungenen Ahnherrn, bis diesen Tag die (schon an anderer Stelle zitierten) Worte stehen:

> Unter allen Lords in meinem Reich
> War keiner doch dem Douglas gleich.
> Drum trag du, wenn ich gestorben bin,
> Mein Herz zum heiligen Grabe hin.
> Dort mag es liegen tief und still,
> Bis mein Erlöser es wecken will.
> Ein bessrer Ritter bis diese Stund'
> An keines Königs Seite stund.

Außer den genannten vier Gräbern hat die Abtei keines, das durch Person oder Inschrift ein besonderes Interesse in Anspruch nehmen könnte; auf dem mehrgenannten Kirchhof aber, der sich an der Südfront der Abtei mit seinen Leichensteinen entlangzieht, begegnen wir einem, der folgende berühmt gewordene Worte trägt:

> Erde gleißt auf Erden
> In Gold und in Pracht;
> Erde wird Erde,
> Bevor es gedacht;
> Erde türmt auf Erden
> Schloß, Burg, Stein;
> Erde spricht zu Erde:
> Alles wird mein.

ABBOTSFORD

Drei englische Meilen westlich von Melrose liegt Abbotsford, jene »Romanze in Stein und Mörtel«, wie Walter Scott seinen selbsterrichteten Wohnsitz mit einem gewissen Selbstgefühle genannt hat. Der ganze Bau übernimmt wider Willen die Beweisführung, daß sich »eines nicht für alle schickt« und daß die Wiederbelebung des Vergangenen, das Ausschmücken einer modernen Schöpfung mit den reichen poetischen Details des Mittelalters, auf einem Gebiete bezaubern und hinreißen und auf dem andern zu einer bloßen Schnurre und Absonderlichkeit werden kann. Diese Romanze in Stein und Mörtel nimmt sich, um in dem Vergleiche zu bleiben, den der Dichter selbst gewollt hat, nur etwa aus, als habe er in einem seiner Schreibtischkästen hundert hübsche Stellen aus allen möglichen alten Balladen gesammelt, in der bestimmten Erwartung, durch Zusammenstellung solcher Bruchstücke eine eigentlichste Musterromanze erzielen zu können. Es fehlt der Geistesblitz, der stark genug gewesen wäre, die widerstrebenden Elemente zu etwas Einheitlichem zusammenzuschmelzen. Wie man Gesellschaftsgedichte nach Endreimen macht und das Papier umklappt, um völlig außer Zusammenhang mit dem zu bleiben, der vor uns seine Zeile geschrieben hat, so ist Abbotsford einem halben Hundert Schlagwörtern zu Liebe gebaut worden. Das alles soll seinem Erbauer kein Vorwurf sein; aber man bedauert allerdings, der Steinromanze gegenüber nicht den Ton der Liebe und Verehrung anschlagen zu können, an den sich die Lippen fast gewöhnt haben, wenn sie den Namen Sir Walters nennen.

Wir haben in Melrose ein zierliches, zweirädriges Wägelchen gemietet, und vom Eisenbahnhotel aus, wo wir abgestiegen sind, geht es nun westlich die Straße nach Abbotsford hinaus. Der Weg, den wir passieren, hat ganz den Charakter der englischen und südschottischen Landschaft: Tal und Hügel in raschem Wechsel, Hecken und Baumgruppen, Wiesenflächen und Kieswege und ein Wasserstreifen, der in Schlangenwindungen das Ganze durchzieht. Nirgends frappante Schönheit, aber überall lachende Lieblichkeit und die milde Hand der Kultur, von der man sich wie von einem Westwind gestreichelt fühlt. Tausend Schritt hinter Melrose zweigt eine Art Feldweg nach »Chiefswood« ab, einem reizend gelegenen Häuschen, das zu Lebzeiten Sir Walter Scotts von dessen Schwiegersohn, Mr. Lockhart, bewohnt wurde. Walter Scott liebte es, wenigstens einmal in der Woche hier vorzusprechen und einen Nachmittag, oft auch länger, bei Tochter und Schwiegersohn zu verbringen. Mr. Lockhart selbst hat in sehr anschaulicher Weise diese Besuche beschrieben. »Der wohlbekannte Hufschlag Sibylle Greys«, so erzählt er, »und das Bellen von ›Senf‹ und ›Pfeffer‹ (seine zwei Lieblingshunde), vor allem dann sein lauter Jägergruß unter unserem Fenster, ließen uns wissen, daß er die Last der Arbeit abgeschüttelt habe, um, wie er sich ausdrückte, in userm Gasthause mal wieder nach Lust und Bequemlichkeit zu leben. Dann stieg er ab, und seine und unsere Hunde um sich her, nahm er zunächst unter einer alten Eiche Platz, die fast den ganzen Raum zwischen dem Bach und unsrem Hause überschattete. Hier war es, wo dann gemeinhin Tom Purdie, der Förster, zu ihm trat und in langem Vortrag auseinandersetzte, warum dieser oder jener Baum gefällt und diese oder jene Stelle bepflanzt werden müsse. Am andern Morgen nach dem Frühstück zog er sich in eins der obern Zimmer zurück, schrieb oder beendete ein Kapitel des »Piraten« und schickte es direkt zum Druck an seinen Freund und Verleger John Ballantyne. Dann begab er sich in die Plantage oder irgendwohin, wo er sicher sein konnte, einem halben Dutzend unserer Arbeiter zu begegnen, und begann sofort an ihrer Arbeit mit Axt, Säge und Grabscheit teilzunehmen. Gegen Mittag brach er auf, entweder um noch mit uns zu plaudern oder um in Abbotsford Gäste zu empfangen, an denen nie Mangel war.« -

Während uns unser Kutscher noch von »Chiefswood« und Sir Walter nach seiner besten Kenntnis unterhält, haben wir abermals eine Abzweigung des Weges erreicht, von wo aus man bereits die hübschen Ufer des Huntly-Bachs und dahinter die sogenannte »Reimer-Schlucht« (Rhymers Glen) erkennt. Beide, Ufer und Schlucht, bezeichnen den Platz, wo »Thomas der Reimer« der Elfenkönigin begegnete, und das vielbesungene altschottische Lied, in welchem diese Begegnung beschrieben wird, hat einen Teil seiner Popularität auch auf den Schauplatz, der uns jetzt zur Seite liegt, übertragen. Die ersten Strophen dieser lieblichen Volksballade lauten wie folgt:

Der Reimer Thomas lag am Bach,
Am Kieselbach bei Huntly-Schloß,
Da sah er eine blonde Frau,
Die saß auf einem weißen Roß.
Sie saß auf einem weißen Roß,
Die Mähne war geflochten fein,
Und hell an jeder Flechte hing
Ein silberblankes Glöckelein.
Und Tom der Reimer zog den Hut
Und fiel ins Knie; – er grüßt und spricht:
»Du bist die Himmelskönigin
Und bist von dieser Erde nicht.«

Die blonde Frau, sie hält ihr Roß:
»Ich will dir sagen, wer ich bin,
Ich bin die Himmelsjungfrau nicht,
Ich bin die Elfenkönigin.
Nimm deine Harf' und spiel und sing
Und laß dein bestes Lied erschall'n,
Doch wenn du meine Lippe küßt,
Bist sieben Jahr du mir verfall'n.«
Und Thomas drauf: »O, Königin,
Zu dienen dir es schreckt mich kaum«;
Er küßte sie, sie küßte ihn,
Ein Vogel sang im Eschenbaum.
»Nun bist du mein, nun zieh' mit mir,
Nun bist du mein auf sieben Jahr«;
Sie ritten durch den grünen Wald,
Wie glücklich Tom der Reimer war.
Sie ritten durch den grünen Wald,
Bei Vogelsang, bei Sonnenschein,
Und wenn sie leis am Zügel zog,
So klangen all die Glöckelein.

So klingen auch die zierlichen Verschen. Wir aber, in begreiflicher Furcht vor einem ähnlichen, mehrjährigen Engagement von seiten der Feenkönigin, wenden dem verführerischen Platze den Rücken zu, und gleich darauf ein Zollhaus passierend, wo uns, wie auf vaterländischen Chausseen, ein gelbes Zettelchen als Quittung bürgerlicher Pflichterfüllung eingehändigt wird, fühlen wir uns plötzlich aus dem Bereich aller Feen und Geister wieder heraus, als läge der Schlagbaum wie eine schützende Grenzmauer zwischen uns und ihnen.

Unser Karren rollt weiter und hält erst wieder vor einer weit ausgedehnten Umzäunung, die uns die Welt wie mit Brettern verschließt. Wir steigen ab. Ein einfaches Gittertor öffnet sich und fällt wieder zu; der Rayon von Abbotsford, ein landschaftliches Bild von nicht gewöhnlicher Schönheit, liegt vor uns. Des schloßartigen Hauses mit seiner Fülle von Zinnen und Giebeln werden wir nicht sogleich ansichtig; »die Romanze in Stein und Mörtel« tritt uns erst entgegen, nachdem wir ein freistehendes gotisches Portal passiert haben, das von einem alten Douglas-Schlosse herstammt und nach Art der römischen Triumphbögen wie ein selbständiger Torbau mitten in den Weg gestellt ist. Wir passieren also dies Portal und haben nun das berühmte Abbotsford in nächster Nähe vor uns. Wenn der Bau nicht just so sein sollte, wie er ist, so würde man sofort ausrufen müssen: »Wie verbaut!« Das Ganze löst sich in eine Unzahl von Teilen auf, und von einer Totalwirkung kann eigentlich keine Rede sein. Die Einzelheiten drängen sich so vor, daß die Gesamtdimensionen verlorengehen und der Bau um vieles kleiner erscheint, als er in Wahrheit ist. Das Material, aus dem er aufgeführt wurde, ist ein graublauer Basalt, der im Schottischen »Whinstone« heißt; alle Fenster- und Portaleinfassungen aber bestehen aus derbem Sandstein.

Die Lage des Hauses, halb umgeben vom Tweed (der hier eine Biegung macht) und überall von Hügelabhängen, von Baum- und Parkpartien eingeschlossen, ist anziehend und malerisch genug; dieser naturgeschaffenen Romantik sollte aber nachgeholfen werden, und so entstand jenes Kuriosum, zu dessen näherer Betrachtung wir jetzt schreiten. Zunächst die Außenseite. Im Prinzip ist zwischen ihr und dem Innern des Hauses nicht der geringste Unterschied, und der Sammel-Charakter, den das Ganze hat, tritt auch äußerlich so entschieden hervor, daß man gelegentlich glauben könnte, die Wände seien von Glas und der Kuriositätenkram, der etwa wie Tulaer Arbeit äußerlich in sie eingelassen ist, schimmre von innen durch die Glaswand hindurch. Man hat eine Empfindung wie in Häusern, wo Korridore, Waschkammern und Gesindestuben mit altmodischen Kupferstichen überfüllt sind, weil die Liebhaberei des Besitzers zu einer Fülle führte, die er schließlich nicht bewältigen konnte und die er doch wiederum zu hoch hielt, um sich ihrer ohne weiteres zu entäußern. Wie in den Wohnungen jener Landpastoren, die eine Eiersammlung und einen Glasschrank voll ausgestopfter Vögel haben, der Hausflur gemeinhin dazu benutzt wird, um einen Steinadler, einen Alligator oder eine Walfischrippe aufzustellen, so hat Sir Walter Scott alles das an die Außenwände seiner romantischen Burg verwiesen, was zu groß, zu massig, zu ungeschlacht gewesen wäre, um unter dem Nipp der Zimmerausschmückung zu erscheinen. Unter diesen Ornamenten im Riesenspielzeugcharakter befindet sich unter andern der Torflügel des Tolbooth-Gefängnisses in Edinburgh, das im Jahre 1817 niedergerissen wurde. Dies alte, eisen beschlagene Stück Holz ist wie ein Reliefbild, und zwar in Mittelhöhe der Wand, in die Mauer eingelassen und zeigt dadurch, daß es eine Art eingerahmtes Bildwerk und keine Tür sein will. An einer andern Stelle der Mauer befindet sich ein Spitz-Bogenportal (ebenfalls blind), das aus denselben Steinen gebaut worden ist, die bis zum Jahre 1817 das wirkliche Portal des Tolbooth-Gefängnisses bildeten. Inschriften befinden sich zahlreich an jeder der vier Wandflächen, und die an der Ostseite, die da lautet: »Up with the sutors of Selkirk«, teilt den schmalen Raum einer Sandsteinplatte mit einem darüber befindlichen, roh in Stein gekratzten Schwert.

Alle diese Dinge, deren Seltsamlichkeit ich bereits zu Anfang dieses Aufsatzes betont habe und deren Absichtlichkeit keinen besonders günstigen Eindruck möglich macht, sind doch nicht voll so seltsamlich, wie sie dem erscheinen müssen, der all die Umstände und Veranlassungen nicht kennt, die den Ankauf oder die Überreichung solcher Kuriositäten begleiten. Das Steinportal und der hölzerne Torflügel des niedergerissenen Edinburgher Tolbooth-Gefängnisses nehmen sich wunderlich genug aus; wenn man aber weiß, daß »Tolbooth-Gefängnis« nur der prosaische Name ist für das, was wir alle unter dem Namen »das Herz von Midlothian« kennen (niemand weiß genau, warum das Gefängnis zu diesem poetischen Namen kam), so ändert sich dadurch die Sache ein wenig, und wir können nicht umhin, es sinnig und liebenswürdig zu finden, daß der Edinburgher Magistrat jene beiden Stücke, wie Bausteine oder zwei Reliefbilder, zur Ausschmückung des Ganzen beigesteuert hat. Eine Reihe von Geschichten und Anekdoten muß man stets gegenwärtig haben, um alle diese Schnurren nicht noch schnurriger zu finden, als sie ohnehin schon sind.

Auch das in Stein gekratzte Schwert mit der Umschrift: »Auf, ihr Schuster von Selkirk« ist keineswegs bedeutungslos. Die Schuster von Selkirk – der Name jener reizenden Stadt und Grafschaft, worin Sir Walter eine Zeitlang als Sheriff fungierte – zeichneten sich in der Unglücksschlacht von Flodden durch ihren Mut und ihre Hingebung aus, etwa wie die 400 Pforzheimer in der Schlacht bei Wimpfen. Im Volke hieß es damals, daß die Schlacht durch einen Verrat des Grafen Home verlorengegangen sei, und so entstand jenes Volkslied: »Die Schuster von Selkirk«, das sich in den Scottschen Sammlungen vorfindet und folgendermaßen lautet:

Wir sind die Schuster von Selkirk,
Und Graf Home, ein Schelm bist du,
Wir halten's mit Blau und Scharlach
Und machen einsohlige Schuh.
Zum Teufel alles, was gelb ist,
Und gelb und grün dazu,
Aber Vivat für Blau und Scharlach
Und jeden einsohligen Schuh.
Wir fechten für Blau und Scharlach
Und den König und unsre Schuh,
Denn wir sind die Schuster von Selkirk
Und Graf Home, ein Schelm bist du.

So das Lied. Hat man diese kleinen Züge und Beziehungen immer gegenwärtig, so wird man um einiges milder in der Beurteilung der ganzen Kollektion. Wir suchen nun einzutreten.

Der Eintritt in die »Kunstkammer«, wie man Abbotsford vielleicht am richtigsten bezeichnet, geschieht durch ein vorspringendes Spitzbogenportal (diesmal nicht blind), das einem der Haupteingänge von Linlithgow-Palace nachgebildet ist. Wir befinden uns, gleich nach Passierung des Portals, zunächst in einem kleinen niedrigen Vorflur, dessen nüchterne Wände mit allerhand Abbildungen englischer Husaren bedeckt sind. Der älteste, jung verstorbene Sohn Sir Walters war Offizier im 10. Husarenregiement, was die Anwesenheit dieser zahllosen »Husaren auf Vorposten«, »Husaren im Biwak« etc. erklären mag. Neben dem Vorflur gewahren wir, von der Größe eines mäßigen Wandschranks, eine Art Portiersloge, in der ein alter Mann, ohne sich durch unser Erscheinen stören zu lassen, ruhig fortfährt, sein Frühstück zu verzehren und immer neue Schinkenschnitten abzuschneiden. Auf meine allerbescheidenste Anfrage, wo wir die Zimmer Sir Walters sehen könnten, antwortete er mit einem Knurrton, der, keiner toten oder lebenden Sprache direkt angehörig, unverkennbar ausdrückt, daß wir gefälligst warten möchten, bis er fertig sei. Dieser unkomplaisante alte Herr war zu Lebzeiten Sir Walters eine Art Förster und Waldhüter, und was mehr sagen will, ein besonderer Liebling seines Herrn gewesen. An der Hand dieses Alten begannen wir nun unsere Wanderung.

Aus dem Vorflur mit seinen Husarenbildern traten wir in die große »Halle«, deren Fußboden aus einer Art Steinparkett von schwarzem und weißem hebridischen Marmor besteht, während die Wände mit alten, reich geschnitzten Eichenpaneelen aus Roslin-Chapel und dem alten Königspalaste in Dunfermlin bekleidet sind. Das Dach oder die Decke der Halle setzt sich aus Bögen von buntbemaltem Eichenholz zusammen. Zwischen diesen Bögen befinden sich die Wappenschilde der Scottschen Familie und aller derer, mit denen Walter Scott für gut fand, verwandt sein zu wollen.

Am Fries der Halle laufen in langer Reihe andere Wappenschilde hin, die in bunten gotischen Buchstaben die gemeinschaftliche Inschrift tragen: »Dies sind die Wappen all der Clans und Häuptlinge, die in alter Zeit die schottischen Marken (das Grenzland) für den König wahrten und hielten. Sie waren treue Männer ihrer Zeit, und fest wie sie standen, so stand Gott zu ihnen.« Die verschiedenen Wappen gehören folgenden acht Familien an: den Douglasses, Kers, Scotts, Turnbulls, Maxwells, Chisholms, Elliots und Armstrongs – lauter Namen, die in den alten Balladen des Landes wie in den Dichtungen Walter Scotts vielfach genannt werden.

Aus der Halle treten wir in Walter Scotts Studier- und Arbeitszimmer. Die Mehrzahl seiner Romane wurde hier entweder komponiert oder niedergeschrieben. Das Zimmer macht durchaus den Eindruck des Wohnlichen und Behaglichen. Die Möblierung und Ausstattung ist gediegen, aber nicht reich und überladen. Der Arbeitstisch und ein lederüberzogener Armstuhl stehen noch an alter Stelle; einige Nachschlagebücher sind dicht zur Hand, und eine leichte Galerie von Gußeisen (tracery work) umläuft, in Mittelhöhe des Zimmers, drei Seiten desselben und erleichtert das Herabnehmen der Bücher.

Nischenartig abgezweigt von dem Studierzimmer und kaum so groß wie eine Schiffskoje, befindet sich neben demselben eine Art Kabinett, worin – in derselben Weise, wie man in Greenwich den besternten Rock Lord Nelsons aufhebt, den er trug, als ihn die Todeskugel aus dem Mastkorb des »Redoutable« traf – unter einem Glaskasten das letzte Sommerkostüm Sir Walters aufbewahrt wird. Es ist sehr elegant und zeigt, neben vielem andern, wie großes Gewicht der Verstorbene auf Äußerlichkeiten legte. Dies Kostüm besteht aus einem olivenbraunen Frack mit Stahlknöpfen, weiß und schwarz kariertem Beinkleid (das bekannte Plaidmuster), braunen Gamaschen, gestreifter Samtweste und grauem, langhaarigem Seidenhut. Die feierliche Empfindung, mit der ich diese Sachen betrachtete, wurde durch die profane Bemerkung »all newly washed«, womit ein süffisanter Londoner Cockney sich selbst und das Maß seines Witzes beglaubigte, rasch unterbrochen, und wir verließen die Kabine ziemlich verstimmt, um nunmehr in das Bibliothekszimmer einzutreten.

Die Bibliothek ist ein sehr geräumiges und reich verziertes Zimmer, für dessen Dimensionen die 20000 (meist sehr schön gebundenen) Bände sprechen, die mit ihren goldbedruckten Lederrücken so sauber geordnet um einen her stehen, als befände man sich in der berühmten Leserotunde des Britischen Museums. Viele dieser Bände sind außerordentlich selten und kostbar; ein wesentlicher Bruchteil der ganzen Bibliothek besteht aus Werken über schottische Altertümer und Hexengeschichten. Über dem Kamin befindet sich das Porträt von Sir Walters ältestem Sohn, dem schon erwähnten Husarenoffizier; die Züge sind fein, aber weichlich, fast kränklich, und der kecke Husarenschnurrbart, den man bekanntlich ebensogut im Ausdruck des Auges wie über der Oberlippe haben kann, fehlt diesem feinen Gesichtchen an beiden Stellen gleich sehr. In einer der Ecken steht eine Silberurne auf einem Porphyrpostament, die Urne selbst ein Geschenk von Lord Byron. Außerdem befinden sich die Büsten Shakespeares und Sir Walters im Zimmer, die letztere (von der Hand Chantreys) natürlich erst nach seinem Tode aufgestellt.

Aus der Bibliothek treten wir in das Gesellschaftszimmer und aus diesem, das außer seinen Zederholzpaneelen und reichem Schnitzwerkmobiliar nichts Besonderes bietet, in die Waffensammlung oder Rüstkammer.

Diese Rüstkammer (Armoury) besteht aus zwei Hälften, die durch eine Wand geschieden sind. Die breite, weit offen stehende Tür aber läßt beide Zimmer als eines erscheinen. Beide Räume sind sehr niedrig, die Decke (Holzwerk) im Tudorstil, und die Fenster mit Glasmalereien bedeckt. Hier, wie sich denken läßt, treffen wir auf den Kern, auf die Kuriosissima des Kuriosums. Die Wände sind mit Raritäten bedeckt, und jede Ecke ist benutzt. Unter den Gegenständen, die einer besonderen Notiznahme wert sind, nenne ich folgende: das Schwert, das Karl Stuart dem Marquis von Montrose überreichte; eine Pistole Grahams von Claverhouse, des bei Killiecrankie gefallenen Stuart-Parteigängers, von dem seine Feinde, die Puritaner, sagten, das Wasser beginne zu zischen, sooft er ein Bad nehme; ein eiserner Kasten, der in der Kapelle Maries von Guise (der Mutter Maria Stuarts) auf Edinburgh-Castle gefunden wurde; ein Pulverhorn Jakobs VI.; die Pistolen Napoleons, die nach der Schlacht von Waterloo in seinem Wagen erbeutet wurden; ein Stutzen Andreas Hofers und die Flinte Rob Roys mit den eingravierten Anfangsbuchstaben seines gälischen Namens.

Aus der Rüstkammer treten wir in das angrenzende Eßzimmer, das, statt allen andern Schmucks, ein halbes Dutzend sehr wertvoller Gemälde enthält, und zwar Porträts von Lord Essex (dem Günstling der Elisabeth), Cromwell, Claverhouse, Karl II., Karl XII. von Schweden, Maria Stuart, Rob Roy etc.; außerdem mehrere Ahnenbilder der Familie Scott. Unter diesen zeichnet sich das Porträt eines Alten aus, der in der Familie unter dem Namen »Lang-Bart« fortlebt, weil er nach der Hinrichtung Karls I. gelobt hatte, seinen Bart nicht mehr scheren zu lassen. In diesem Zimmer starb Sir Walter. Es ist dasselbe, in dem sich auch, wie in einem Uhr- und Juwelierladen, ein sechseckiger großer Glaskasten befindet, der tischartig auf einem schweren Mahagonifuß ruht. In diesem Glaskasten präsentieren sich weitere Raritäten: ein Riechfläschchen der Maria Stuart, ein ledernes Geldtäschchen (nach Art eines modernen Portemonnaies) des Rob Roy, ein Paar goldene Sporen, die Prinz Charlie trug, verschiedene Miniaturporträts des Prätendenten und ein in grünen Samt gebundenes Album Napoleons L., ebenfalls bei Waterloo erbeutet. Bei all diesen Dingen genügt die Aufzählung; nur über das vorgebliche Porträt der Maria Stuart sei noch ein Wort gestattet. Es ist das abgeschlagene Haupt der unglücklichen Königin, das auf einer Metallschüssel ruht. In der rechten Ecke steht der Name »Fotheringhay«, als sei der Maler bei der Hinrichtung zugegen gewesen und habe unmittelbar nach derselben und an Ort und Stelle dies Bild angefertigt. Das Ganze erscheint mir aber als eine grobe Täuschung; das Bild ist aller Wahrscheinlichkeit nach ein ganz modernes Produkt oder aber die Leistung eines italienischen Meisters, vielleicht der abgeschlagene Kopf der Beatrice Cenci, die man hinterher umgetauft und nolens volens zu einer Maria Stuart gemacht hat.

An der Tür des Eßzimmers verabschiedeten wir uns von unserem Wildhüter und traten wieder ins Freie. Wir atmeten auf in der frischen Luft und fühlten uns wie von einem leisen Drucke befreit. Welcher Art dieser Druck war, worin er seinen eigentlichen Grund hatte, ist schwer zu sagen. Ob es die schwüle Luft der Zimmer oder die geistige Atmosphäre der »Romanze in Stein und Mörtel« war, ich mag es nicht entscheiden; vielleicht wirkte beides zusammen. Als der Dichter selbst noch lebte, er, dem diese Dinge etwas bedeuteten, eine Herzenssache waren, belebten sie sich unter dem lebendigen Wort, das er ihnen entgegentrug, wie die alte Sage Fels und Baum unter dem Klang der Leier lebendig werden läßt; jetzt aber, wo diese Klänge schweigen, sind die Steine wieder Stein, und selbst derjenige, der mit schottischer Dichtung und Geschichte wohlvertraut ist, schreitet durch diese Zimmer hin wie durch die Säle eines Wachsfigurenkabinetts.

Ich schied von der »Romanze in Stein und Mörtel« ohne besondere Gehobenheit der Stimmung, jedenfalls ohne alle Begeisterung; dennoch blick' ich mit Freuden auf jenen stillen grauen Tag zurück. Die Fahrt nach Abbotsford war eine Pilgerfahrt, eine erfüllte Pflicht, ein Zug, zu dem das Herz drängte. Was wäre der Ruhm Schottlands ohne die Erscheinung Walter Scotts! Er hat die Lieder seines Landes gesammelt und die Geschichte desselben durch eigene Dichtungen unsterblich gemacht. Eine volle und reine Befriedigung gewährt es mir jetzt, das Zinnen- und Giebelhaus durchwandert zu haben, das auch eine Schöpfung seines dichterischen Genius war und das – wie weit es gegen andere Schöpfungen seines Geistes zurückstehen mag – doch immer die Stätte bleibt, wo der Wunderbaum der Romantik seine schönsten und vor allem seine gesundesten Blüten trieb.

ANHANG: SCHOTTISCHE GESCHICHTSTABELLE

Die Pikto-Skotische Zeit

Schottland wurde bis zum Jahre 1289 von pikto-skotischen Königen regiert. Von den Königen des ersten Jahrtausends, wiewohl ihre Porträts in der Bildergalerie von Holyrood-Palace hängen, ist wenig oder nichts mit Sicherheit bekannt. 1040 wurde König Duncan von seinem Vetter Macbeth in Inverneß-Castle ermordet. Macbeth regierte von 1040 bis 1054. Malcolm III., genannt Malcolm Canmore, ältester Sohn des ermordeten König Duncan, besiegte den Macbeth und herrschte bis 1093, wo er selbst im Kampfe gegen England fiel. Seine Nachkommen regierten noch fast zwei Jahrhunderte das Land. Unter David I. (von 1124 an) begann der Bau der Abteien von Melrose und Holyrood. Der letzte König aus der pikto-skotischen Dynastie war Alexander III. von 1249-1286. Aus seiner Zeit (mutmaßlich) stammt die berühmte alte Ballade von Sir Patrick Spens. Er hinterließ nur eine Tochter, die an einen König von Norwegen verheiratet war. Sie starb auf der Rückfahrt von Norwegen nach Schottland.

Die Zeit des Baliol, Wallace und Bruce

Nach dem Aussterben der pikto-skotischen Dynastie traten zwölf Kronbewerber auf. Unter ihnen waren die berechtigtsten John Baliol, Robert Bruce (der Ältere) und John Hastings. Eduard I. von England, dem das Schiedsrichteramt zugefallen war, entschied sich für John Baliol. Dieser war das bloße Werkzeug Eduards. Als er sich endlich selbst gegen die englische Bedrückung auflehnte, unterlag er bei Dunbar 1286. Eduard setzte nun einen Statthalter über Schottland. Gegen diesen erhob sich zunächst William Wallace, und als dessen Versuche zur Befreiung des Landes gescheitert waren, schließlich Robert Bruce (der Jüngere). Er vernichtete das englische Heer in der berühmten Schlacht bei Bannockburn 1314. Robert Bruce wurde nun König und regierte als Robert I. bis 1329. Ihm folgte sein fünfjähriger Sohn David als König David II. Seine 41jährige Regierung war eine Zeit unausgesetzter Kämpfe; ähnlich wie 100 Jahre später sich die Häuser York und Lancaster in England befehdeten, bekämpften sich hier in Schottland die Häuser Bruce und Baliol. 1370 starb David II. kinderlos.

Das Haus Stuart

David II. hatte Eduard III. von England die schottische Krone zugesagt. Die schottischen Stände annullierten das Testament des Königs und setzten das Haus Stuart auf den Thron. Die beiden ersten Könige (Robert II. und Robert III.) regierten, etwa ein halbes Jahrhundert lang, bis 1424. Mit diesem Jahre beginnt, durch zwei Jahrhunderte hin, die Reihe der Könige Jakob.

Jakob I. (1424-36). Er saß vor seiner Thronbesteigung viele Jahre lang in Windsor-Castle gefangen. Washington Irving, in seinem Sketch Book, hat eine reizende Schilderung seines (Jakobs) Lebens und Dichtens in Schloß Windsor gegeben. Wurde durch den schottischen Adel ermordet.

Jakob II. (1436-60). Kam zwei Jahre alt zur Regierung. 1452 ermordete er den Lord William Douglas in Stirling-Castle mit eigener Hand. In seine Regierungszeit fällt die Glanzzeit und die rivalisierende Macht des Hauses Douglas. Starb vor Roxburgh durch das Zerspringen einer Kanone.

Jakob III. (1460-88), genannt der Fiedlerkönig. Kam fünf Jahre alt zur Regierung. Fiel in der Schlacht von Sauchieburn, im Kampf gegen den beleidigten Adel des Landes, dem sich der 15jährige Sohn des Königs angeschlossen hatte (siehe die Kapitel: Archibald Bell-the-Cat und Floddenfield).

Jakob IV. (1488-1513). Eine Art von sans peur et sans reproche; ritterlich bis zur Don Quixoterie. Fiel in der Unglücksschlacht bei Flodden (siehe Floddenfield).

Jakob V. (1513-1542). Kam 2 Jahre alt zur Regierung. Seine Mutter Margarete von England und Graf Angus aus dem Hause Douglas führten die Regentschaft. In seine Regierung fällt das strenge Verbannungsdekret gegen alle Mitglieder der Familie Douglas. Er ist der König Jakob, der unter dem Namen »Ritter Fitzjames« den Helden und Mittelpunkt in Walter Scotts »The Lady of the Lake« bildet. Er war selbst Dichter, und die alte Ballade »The Gaberlunzie Man« rührt von ihm her. Er starb wenige Tage nach der Geburt seiner Tochter, der berühmten Maria Stuart.

Maria Stuart (1542-1568). Von 1542-60 Regentschaft ihrer Mutter Maria von Guise. 1560 bestieg Maria selbst den Thron. 1565 Vermählung mit Darnley. 1567 Vermählung mit Bothwell. 1568 geschlagen bei Langside und Flucht nach England. Enthauptet am 18. Februar 1587 zu Fotheringhay.

Jakob VI. Geboren 1566. Regiert unter Vormundschaft (Moray; Lennox; Morton) von 1567-1578 und in Selbständigkeit von 1578-1603. Wird, nach dem Tode der Elisabeth, König von England und regiert beide Königreiche bis 1625, als Jakob der Sechste von Schottland und als Jakob der Erste von England.

Karl I. 1625-1649.

Karl II. 1649 (oder 60, je nachdem) bis 1685.

JakobII. (der Siebente von Schottland) 1685-88. Stirbt in St. Germain 1701.

Jakob III. (der Achte), genannt der Prätendent oder Ritter St. Georg. Geboren 1687; gestorben zu Albano 1766. Er leitete oder billigte oder gab den Namen zu den verschiedenen jakobitischen Aufständen in Schottland, unter denen die Insurrektionen von 1715 und 1745 die wichtigsten sind. An der Spitze des Aufstandes von 1745 stand sein ältestes Sohn (geb. zu Rom 1720), gemeinhin »Prince Charlie« oder der »Junge Kavalier« genannt. Der Niederlage von Culloden folgten keine weiteren Aufstände. »Prince Charlie« starb 1788 zu Rom. Sein jüngerer Bruder Heinrich Benedikt, genannt der »Cardinal von York«, überlebte ihn um 19 Jahre und starb in hohem Alter zu Frascati 1807 – als der letzte Stuart.